大国债市

中美比较的视角

王永钦 李 蔚 薛笑阳◎著

The Rise of China's
Bond Markets

格致出版社 ▨ 上海人民出版社

前　言

债券市场：现代金融体系和大国崛起的支柱

从经济史的角度看，人类社会发展可以分为两个阶段。一是工业革命之前的时代，这一阶段并不存在真正意义上的经济增长。历史不过是对昨天的重复，人类对于未来缺乏信心，因此信贷并非必需品，而是由过去直接决定未来。二是工业革命之后，经济增长才成为一个社会现象。在这一阶段，人类对未来有了各种增长的预期和不同的信念，经济发展需要由信贷来驱动，因而未来的预期开始决定了今天的行为，金融也就变得至关重要。

英文的"金融"（finance），源自拉丁语，意为"最后将事情做成"。金融是现代经济的核心：作为人类社会经济发展的重要动力和工具，金融打通了未来和现在。一般来说，金融体系至少有三大功能：首先是融资功能。社会中总有人有想法但没有资源，社会需要把资源高效地转移给他们，这就是社会融资的问题。好的金融体系可以将金融资源配置给最有效率的项目，将社会的蛋糕做大。其次是保险功能。经济发展过程中风险相伴而生，如果没有一个好的保险体系，人们不敢去冒险，社会就没有企业家精神，经济发展便无从谈起。好的金融体系能在全社会实现更好的风险分担和保险，为创新活动和经济发展提供动力。最后是信息功能。每个人对社会、投资项目的看法都是不同的，通过买卖金融合约（包括股票和债券等），好的金融体系可以将人们关于未来的观点和思想反映到市场价格中,加总社会的群体智慧("三个臭皮匠顶一个诸葛亮"效应),引导实体经济的资源配置。

而金融系统三大功能的实现很大程度上依赖于各类金融合约和金融机构。作为企业经营与经济发展中最主要的外部融资工具,债务便是其中不可忽视的重要组成部分。中国人民银行公布的社会融资数据显示,截至 2021 年末,股票余额仅占社会融资总额的 3%,其余为各类贷款、债券和票据。从融资规模的角度看,不仅是中国,在当今世界许多国家中,债市规模均远大于股市规模。世界银行公开数据显示,截至 2019 年末,中国股票市场总市值约 12.2 万亿美元,排全球第二位,而居全球第一位的美国股市总市值约 40.7 万亿美元。就债市而言,中国市场亦居全球第二,截至 2019 年末,其存量规模为 114.2 万亿元人民币(约 16 万亿美元)。美国债市规模居全球首位,同期存量规模为 50.2 万亿美元。两国债市体量均大于股市规模,由此可见,债券市场在金融体系中具有举足轻重的地位。

债务融资不仅从融资规模的角度促进着经济增长(Levine,1997),也从债务结构方面深刻影响经济发展的质量。从金融体系的视角来看,债务结构主要表现为银行贷款(间接融资)和债券(直接融资)的相对构成;债务结构的演变内生于经济发展阶段和制度环境。当一个经济体处于赶超阶段、远离技术前沿时,经济发展的主要任务是学习现有技术、动员其所拥有的资源,此时抵押品的不确定性较小,因而银行贷款是更为合适的金融工具,银行主导的金融体系在社会资源配置方面发挥着更大的作用;而当一个经济体接近或处于技术前沿之时,经济发展的主要任务是技术创新,抵押品价值的不确定性增大,偏好安全抵押品的银行系统不能为经济体的发展提供足够的信用资源,此时直接融资(债券和股票)的重要性则开始得以凸显。比如美国金融体系在 20 世纪初也主要依赖资产作抵押,经历很长时间后才完成了由主要以资产作抵押的体系向主要以未来现金流作抵押的体系的转变。80 年代之后,现金流成为美国金融市场中主要的抵押品。由于每家企业的经营范围都存在差异,其周期性质也存在差异,美国这一制度变革极大地缓解了美国经济中的"共振"问题。因此,从依赖单一房地产抵押品的经济体系转向采用多样化抵押品的模式,有效地降低了经济中的系统性风险。

债券等直接融资方式不仅为企业提供了更广泛的资金来源,缓解了企业面临的抵押品约束问题;同时,从经济周期的角度看,相比于依赖房地产等抵押资产的贷款,以企业内在价值作为抵押资产的债券融资可以减少传统银行系统对房地产部门的过度依赖,熨平杠杆周期,缓解系统性金融风险。从事后角度看,即便出现系统性金融风险,在银行贷款随着抵押资产价值(如房地产)缩水而下降时,依赖于企业内在价值的债券受影响相对较小,将成为银行贷款的有效替代。例如,在2008年全球金融危机中,能够通过债券市场获得直接信贷的公司大量利用了债券市场:债券融资就有效地缓解了银行贷款的短缺问题,降低了金融危机对实体经济的冲击(Adrian et al.,2012)。

此外,从抵押品的角度看,债券也是金融市场中最合适的抵押品之一。一般而言,债务是支付固定金额的承诺,由某种形式的抵押品(例如住房等)支持;股票是一种与状态依存的承诺,它的抵押品就是公司的价值(现金流)。在所有金融合约中,由于债权人只关注抵押品的最差状态和波动性,债权合约对抵押品信息最不敏感,而股票则对抵押品信息最敏感,其他金融合约的信息敏感度介于这两个极端之间。进而,这些金融合约又可以在金融市场、货币市场做抵押品,相对而言,债由于对信息不太敏感,更适合进一步用作抵押品而支持新的金融合约。以中国2015年的股市波动为例,伴随着中国2015年上半年宽松的政策环境,中国股票市场出现了前所未有的繁荣景象。许多金融机构通过股权质押,从场外和场内配置了大量资金投资于股市。"股灾"前夕,中国股票市场通过场外配资的杠杆甚至可以加到几十倍。但此时股市的繁荣并没有实体经济增长的有力支撑,相反,市场中疯狂加码的杠杆极大地增加了金融系统的脆弱性。股市的小幅下跌就可以给杠杆投资者造成大额损失,触发强制平仓,而集中抛售进一步促进价格下跌,引发股市危机。股市波动能产生如此巨大的影响,很大程度上就是因为不同于债券作为抵押品,股票的价格对信息更加敏感,危机时股价的下跌幅度会远高于债券价格的下跌幅度,对市场参与者的融资能力产生的负面影响也更大。所以,相比于债券,基于股票做抵押的杠杆融资更加危险。正因如此,发展债市对于降低金融市场中的风险水平起着不可忽视的作用。

国债：各国债券市场发展的基石

回溯历史,债券尤其是国债在英国、美国等大国的发展道路上都发挥了重要作用。现代意义上的国债诞生于英国。1692 年,在旷日持久的九年战争背景下,为了满足高额的军费需求,英国议会决定以议会税收为长期借款进行担保,并通过了国债相关的法律。在此后的 1693 年至 1698 年间,英国通过发行国债筹措到690 万英镑,为耗资巨大的九年战争提供了支持。议会建立了以税收为国债担保的制度是英国国债成功的原因之一。国王的寿命有限,其承诺也受其个人寿命长短的制约。相比而言,长久存在的议会为国债赋予了更长久的寿命,以税收作为担保也使得还款承诺更为可信。1694 年,英格兰银行成立,肩负着承销和偿还英国国债的职责。当政府发行国债出现困难时,英格兰银行的董事们就会出手认购国债,并将其重新投入市场中。这一举措不仅保障了英国国债的成功发行,也增强了其流动性。九年战争之后,英国正式走上了称霸全球的扩张道路。在殖民掠夺的过程中,英国积累了大量的财富,这又进一步保障了英国国债的偿还。在多方因素共同作用下,英国国债体制形成良性循环,英国政府信用水涨船高,发债利率也随之降低。相比之下,同时期的法国仍处于君主制时期。由于缺乏有效的国债发行制度,法国国王债务违约现象频发,这使得法国国王债务具有较高的风险溢价,融资成本远高于英国国债。由于有效融资手段匮乏,法国难以通过发债的方式筹措军费,只能通过税收手段从人民手中掠夺军费。这导致法国进入恶性循环,高昂的借贷成本加剧了债务违约,国王逐渐丧失人民的信任。在长达百年的霸权争夺战中,低利率的国债为英国提供了重要的物质保障,也是英国赢得英法争霸战争的重要原因。

国债在美国的崛起中也扮演着重要角色。1790 年,美国财政部长亚历山大·汉密尔顿向国会提交了一项债务重组计划,计划内容为由联邦政府发行三只新债券,按面值全额兑现在 1788 年宪法通过之前发行的所有公债,包括联邦与地方政府发行的各种战争债、独立战争中军队签署的各类借条,所有债务由联邦政府全额承担。这三只国债集中市场上的资金,将美国从混乱的债务泥潭中解脱出来,构建了全新的国家信用体系,同时也为美国资本市场的扩张奠定了基础。以此为开端,美国的金融市场迅速发展,形成了以华尔街为中心的证券金融市场。国家信用的扩张和金融市场的发展吸引大规模的资本流入美国,迅速激活了美国经济的巨大潜力,为美国的工业和科技的发展提供了充足的资金。近几十年的历史表明,美国国债逐渐成为全世界的"安全资产","所谓"安全资产"是指在各种状态(包括系统性风险冲击)下均能维持稳定价值的资产。美国为全世界提供安全资产实际上是以其主权信用为抵押,撬动起全球的资源,为美国带来了巨大的经济利益。如果把美国看作一家公司,那么在其资产负债表上,负债端主要是低利息的主权信用债务,资产端则是大量的外国股权、外国直接投资(FDI)等收益较高的风险资产。据学者估计,1952 年以后,美国每年从国外资产负债净头寸中获得的收益约占其 GDP 的 2%(Gourinchas and Rey,2007)。

从上面的历史经验中可以看到,国债是一个国家发展的基石。中国的许多问题也与国债供给不足息息相关。对中国这样一个经济长期高速增长而法治体系、产权制度发展尚在不断完善中的国家来说,经济活动对抵押品的强烈需求与抵押品供给不足的矛盾较为突出。相较于美国,中国的国债规模一直较小,2020 年中国名义 GDP 与美国名义 GDP 之比约为 67%,但中国国债规模与美国国债规模的比值仅为 13.5%。①截至 2020 年底,美国固定收益市场中的国债规模占比接近40%,但中国债市中的国债规模占比不到 17%,地方政府债券和国债的合计规模占比仅达到 40%,地方政府债券和信用债的规模均胜于国债。金融体系对于安全性有着天然的需求,即便美国国债作为安全资产有着巨大的市场规模,仍不足以满足全球对安全资产的需求。

一方面,从金融市场风险的角度看,国债的严重短缺一定程度上加剧了金融市场中的系统性风险。在当前的金融体系中,货币市场规模和批发融资规模巨大,对国债等"安全的"抵押品有很高的需求——如果把金融体系比作一座大厦,那么以

---

① 根据万得(Wind)、美国证券业和金融市场协会(SIFMA)的统计,2020 年末中国国债的总托管量为 19.5 万亿元人民币,约折合 2.827 万亿美元(按照 2020 年美元对人民币的平均汇率 6.897 4 折算),美国 2020 年末的国债余额为 20.973 万亿美元。

国债为代表的安全资产就是其中的地基,地基不牢会导致大厦中出现许多"空腔"(此处代指银行系统内生地创造出的私人部门安全资产),增加了大厦崩塌的风险。因此,国债不足不但限制了中国金融体系的发展,还在一定程度上增加了中国金融体系的脆弱性——由于公共部门提供的抵押品或安全资产不足,中国金融体系内生的"空腔"便是"影子银行"体系的崛起,即让房地产作为主要抵押品,通过银行系统来创造信用,这增加了中国经济的脆弱性(中国的影子银行实质上是"银行的影子")。国债作为安全资产所具有的抵押品功能或许可以帮助剥离房地产的金融属性,化解房地产泡沫,并缓解私人部门的"摩擦",提高融资效率。许多国家的经验显示,提高国债占比有助于降低私人部门的融资成本。从美国的经验证据来看,美国政府债务与GDP的比值越低的年份,其AAA级公司债与国债的利差(融资成本)越高。这是因为国债基于其类货币的属性(moneyness),具有便利性收益(convenience yield)。在国债短缺时期,国债的便利性收益更高,体现为其价格更高、收益率更低,而公司债的融资利差则相应更高。中国亦有类似情况。

另一方面,从货币发行的角度看,中国国债的短缺会限制人民币国际地位的提升。在2014年之前的很长一段时间内,中国90%的基础货币发行依靠外汇占款(利用美元外汇作抵押发行货币,这在大国中很少见),这就使得中国经济存在明显的顺周期倾向:在和美国关系密切、GDP增速也较高的时期,货币发行就多。而货币发行的顺周期性,容易导致中国经济过热、泡沫化严重。因此,从2014年至今,中国人民银行创设了以中期借贷便利(MLF)为代表的一系列新型货币政策工具,MLF的创新已充分体现了基于抵押的货币政策的优势。在管理基础货币方面,MLF比外汇占款方式更加主动、灵活,并且几乎完全对冲了外汇储备规模下滑给基础货币发行带来的负面影响。但是由于中国国债市场规模不足,且中国的国债发行缺乏规律性,有时高、有时低,没有发挥安全资产的作用,长期来看,基于MLF的基础货币创造模式可能会在未来面临抵押品不足的问题。此外,国债的短缺还可能会刺激市场参与者创造和使用"准安全资产"(比如企业可能会增加可作为合格抵押品的债券发行),一定程度上增加了金融市场的风险。因此,国债的短缺影响着人民币国际化的进程。也是因此,为了提升人民币的国际影响力,提高中国金融市场在国际金融市场中的地位,中国应该抓住历史机遇,尽可能建立一套比较好的国债发行体系。①

法治：中国债券市场完善的制度保障

总的来说，债券市场的发展决定着一国在全球金融市场中的地位。因此，促进债券市场的健康发展，是当前世界各国需要重点关注的问题之一，但这需要有与之协调的政策和制度环境。一方面，债券市场作为货币政策发挥作用的重要场所，债券融资成本高低与货币政策的实施方式也密切相关。在全球低利率的大趋势下，基于基准利率调整的传统货币政策的作用效果受到限制，基于抵押品的创新型货币政策工具在全球范围内被广泛应用。中国人民银行借鉴国外货币政策工具，陆续推出 MLF 等以债券作为抵押品的创新性货币政策工具。根据 Fang 等（2020）的研究，扩大 MLF 合格抵押品范围能够降低合格质押券在二级市场上的利差，并降低合格质押券发行机构在一级市场的融资成本。基于抵押品的新型货币政策工具除了能够向市场投放流动性之外，还可以有针对性地支持某类债券，例如 MLF 操作中优先接受涉及小微企业、绿色经济债券的措施，就可以提升投资者对此类债券的投资意愿，辅助企业发行债券融资。从更深层次的角度来看，抵押品范围的扩大还增加了市场上抵押品的数量，缓解了抵押品稀缺的问题，这有助于进一步解决企业融资难问题，降低市场整体的融资成本。

此外，法律和产权体系尚待完善带来的抵押品稀缺问题是限制发展中国家发展的重要因素，更好的会计和信息披露制度、公司治理体系以及更好的破产制度便是其中关键所在。历史上，也只有少数国家成功实现了法律和产权体系的转型（De Soto，2003）。因此，债券市场的发展还需要良好的法律制度基础。例如，随着债券违约的不断增多，破产制度对债券市场的重要性不言而喻。我们的研究（王永钦、薛笑阳，2022）为理解法律制度如何影响企业融资与债务市场的发展提供了实证依据：法律制度的改进有助于降低债券市场的利差和发行成本，从而降低了企业

---

① 关于国债问题的全面讨论，可以参阅王永钦、刘红劭（2021）。

融资成本。改善法治环境、加强债权人保护是促进企业直接融资、实现普惠金融、提升金融服务实体经济效率的有效途径。加强债权人的法律保护，实际上起到激活中国经济中潜在抵押品（即企业的剩余资产和未来现金流）的作用，从而有效缓解了困扰诸多发展中国家的抵押品稀缺问题（De Soto，2003）。债权人法律保护总体上是一种帕累托改进的制度安排：既保护了债权人的合法收益，也降低了企业的融资成本，并改善了企业的债务结构。破产等债务相关的法律制度是债券市场发展的基础，也是中国脱离主要以资产作抵押的体系，转向以未来现金流作抵押的体系的关键。

当前，中国经济已经迈入高质量发展阶段，创新驱动成为发展的核心动力，构建与创新发展相适应的金融体系刻不容缓。然而，与欧美等发达金融市场相比，中国金融体系中以银行信贷为主的间接融资占比过高，以股票市场和债券市场为主的直接融资发展不充分的结构性矛盾仍然十分突出，银行贷款对房地产抵押品的过度依赖不仅会制约企业创新，同时也容易催生资产泡沫、积累金融风险、恶化收入分配，加剧经济发展的脆弱性。数据显示，截至 2021 年末，中国贷款融资存量占社会融资总规模的 66.5%，而企业债融资和股权融资占比分别为 9.5% 和 3.0%；[①]跨国比较表明，2019 年中美两国非金融企业贷款规模与债券规模之比分别为 6.9 倍和 1.4 倍，[②]中国债券市场仍有巨大的发展空间。在此背景下，理解中国债券市场现状与不足，对于实现经济高质量发展更是具有不可忽视的重要意义。

本书：基于中美比较视角理解中国的债券市场

债券市场是金融市场的重要组成部分，对资产定价、企业融资、货币政策传导、金融体系的稳定性以及人民币国际化都有着重要作用。"他山之石，可以攻玉"。虽然中国债券市场在过去 30 多年的时间里得到了巨大的发展，但中国债券市场未

---

① 资料来源：中国人民银行（http://www.pbc.gov.cn/diaochatongjisi/resource/cms/2022/04/2022041516051915430.htm）。

② 作者根据 CEIC 数据计算。

来的进一步发展和完善,仍有必要借鉴发达经济体尤其是美国的先进经验。然而,尽管目前有一些研究对中美债券市场进行了对比分析,但由于债券种类繁多、市场结构较为复杂,现有相关书籍多以专题形式对债券市场中的部分内容进行介绍,少有研究从量化角度对中国债券市场进行全面系统的梳理。为了进一步理解中国债券市场在国际市场中的地位,促进中国债券市场更全面地发展,我们和上海清算所合作,采取理论分析和量化分析相结合的方法,全面对比了中美债券市场的历史进程、参与主体、债券种类、市场结构、交易类型等,通过一个较为全面、严密的分析框架,深入地对比分析了中美两国债券市场的发展情况。

了解中国债券市场发展的历史进程与现状,对于整体把握中国金融体系的状况具有重要意义。将中国债券市场的发展进程与美国债券市场的历史相比较,学习借鉴成熟债券市场的经验和教训,有助于改进中国金融体系的运行状况,促进中国经济发展;这也有助于我们认清中国债券市场的发展现状,识别尚存的薄弱环节,把握未来重点改革的方向。因此,本书第 1 章将介绍中美债券市场的历史进程、演进与现状。

从规模上看,中国债券市场虽已居全球第二,但仍与美国债券市场存在一定差距。同时中国债券市场的增长势头强劲,而美国债券市场总量整体已趋于平稳。宏观总量数据刻画了两国债券市场中的大致情形,但也掩盖了更细微的差别。因此,在本书的第 2 章,我们将更进一步,就中美债券市场中的交易场所与参与主体展开对比分析。在这一部分中,我们主要侧重于对中美债券市场交易场所、清算托管机构、监管主体与评级机构进行对比分析。

中美债券市场品种分类存在诸多差异。因此,在第 3 章至第 5 章中,我们主要依据债券的性质和用途对中美债券进行分类,对不同债券品种进行详细比照。在这一部分,我们从发展历程、发行与交易规则、发行量与存量、期限结构、收益率、投资者结构、交易现状以及评级分布等方面,对中美两国的政府债、政府支持机构债券、广义公司债、资产支持证券、货币市场工具以及债券、信用衍生产品等六大类债务工具进行详细介绍和对比。

总体而言,中国现券市场成交量与换手率较低,流动性逊于美国市场。金融市场的活跃程度、定价效率不仅与金融市场中的投资者情况、证券类型和质量有关,更与市场的组织结构紧密相连。因此,在第 6 章中,我们将更近一步探讨中美债券市场的组织形式,比较在两国债券市场中各类交易主体间的交易网络与联动关系,以及两国债券市场中的交易方式,从而实现对中美债券市场中的价格发现机制的比较。价格发现的过程是信息的搜集与整合过程,而市场透明度决定了投资者所能获取的公开信息的数量与质量。因此,在本书中我们还将对中美现券市场中的交易信息披露情况进行对比分析。

现券交易是债券市场中最为直接的交易类型,但与债券市场有所关联的其他交易类型,例如回购交易等,对于整体金融体系稳定、资金的传导起到关键作用。在本书的第 7 章中,我们还介绍了与债券相关的其他几种交易类型,并对比分析了中美债券衍生市场的情况。

在量化比较分析的基础上,本书借鉴美国等成熟债券市场的经验,结合中国经济运行的特征,提出了中国债券市场进一步发展的政策建议及金融产品创新建议。债券市场的成熟程度体现在以下四个方面:市场多样性、信息完善度、资金流动性和资源配置效率。这些与债券市场的微观机制和宏观环境都密切相关。在本书的第 8 章和第 9 章中,我们结合前文的分析,从投资者和产品多样性、监管效率、信息透明、抵押品管理、市场流动性以及衍生品等角度入手,对中国债券市场未来的发展方向进行分析和展望。

当前,中国正处在完善金融市场、实现经济转型和提高国际地位的重要阶段,因此建设并完善中国债券市场的重要性不言而喻。金融制度是经济社会发展中重要的基础性制度,也是构建发达债券市场的重要因素,因此通过法治改革来推动中国金融体系的变革是跨越中等收入陷阱、实现高质量发展和中华民族伟大复兴的关键。对于金融研究者、政策制定者和金融从业者来说,借鉴发达国家的制度建设经验,并提出有益的建议,是我们当仁不让的任务。中国未来能在全球市场中占据怎样的地位,更是取决于我们能拥有一个怎样的债券市场乃至金融体系。因此,发展中国债券市场和构建完善的金融体系,也是我们每一个金融工作者义不容辞的民族使命。

本书的研究得到了国家社科基金重大项目"新阶段、新理念、新格局下我国金融结构优化与高质量发展研究"(22ZDA028)、国家自然科学基金面上项目"中国债券市场和货币市场的流动性风险与违约风险：识别、评估与防范"（72073034）、国家自然科学基金创新研究群体项目"中国经济发展规律与治理机制研究"（72121002）和上海清算所课题"中美债券市场量化比较研究"的资助，在此表示衷心的感谢，也感谢张颂、吴韵、赵天然、刘思远、董雯、韩瑜、刘红劭、褚浩男、何华、吴若君等提供的帮助。此外，我要特别感谢格致出版社同仁对本书出版的支持，以及本书的责任编辑郑竹青和程筠函对本书精益求精的编辑工作！

王永钦

目　录

1 中美债券市场历史进程与现状

债券是金融体系中最重要的金融工具之一,当今世界许多国家的债市规模均远大于其股市规模。截至 2021 年末,中国股票市场总市值约 14 万亿美元,排全球第二位。全球第一位的美国股市总市值约 69 万亿美元。中国债市规模已超越日本,居全球第二位,截至 2021 年末,体量逾 18.5 万亿美元。美国债市规模居全球首位,约为 57 万亿美元。两国债市体量均大于股市规模,可见债券市场在金融市场中的地位举足轻重。而相比美国的情况而言,中国债市规模约为股市规模的两倍,债券市场在金融市场中的地位更为突出。

了解中国债券市场发展的历史进程与现状,对于把握中国整体金融体系具有重要意义。将中国债券市场的发展进程与美国债券市场的历史相比较,总结其中的经验和教训,有助于改进中国金融体系的运行状况,促进中国经济发展。将中美债市现状相比较,有助于加深对中国债券市场发展现状的认知,识别可以改进之处,把握未来重点改革的方向。因此,本章将分别介绍中美债券市场的历史进程、演进与现状。

1.1 中美债券市场的历史进程

1.1.1 中国债券市场的历史

中华人民共和国债券发行的历史可以追溯至 1950 年 1 月 5 日,由中央人民政府批准的新中国成立后发行了第一笔公债——人民胜利折实公债。1954 年,中国又发行了国家经济建设公债,至 1958 年共计发行五次。但人民胜利折实公债与国家经济建设公债的发行仅服务于国家资金募集的目标,没有真正意义上的债券一级市场定价,也不存在二级市场的交易,因此不能算作中国债券市场的开端。1958—1980 年为中国债券发行的空白期,无任何债券发行。新中国现代意义上的中国债券市场从 1981 年恢复国债发行开始。自 1981 年以来,中国债券市场发展迅猛,而今已超越日本,成为世界第二大债券市场。

回溯中国债券市场的发展历史,我们可将其大致划分为三个阶段:(1)1981 年至 1991 年,该阶段债券公开转让机制不成熟,以场外交易为主,实行实物券与分散化托管;(2)1991 年至 1997 年,该阶段实现无纸化与集中托管交易,交易场所以场内市场为主导;(3)1997 年至今,银行间市场发展成熟,债券一级市场与二级市场定价权转移至银行间市场,四大行成为债券市场主导,新券种与新交易形式相继推出,债券市场蓬勃发展。以下我们将对三个阶段分别展开详细介绍。

1. 起步阶段(1981 年至 1991 年)

1981 年 1 月,国务院通过了《中华人民共和国国库券条例》,为平衡财政预算,财政部开始发行国库券(国债),发行对象为企业、政府机关、团体、部队、事业单位和个人。国债恢复发行之初,主要采取行政分配制度,由财政部门直接向认购人出售国债,带有半摊派的性质。1981 年至 1988 年间,为应对改革和建设的资金需求,中国共发行过五种面向不同发行对象、有不同募集资金用途的债券,分别为:3 年期国家重点建设债券(1987 年)、2 年期国家重点建设债券(1988 年)、2 年期与

5年期财政债券(1988年)、5年期基本建设债券(1988年)。虽然有债券发行,但一级市场基本属于半分配性质,且并无配套二级市场流通机制,故而实际上是"有债无市"的状态。这种状态持续至1988年,中国尝试通过商业银行和邮政储蓄的柜台发行实物国债,国债一级市场初步形成。同年,为解决国债流通问题,财政部在全国61个城市进行国债流通转让的试点,实现银行柜台现券的场外交易,这标志着中国国债二级市场(柜台交易市场)的初步形成。

1989年,中国政府发行了只对企事业单位、不对个人的特种债券,期限为5年。同年,银行实行保值贴补率政策后,财政部开始发行期限为3年、带有国家保值贴补的保值公债,其年利率随银行3年期定期储蓄存款利率浮动,加保值贴补率,再外加1个百分点。

在这一时期,中国的企业债也开始出现。1984年,一些企业自发地通过发行企业债,向社会和企业内部职工筹资。1985年,中国工商银行与中国农业银行开始在国内发行人民币金融债券。此后,各银行及信托投资公司相继发行了人民币金融债券。1987年,大企业开始发行重点企业债券;1988年,重点企业债券改由各专业银行代理国家有关专业投资公司发行。此后,又陆续出现了企业短期融资债券、内部债券①、住宅建设债券和地方投资公司债券等。

1990年以前,中国债券市场全部为银行柜台交易。1990年上海证券交易所成立并开始接受实物债券的托管,允许投资者在交易所进行记账式债券交易,中国才首次形成了场内场外两个交易市场并存的格局,但主要交易仍在柜台交易市场进行。1991年初,国债流通转让范围扩大至全国400个地市级以上城市,以场外柜台交易市场为主、场内集中交易市场为辅的国债二级市场格局基本形成。国债发行方式逐步由柜台销售、承购包销过渡到公开招标,其期限品种以3年期和5年期为主。

由于这段时期以银行柜台交易为主的特征,中国债券市场上出现了以"杨百万"为代表人物的异地交易国库券套利的现象。由于同等国库券在不同地区存在价差,通过在低价地区买入、高价地区卖出,即可实现套利。例如,上海面值100元

---

① 企业内部债券是企业依照有关法律法规规定而向本企业内部职工发行的、约定在一定期限还本付息的债券。这是企业内部集资的一种重要方式,其转让范围也仅限于发行人内部职工之间。

的国库券价格为 102—103 元,但在安徽同样的国库券价格仅为 100 元,那么从安徽买入,至上海转手卖出,即可实现每张券 2—3 元的套利收益。某种程度上说,套利者的出现有助于实现全国各地国债市场的融通与价格统一。但在当时,这种套利尚属少数,小额套利者的存在还不足以平衡异地价差。后续随着债券无纸化的实现和场内集中交易占据主导,异地套利空间才逐渐收缩。

1981 年至 1991 年的十年,是中国债券发展的起步阶段,其突出特征为实物券交易,以银行柜台分散化交易为主导,存在异地套利空间。

2. 场内交易阶段(1991 年至 1997 年)

随着沪深交易所的相继成立①,自 1991 年起,债券的交易重心逐渐向交易所转移,场内和场外交易并存的二级市场格局出现,但场内市场尚不成熟,发行利率仍为行政确定。直到 1995 年,国债招标发行试点成功,国债发行利率才开始实行市场化,这标志着债券发行的市场化正式开始。

1991 年至 1994 年间,中国通货膨胀严重,债券普遍折价。管理层的政策思路为通过增加保值贴补率变相提高债券收益率以吸引投资者,通过发展衍生品市场带动基础产品市场,从而提高市场整体流动性。中国于 1992 年 12 月 28 日开展国债期货交易,上海证券交易所首次设计并试行推出了 12 个品种的国债期货合约,保证金设定为 2.5%,即杠杆可加至 40 倍。但推行初期,因为国债价格较为确定,不确定性很有限,投资者对于国债期货的需求不强,总体交易量清淡。直至 1993 年 7 月 10 日,财政部颁布《关于调整国库券发行条件的公告》,称将参照中央银行公布的保值贴补率给予一些国债品种保值补贴。保值贴补率的不确定使得国债价格具有了波动空间,吸引了投资者参与到国债期货市场中。这段时期内,大量机构投资者由股市转入债市,上海证券交易所的现券交易量和期货交易量也都随之大幅增加。同年 10 月,上海证券交易所国债期货交易向社会公众开放。从 1994 年下半年开始,继上海证券交易所后,深圳证券交易所、武汉证券交易中心、天津证券交易中心也开展了国债期货交易业务②,除此之外,北京商品交易所等

---

① 1990 年 11 月 26 日上海证券交易所成立;1990 年 12 月 1 日深圳证券交易所成立。
② 1998 年至 1999 年间,国务院下令清理整顿各地场外交易市场,天津证券交易中心于 1998 年关闭,武汉证券交易中心于 1999 年关闭。

10 家期货交易所也陆续开展了国债期货交易业务。至 1995 年 3 月,全国共计有 14 个交易场所推出了国债期货交易。1994 年财政部发行国债 1 028 亿元,比上年增加近两倍,国债供给的增加也促进了交易所债券交易活跃度的提升。

国债期货市场的火热,至 1995 年"327 国债事件"戛然而止。"327"是"92 (3)国债 06 月交收"国债期货合约在上海证券交易所的代号,对应 1992 年发行 1995 年 6 月到期兑付的 3 年期国库券。1995 年 1 月,"327 国债"市价在 147—148 元。若保值贴补率维持在 8%,则"327 国债"将以 132 元兑付。正是出于这种预期,万国证券联合辽国发集团做空"327 国债"期货。而隶属于中国财政部的中国经济开发信托投资公司(以下简称"中经开")则大举做多。1995 年 2 月 23 日,财政部发布公告称,"327 国债"将按 148.50 元兑付,证实空头判断错误。当日,中经开率领多方借此利好买入,价格推升至 151.98 元。辽国发在形势对空头极其不利的情况下,利用旗下控股公司无锡国泰的交易席位以 148.50 的价格违规抛出 200 万口空仓(当时上海证券交易所限制的单一机构持仓总量为 40 万口)。万国证券请求上海证券交易所暂停交易,并认定辽国发 200 万空仓违规交易,但遭到拒绝。同日下午开盘后,辽国发突然由空翻多,将其 50 万口做空单迅速平仓,反手买入 50 万口做多,国债期货价格进一步推升,万国证券将面临巨额损失。在此背景下,当日 16:22:13 开始,万国证券为了扭转败局,疯狂做空"327 国债"。在没有足够保证金的前提下,从两个自营席位连续打入 23 笔(每笔 90 万口)空单,共计 2 070 万口,同时用万国证券公司下属黄浦营业部的自营席位做多接盘向下锁定价位。至当日收盘,万国证券在 7 分 47 秒内把将合约价位从 151.30 元打到 147.90 元。据统计,当日上海证券交易所"327"合约共成交 1 205 万口,其中 86.6% 的交易属于万国证券抛空的"327"合约。当晚,上海证券交易所召开紧急会议,并认定当日收盘前 8 分钟内空头的卖单全部无效,万国证券的尾盘操作收益瞬间化为泡影。

"327 国债事件"直接导致了 1995 年 5 月国债期货市场暂停交易。同年 8 月,出于对实物券流通中存在的问题的担忧,中国正式停止了一切场外债券市场,证券交易所变成了中国唯一合法的债券市场。记账式国债在交易所的大量发行也促进了二级市场交易量的活跃度,1996 年上海与深圳两家证券交易所的成交量与 1995 年的成交量相比增长了近 10 倍,其中上海证券交易所的成交量占总量的

95%以上。

1997年上半年,随着股市的大涨,大量银行资金通过交易所债券回购方式流入股票市场,造成股市过热。为防范金融体系风险,商业银行全部退出上海和深圳两家交易所的债券市场,将其所持有的国债、融资券和政策性金融债统一托管于中央国债登记结算有限责任公司,并进行现券买卖和债券回购,全国银行间债券市场正式启动。这标志着中国债券市场以交易所为主的时代开始落幕。

3. 银行间市场主导阶段(1997年至今)

1997年6月,商业银行全部退出交易所债券市场,全国银行间债券市场启动。银行间债券市场成立初期仅有16家商业银行作为成员。

1998年5月中国人民银行债券公开市场业务的恢复,为商业银行提供了流动性支持,促进了银行间债券市场交易的活跃。同年,债券发行方面,财政部在银行间债券市场发行量达到4 636亿元。同年9月,国家开发银行通过银行间债券发行系统,采取公开招标方式首次市场化发行了金融债券,随后国家进出口银行也开始市场化发债,两家银行市场化发债410亿元。截至1998年底,银行间债券市场存量达到10 103亿元,比上年底增加两倍。虽然银行间债券市场尚未成为国债发行的最主要场所,但发展势头可观。自1999年始,场外债券市场已渐渐演变为中国债券市场的主导力量。

银行间债券市场的成员也开始大量增加。1998年10月,中国人民银行批准保险公司入市;1999年初,325家城乡信用社成为银行间债券市场成员;1999年9月,部分证券公司和全部的证券投资基金开始在银行间债券市场进行交易;2000年9月,财务公司获批进入银行间债券市场。至此,银行间债券市场成员数量达到693家,基本覆盖了中国所有金融机构类型。

2000年初,中国人民银行推出《全国银行间债券市场债券交易管理办法》,首次提出双边报价商的概念。2001年8月,中国工商银行、中国农业银行、中国建设银行等9家商业银行获准为双边报价商,银行间债券市场的做市商制度正式确立。

银行间债券市场积极推出交易形式与交易制度的创新,使得成交活跃,体量逐渐超过交易所债券市场。这不仅有力地降低了发债成本,扩大了债券市场容量,支持了中国积极财政政策的实施,并为货币政策的执行畅通渠道、打下基础。同时,对于商业银行资产结构的转变也有促进作用。银行间债券市场的发展促进了债券在商业银行资产中比重的提升,其资产单一、贷款比重过大的情况有所改善。"银行间市场为主、交易所市场和商业银行柜台市场为辅"的局面基本形成。

近年来,对交易场所的限制逐渐放宽,银行、保险公司、基金公司、证券公司等金融机构均可在银行间债券市场和交易所债券市场交易,从而实现了两个债券市场的联通。自 2002 年以来,中国债券市场的发展主要表现为:(1)债券品种不断丰富。央行票据、银行次级债、短期融资券、资产支持证券(ABS)、公司债、中期票据、地方政府债、中小非金融企业集合票据、同业存单、可转换债等被引入债券市场,极大地丰富了中国债券市场的债券品种,同时也出现了信用衍生工具等风险对冲产品,满足了各类投资者的投资需求。(2)债券市场主体不断丰富,投资者类型多元化。债券市场发行主体由初期阶段的政府、大型国企、金融机构为主,拓展至金融机构、民营企业、中外合资企业、外资企业等。债券市场投资主体已涵盖银行、券商、基金、保险、信用社、企业、理财产品等各类机构与金融产品。(3)市场机制不断完善。债券市场运行和监督机制不断完善,市场化程度稳步提升,信息披露机制对于相关利益主体的约束作用持续加强。

1997 年至今,银行间市场快速发展,中国债券市场整体格局基本确立。新券种、交易机制、投资者类型的不断增加,对于中国债券市场的蓬勃发展起到了积极作用,中国债券市场规模稳步提升,截至 2019 年 8 月,中国已超越日本,成为世界第二大债券市场。

1.1.2 美国债券市场历史

美国债券市场是世界上历史最悠久的债券市场之一,其规模居全球首位。为便于理解,我们将美国债券市场的发展分为两个主要阶段,并分别予以介绍。

1. 起步阶段(18 世纪至 20 世纪 70 年代)

美国债券市场的历史最早可追溯到 18 世纪,可以说自美国建国以来即有国债。1775 年至 1783 年,美国爆发独立战争,战争需要巨额资金支持。但独立战争爆发、美国要求独立的起因就是英国对殖民地的征税失控,且当时州政府没有税收来源,依靠征税获取战争经费不可行,只得通过发行公债募集资金购买军火、维系战争支出。

独立战争结束后,美国政府内债、外债高企,债项五花八门,金融市场一片混乱。如何平稳处理战争期间积累的债务问题成了一大难题。1790 年 1 月,美国国父亚历山大·汉密尔顿向国会递交了一份债务重组计划,要求按面值 100% 兑现在 1788 年宪法通过之前发行的所有公债。联邦政府新发行三只债券,用于兑现承诺。债务重组计划的实质是用三只标准债券取代原来各式各样的战争债,简化债务局面。债务的标准化极大地提高了债券的流动性,有助于金融市场价格发现机制发挥作用。

此后一直到 20 世纪初,美国债券市场的发展都比较缓慢。美国国债的急剧增长均发生于战争期间。在南北战争期间,1860 年的美国国债存量为 6 500 万美元,而到 1863 年已超 10 亿美元,战后更是增至 27 亿美元。为资助第一次世界大战,美国政府在一战期间发行了名为"自由债券"(Liberty Bonds)的国债,举债总额约 210 亿美元。债务规模如此巨大,仅靠政府财政收支难以一次性清偿。因此,美国政府采取发行国债等方式对累积债务进行不断展期,截至 1929 年大萧条前夕,该笔债项得到逐步清偿。在 1929—1933 年的大萧条期间,美国股市崩盘,长期政府债券回报却相对稳定,因而成为重要避险资产。随后的几十年间,美国债券市场未见明显发展,面临的主要问题是高通胀带来的债券贬值。

总的来说,美国债券市场发展初期,债券种类以政府债为主,亦有公司债的发行。早期投资者投资债券采取的主要策略为买入持有,随后二级市场交易才逐步发展。截至 20 世纪 40 年代,美国的债券交易主要发生于如纽约证券交易所等场内市场中。而债券因为其自身的特性,相对股票而言,不确定性较弱,成交更为清淡,流动性较差。债券现券交易以大宗、微利、低频为主要特征,加之债券维度多,合约设计更为复杂,要求专业化程度较高,这种种特征都使得债券更适于机构投资者。自 20 世纪 40 年代起,债券交易逐渐由场内市场转向场外市场。

2. 快速发展阶段(1970 年至 1990 年)

自 1970 年以来,国际与国内局势的变化,刺激了美国经济对于债券的需求。

因而，自 20 世纪 70 年代起，美国债券市场快速发展。其特征以高收益债券市场的快速扩张与资产证券化类产品的蓬勃发展为主。以下我们将分别对这两类债券的发展历程进行介绍。

（1）高收益债券。

高收益债券（high-yield bonds）指穆迪评级 Baa 级以下或者标准普尔评级 BBB 级之下的债券，是对此类债券较为褒义的称呼，其他几种更为中性或贬义的叫法是：低/非投资级债券（non or below-investment-grade bonds）、投机债券（speculative bonds）、垃圾债（junk bonds）。美国债券市场最初的工具为政府债，而公司发行的高收益债券可以追溯至 20 世纪初期，一些知名的美国大公司，比如通用汽车（GM）、国际商业机器公司（IBM）等都曾发行过高收益债券。但随后，高收益债券的新发市场渐渐萎缩乃至停滞，所有公开发行的债券都变成投资级别。仅有的高收益债券的存在是由于有些公司在发行的时候具有投资级别，但是后来被信用降级，因而成为"堕落天使"（Fallen Angels）。投机级的公司被彻底排除在公开资本市场之外。

20 世纪 70 年代初，国际与国内经济环境的变化为高收益债券的兴起埋下了伏笔。因越南战争和对内迅速扩大的社会服务，美国政府开支急剧上升，国内通货膨胀率猛涨。而石油危机的爆发进一步加剧了物价上涨，自二战结束以来长期维持的利率稳定局面被打破，贷款成本迅速攀升。银行出于对资本金不足的担忧，停止了除面向高信用等级公司之外的贷款提供。信贷市场的收紧，迫使企业家求助于资本市场，利用新金融工具获得融资，高收益债券因而重新进入大众视野。

自 1977 年贝尔斯登（Bear Stearns）新发了第一只现代高收益债券起，整个 20 世纪 80 年代中期，高收益债券出现了爆发式增长。1983 年，超过三分之一的公司债都属于高收益类。截至 1989 年，高收益债券市场规模扩大为 1 890 亿美元。从企业家角度来说，与私募债相比，高收益债券成本更低，流动性更高。从投资者角度而言，高收益债券提供了比投资级别债券更高的收益，在高通胀大环境下，高收益债券具有极强的吸引力。供需双方诉求在高收益债券中完美匹配，因而高收益债券市场得以迅猛发展。

20 世纪 80 年代，高收益债券为很多新兴行业的发展提供了资金支持。除此之外,它还为困境中的企业提供了重组机会,兼并收购(M&A)、杠杆收购(LBOs)等形式借高收益债券的东风发展势头迅猛。1979 年至 1989 年间,高收益债券的平均收益率是 14.5%,平均违约率仅 2.2%,而平均年度总回报率为 13.7%。

1989 年,随着针对高收益债券融资的限制以及各种反收购规则的出台,过去在公司借贷市场中占据主导地位的竞争者发起运动,高收益债券的第一个黄金时期结束了,但关于它的故事并未画上句号。1991 年的高收益债券市场新发数额比 1990 年增加了近 10 倍,而回报率则达到了令人吃惊的 43%。整个 20 世纪 90 年代,高收益债券年度平均回报率为 15%,而平均违约率仅在 2.4%左右。高收益债券市场日益成熟,大量新投资者进入这个市场,市场的流动性有很大提升。

进入 21 世纪以来,高收益债券市场的兴衰与股票市场的表现紧密相连,它在互联网泡沫破灭与次贷危机期间各经历了一次严重下挫。而随着整体经济回暖,高收益债券市场也再次活跃。直至如今,高收益债券仍是美国债券市场的重要组成部分。

(2)资产证券化。

资产证券化是将能持续产生现金流但流动性较差的资产的风险和收益进行分割与重组,以此为基础发行流动性和信用等级较高的金融产品的过程。常见的资产证券化产品为住房抵押贷款支持证券(MBS)与其他资产支持证券(ABS)。

20 世纪 60 年代后,随着"婴儿潮"一代开始成年,消费者对住房抵押贷款的需求激增。为了缓解金融机构的资金限制,美国国会于 1968 年通过《住房和城市发展法案》(Housing and Urban Development Act),允许发行 MBS,并相继成立吉利美(GNMA,政府国民抵押贷款协会)、房地美(FHLMC,联邦住房抵押贷款公司)等政府资助企业,专门收购由联邦住房管理局和退伍军人管理局担保的个人住房抵押贷款。

1970 年,吉利美通过将政府担保后的住房抵押贷款做成资产组合,以份额方式销售给投资者,并在自身信用的担保下,发行了第一单住房抵押贷款转手证券(mortgage pass through,MPT),现代资产证券化从此拉开序幕。之后,房地美和房利美也分别在 1971 年和 1982 年发行了抵押贷款支持的转手证券。MBS 自此迅猛发展。

20 世纪 80 年代后期,美国又陆续出现了通过电脑租赁合约进行担保的 ABS、通过汽车进行担保的 ABS,以及把信用卡应收款作为担保的 ABS。资产证券化真正进入百花齐放的阶段。

20 世纪 90 年代后,债务担保凭证(collateralized debt obligation,CDO)出现。CDO 的基础资产为信贷产品,包括 ABS、MBS 等,因此,CDO 可以理解为 ABS 的再证券化。CDO 的出现进一步扩大了对于 ABS、MBS 的需求,促进了资产证券化的发展。而通过将 ABS、MBS 等再次打包分级,现金流按照风险和偿付优先级被进一步细分,在原本的资产证券化的基础上创造出了更多符合各类投资者需求的金融产品。

针对投资者分散债券风险的需求,信用违约互换(credit default swap,CDS)应运而生。在发生债券违约时,CDS 买方将从 CDS 卖方处得到债券剩余待偿金额。而若未见违约,则买方需向卖方支付保费,用于补偿卖方所承担的债券违约风险。CDS 实现了债券违约风险的分担。

随着各式各类产品的出现,资产证券化的结构日益复杂,层层打包的技术使得基础资产质量越来越不透明。低质量的资产通过层层包装美化,甚至可以获得 AAA 评级,得以高价出售。大量低信用等级资产,如次级贷款等,被作为基础资产纳入资金池,证券化的链条越长,杠杆越高,回报率也更高。丰厚的利润诱使金融机构放松警惕,放宽对于资产质量的审核,未经审慎审核的抵押贷款一发放即被迅速证券化,再投放到市场中。到 2007 年,美国资产证券化产品已经占到美国债市规模的 38.93%,其中 CDO 和相关产品占 3.27%。大量的金融机构都在次贷产品上有巨大的风险敞口。而随着房价的猛然回落,大量住房抵押贷款人违约。曾经看似绝对安全的资产,一夜之间风光不再。大量基于次贷的信用产品和衍生产品丧失了流动性,400 多家经营次贷业务的金融机构倒闭,信用机构大幅度调低债券评级。贝尔斯登倒闭,雷曼兄弟破产,美林证券被美国银行收购,次贷危机全面爆发。曾经炙手可热的资产证券化产品,一夜之间成为众矢之的,市场规模迅速缩减。危机结束后,资产证券化市场才逐渐回暖。而今,资产证券化产品,尤其是 MBS,依然在美国债券市场中占据重要地位。截至 2018 年末,MBS 存量为美国债市总存量的 22.7%。

1.1.3 中美债券市场发展历史比较

对比中美债券市场的发展历史进程可知,两国债券市场的发展遵循着类似的轨迹。发展之初,债市都以政府债为主导。其后,随着经济市场化进程加速,其他发行主体如企业等也加入债券发行的行列。债券的定价也都经历了政府定价向市场定价的过渡。但是,两国的债市发展也有重要的区别,主要可总结为以下两点:

(1) 交易场所的不同。

在中国债券市场的发展中,重点交易场所经历了从柜台市场到交易所市场,最后到银行间市场的转换,即由场外市场转为场内市场,再转回场外市场。而美国债券市场则是一开始主要集中于交易所等场内市场交易,随后才转移至场外市场。交易场所的转换轨迹,固然有一定的历史原因,但也有一定的必然性。其一,现券交易的大宗、单笔微利,以及债券本身的复杂性,决定了机构投资者在债券交易中具有更强优势。而机构投资者对于市场不透明性、交易灵活性的需求更为强烈,场外市场更能满足其需要。其二,国债市场是货币与财政政策实施的重要场所,这一特征决定了央行与财政部必将深度参与该市场。相比于交易所市场而言,场外市场的多层次、不透明与分散性,更适宜服务于财政与央行的政策目标。而国债往往在债券市场中具有核心地位,因此债券市场多数转向了场外市场交易。值得注意的是,自 1990 年起,美国债券市场中,电子交易平台(electronic trading platform, ETP)成为新趋势。随着电子信息技术的运用,中国债券市场的电子化程度亦在不断提高。

(2) 发展阶段不同。

美国债券市场发展已较为成熟,已经历过高收益债券、资产证券化的兴起与泡沫的破灭。而早期的中国债券市场并没有出现过实质性的违约,直至 2014 年,"11 超日债"的违约打破了中国债券市场刚性兑付的"金身",中国债券市场零违约从此成为历史,违约开始涌现。另外,中国资产证券化如今正处于快速发展阶段,在投资者适当性、信息披露、风险隔离规定、信用评级、增信体系、违约处置、税收政策等方面仍存在漏洞,应当吸取美国资产证券化发展进程中的经验教训,完善法律及监管制度,提高交易质量,设立专门的资产证券化政府机构进行风险管理。

1.2　中美债券市场现状

回顾中美债券市场发展历程可知,与美国债券市场相比,中国债券市场虽然起步晚,时间较短,但发展势头迅猛。在本节中,我们将对中美两国债券市场现状的概况进行比较,从而更好地把握当前中国债券市场的发展阶段与定位,认清未来的发展方向。

1.2.1　中美债市发行量比较

发行量体现了在一定时期内债券市场总融资规模,代表了债券市场的融资能力。表 1.1 为中美债券市场 2010 年至 2019 年历年债券发行总量的比较。美国债券市场发行总量保持高度稳定,发行量保持在 6 万亿—8 万亿美元。而2010 年至 2018 年,中国债券市场发行总量迅速增长,从 2010 年的不到 10 万亿元人民币,至 2019 年的超过 45 万亿元人民币。其中,最突出的年份为 2015 年,相比于上年债市发行总量,增幅为 90.1%,当年存在地方政府债置换、银行间债券市场扩容、公司债发行流程简化等多种政策变化,这些变化均大幅提升了对应券种的发行量,共同促成了债券发行总量的跳升。为便于与美国的情况相比较,在表 1.1 的最后一列,我们按照年均汇率水平将中国债券市场发行总量转换为美元计价。对比中美债券发行情况可知,中国债券市场发行量相较美国债券市场而言整体仍处于较低水平,但是从时间趋势上看,随着中国债券市场的不断发展,两国债券市场发行量的差距逐渐缩小。2010 年中国债券市场发行量不足美国当年债市发行总量的 20%,而至 2019 年中国债券市场发行量已相当于美国债券市场发行量的 80%。

表 1.1　中美债券市场历年发行总量(2010—2019 年)

年份	美国债券市场发行总量 (万亿美元)	中国债券市场发行总量 (万亿元人民币)	中国债券市场发行总量 (万亿美元)
2010	7.34	9.35	1.38
2011	6.34	7.83	1.22
2012	7.46	8.10	1.29
2013	6.97	9.05	1.47
2014	6.42	12.19	1.97
2015	6.82	23.17	3.68
2016	7.47	36.36	5.46
2017	7.56	40.89	6.07
2018	7.44	43.85	6.62
2019	8.19	45.19	6.55

资料来源:美国债券市场数据来自美国证券业和金融市场协会(Securities Industry and Financial Markets Association, SIFMA),中国债券市场数据来自同花顺 iFind。后文中,除特殊说明外,数据来源均与此一致,不予赘述。汇率数据来自国泰安经济金融研究数据库。

　　为更好地衡量债券市场在本国经济中的地位,我们将中美两国当年债券发行总量用两国当年国内生产总值(GDP)标准化。图 1.1 为 2010 年至 2019 年,中美两国债券发行量占 GDP 的比重。美国债券发行量占 GDP 的比重稳定在 40% 上下,起伏不明显。而中国债券发行量占 GDP 的比重在 2015 年以前变化不明显,说明 2015 年以前债券市场发行量基本保持与整体经济同步增长的水平。而 2015 年中国债券市场发行量占 GDP 的比重出现了跃升,且此后一直保持在较高水平。这

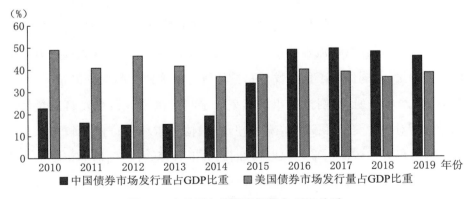

图 1.1　中美历年债券发行量占 GDP 比重

资料来源:中美债券市场发行总量数据来源见表 1.1 资料来源说明。中美两国历年 GDP 数据来自 World Bank Open Data(https://data.worldbank.org)。

进一步证实了对中国债券市场发行量原始数据的观察，2015 年是中国债券市场发行量的关键一年。之后，中国债券市场发行量一直保持较高的水平，2016 年中国债券市场发行量占 GDP 的比重反超美国。

　　除了以当年 GDP 作为分母来标准化债券发行总量外，我们还计算了债券发行总量占当年证券发行总量的比重。这一指标反映了债券融资的重要性。图 1.2 为中美历年债券发行量占当年该国证券发行总量的比重。首先，债券融资在两国证券发行总量中的比重均在 90％以上，表明了债券作为融资工具的重要性。其次，2010 年至 2018 年，美国债券融资比重维持在 97％上下的水平，保持高度稳定。而 2010 年、2011 年中国债券融资比重在 85％左右，至 2013 年提升至 93％，其后一直维持在 90％左右，至 2018 年，中国债券融资比重已达 95％。若以债券融资比重衡量，中国债券市场发行量在 2015 年未见明显变动。2015 年上半年经历了一波牛市，股票价格急速上涨，这或许带动了整体金融市场的火热气氛，股市、债市融资顺畅，因此新发证券规模与此前相比有较大提升。但股市和债市的新发证券规模增长幅度接近，故若以债券占证券发行总量的比重来衡量，2015 年中国债券发行金额未见明显变化。

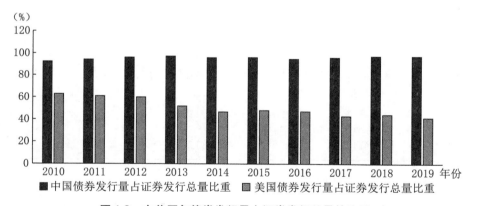

图 1.2　中美历年债券发行量占证券发行总量的比重

资料来源：中美债券市场发行总量数据来源见表 1.1 资料来源说明。中美两国历年股票发行量数据来自 World Bank Open Data（https://data.worldbank.org）。

1.2.2　中美债市存量比较

　　发行量是流量概念，而存量更能体现债券市场规模大小。表 1.2 为 2010 年至

2018 年间中美债券市场各年末市场总存量。这一期间,美国债市规模稳步增长,由 2010 年末的 34 万亿美元增长至 2018 年末的 43 万亿美元,稳居全球首位。而中国债市规模的增长则更为迅速,从 2010 年的 21 万亿元人民币,增长至 2018 年末的 86 万亿元人民币。2010 年至 2013 年,中国债市存量年均增速约 13.2%,而 2013 年至 2018 年,年均增速提升至 23.4%。同样,为便于与美国市场比较,在最后一列中,我们按照年末汇率将中国债市存量转换为以美元计价。对比可知,尽管中国债市规模相比于美国而言,仍处于较低水平,但近年发展很快,2010 年中国债市规模不足美国债市规模的十分之一,至 2018 年,中国债市总存量约为美国债市总存量的三分之一,且截至 2019 年 8 月,中国债市总规模已超越债市规模居世界第二的日本,成为世界第二大债券市场。

表 1.2　中美债券市场历年末存量(2010—2018 年)

年份	美国债券市场存量 (万亿美元)	中国债券市场存量 (万亿元人民币)	中国债券市场存量 (万亿美元)
2010	33.9	20.7	3.1
2011	34.4	22.4	3.5
2012	35.4	26.3	4.2
2013	36.4	30.0	4.8
2014	37.5	36.0	5.9
2015	38.5	48.5	7.8
2016	39.7	64.4	9.7
2017	41.0	74.8	11.1
2018	43.0	85.9	13.0

资料来源:见表 1.1 资料来源说明。

类似地,为衡量债券市场在国家经济体系中的重要性,我们用中美两国历年 GDP 将各国年末债券市场总存量进行标准化,如图 1.3 所示。从债券存量占 GDP 比重来看,美国依然保持高度稳定,约为 215%。这一方面说明了美国市场已发展到较为成熟的阶段,另一方面也说明了债券市场体量之庞大。而中国债券市场规模与 GDP 之比,则比美国要低。2010 年至 2014 年,中国债券市场存量保持在 GDP 的 50% 左右。同样,2015 年中国债券市场存量规模有较大跃升,随后保持平稳增长,至 2017 年末,中国债券市场总存量占 GDP 的比重为 91%,依然远低于美国债市同期水平。

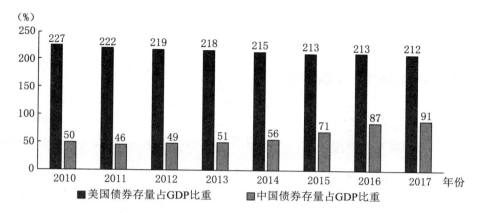

图 1.3　中美历年末债券存量占 GDP 比重

资料来源:中美债券市场存量数据来源见表 1.1 资料来源说明。中美两国历年 GDP 数据来自 World Bank Open Data(https://data.worldbank.org)。

GDP 代表的是经济发展水平,而经济的发展未必与金融市场的兴衰同步。因此,我们也尝试以两国当年末股市市值对两国债券市场存量进行标准化,如图 1.4 所示。美国的债市与股市规模之比在 2010 年至 2017 年间呈现出平稳下降趋势。2010 年,美国债市规模约为其股市规模的 2 倍,而至 2017 年底,其债市规模仅为股市规模的 1.28 倍,这可能与近年来美股长期保持稳定增长、股市总市值不断攀升有关。中国债市与股市规模之比在 2014 年之前平稳增长,由约 78% 增长至 125.5%。而 2014 年和 2015 年,该指标分别下降至 96.6% 与 91.3%,这主要与当

图 1.4　中美历年末债券存量与股市市值之比

资料来源:中美债券市场存量数据来源见表 1.1 资料来源说明。中美两国历年年末股票市场总市值数据来自 World Bank Open Data(https://data.worldbank.org)。

年内股票市场行情有关。此后,中国债市规模相较股市规模呈持续增长态势,至2018年已超越美国的水平,债市规模为股市规模的1.32倍。

1.2.3 中美债市分券种构成

从发行总量与总规模来看,美国债券市场保持长期稳定,增量与存量保持平稳态势;中国债券市场发行总量与总规模持续增长,但总体水平与美国债券市场相比仍有一定差距。接下来,我们按照债券类型进行分类统计,对两国债券市场构成进行分析。

图1.5为2018年中美债券市场发行构成分析。依照美国证券业和金融市场协会(SIFMA)的标准,根据债券发行人与债券性质的不同,可将债券分为七大类:国债、政府支持机构债、市政债、企业债、MBS、其他ABS与货币市场工具。由于货币市场工具存续期限短,有一年内多次发行以旧换新的可能,将货币市场工具发行纳入发行总量统计范畴可能会造成实际债券融资额的高估。因此SIF-MA在汇报分债项年度发行总量时,未汇报货币市场工具情况。为保证可比性,我们对中国债券市场数据也进行了相应调整。由图1.5可知,在美国债券市场中,发行占比最高的三类债券分别为国债(36.2%)、MBS(25.6%)与企业债(18%);而中国债券发行占比最高的三大类券种为企业债(34.3%)、市政债(23.2%)与政府支持机构债(16.8%)。①相较美国债券市场而言,中国债券市场的国债发行比重更低,而市政债占比是美国市场的五倍多。由于政策性金融债的特殊性,也可将其视为"特殊国债",即便将政策性金融债(包含在图1.5政府支持机构债中)划归为国债类别,新标准下统计出的中国国债发行占比也不足30%,仍小于美国市场的国债比重。

---

① 考虑到政策性金融债的特殊性,以及美国政府支持机构债的发行人性质,我们将全部政策性金融债划归为政府支持机构债。

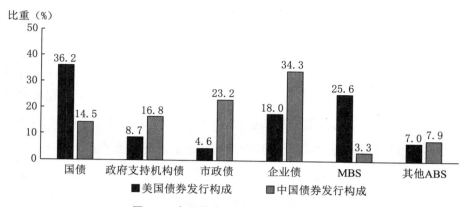

图 1.5　中美债券市场发构成（2018 年）

资料来源：见表 1.1 资料来源说明。

图 1.6 为 2018 年末中美债券市场存量构成，同样为按照 SIFMA 标准分类。美国债券市场中存量规模占比前三的券种分别为：国债（36.3％）、MBS（22.7％）与企业债（21.4％）。而中国债券市场中存量规模占比前三的债券为：企业债（26.2％）、政府支持机构债（21.0％）与国债（18.5％）。

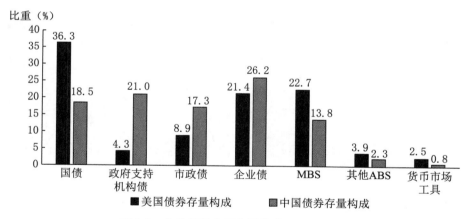

图 1.6　中美债券市场存量构成（2018 年末）

资料来源：见表 1.1 资料来源说明。

对比以上数据，我们可总结出如下几点：

（1）中国国债规模相比美国更小。国债是接近无风险的债券，是整个债券市场的基石。国债的存在可以有效确定市场中的无风险利率水平，国债规模大小也影响着整体债券市场的流动性。美国国债的发行占比与存量占比保持高度一致，稳定的国债发行对于维持利率水平和市场预期的稳定具有重要意义。

（2）美国的 MBS 在债券市场中占据重要地位。不论是从发行量占比还是存量占比来看，美国的 MBS 均位居第二，其规模仅次于美国国债。尽管在次贷危机中，MBS 受到重挫，但随着危机的平息，市场也渐渐回暖。相比而言，中国整体资产支持类证券规模相对较小，而 MBS 规模更是远小于美国水平。

（3）中国市政债规模高于美国。自地方政府获批发债以来，地方债便在中国债券市场中占据重要位置。中国地方债的发行规模与存量规模，远高于美国市政债规模。

2 中美债券市场交易场所与参与主体

从整体上看,虽然中国债券市场相比美国债券市场在规模等方面仍存在一定差距,但中国债券市场保持强劲的增长态势,而美国债券市场总量整体已趋于平稳。宏观总量的数据刻画了两国债券市场中的大致情形,但也掩盖了更细微的差别。因此,接下来,我们将更进一步,就中美债券市场中的交易场所与参与主体展开对比分析。鉴于发行主体、交易主体与债券种类密切相关,我们将在第 3 章至第 5 章中按照不同债券品种对此进行详细比照。在这一章中,我们主要侧重于对中美债券市场交易场所、清算托管机构、监管主体与评级机构进行对比分析。

2.1 中美债券市场交易场所

2.1.1 中国债券市场交易场所

回顾中国债券市场的历史进程可知,中国债券市场交易场所经历了由银行柜台市场向交易所市场,继而转向银行间市场的变迁。时至今日,中国债券市场形成了银行间市场为主、交易所市场为辅的格局。商业银行柜台市场的交易量相比于全市场交易总量而言,几乎可以忽略不计。

图 2.1 为 2010 年至 2018 年中国各债券市场发行量。①银行间债券市场发行份额保持在 80％左右,但 2010 年至 2016 年间,从 83.5％持续下降至 71.3％,2017 年和 2018 年均保持在 79％。总的来说,银行间债券市场占据中国债券市场发行的主导地位。交易所市场债券发行份额从 2010 年初的 12.4％持续攀升至 2016 年的25.4％,2017 年至 2018 年稳定在 18％左右。而商业银行柜台市场份额极小。

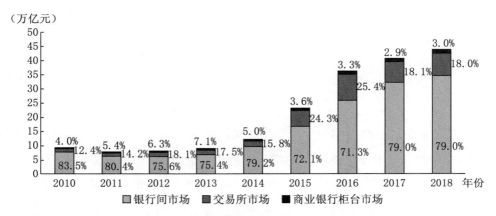

图 2.1　中国债券市场发行量(分市场)

资料来源:见表 1.1 资料来源说明。

存量数据也表现出类似特征,如表 2.1 所示。值得注意的是,由于债券跨市场发行与交易,表 2.1 中的合计为中国债券市场存量总额,而分市场数据统计办法为将跨市场发行债券总额全部计入,因此分市场数据加总额将高于表 2.1 中所汇报的实际数额。为尽可能避免对于数据做出过多解读,在此我们不计算市场份额。从债券市场存量数据可知,银行间债券市场体量巨大,成为中国债券市场的主要场所,两大交易所存量远低于银行间市场,上海证券交易所与深圳证券交易所的存量数额相近。

现券交易方面,银行间债券市场亦占据绝对主导地位。图 2.2 为 2010 年至2018 年间银行间债券市场与交易所市场历年交易金额。与银行间债券市场相比,

①　鉴于存在跨市场发行问题,但可得数据为单只债券发行总金额,难以获取具体在分市场发行的数据。因此,为直观呈现各市场发行情况,我们对原始数据进行了如下处理:将跨市场发行的债券在每个市场中的发行金额记为总发行金额除以发行市场总数。图 2.1 中发行总额为准确值,但具体每个分市场发行总额为估算值。

表 2.1　中国债券市场存量　　　　　　（分市场,单位:万亿元）

市场	2010 年	2011 年	2012 年	2013 年	2014 年	2015 年	2016 年	2017 年	2018 年
银行间	19.50	21.15	24.78	27.91	33.39	44.20	56.77	65.45	75.39
上交所	4.82	5.87	7.36	8.99	10.91	16.90	26.64	33.53	39.05
深交所	4.29	5.05	5.83	6.87	10.91	13.00	20.86	26.81	31.85
银行间柜台市场	1.17	1.80	2.51	3.35	4.14	5.31	7.36	8.79	9.47
合计	20.69	22.44	26.29	30.00	35.98	48.53	64.38	74.81	85.93

资料来源:见表 1.1 资料来源说明。

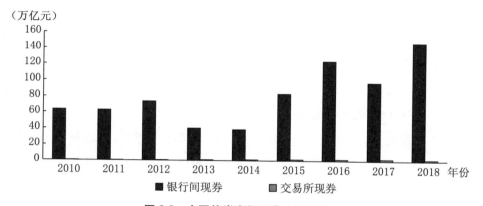

图 2.2　中国债券市场现券交易情况

资料来源:见表 1.1 资料来源说明。

交易所市场现券交易金额几乎可以忽略不计。2016 年至 2017 年银行间债券市场现券年交易金额为 130 万亿至 150 万亿元,而交易所现券市场交易额不足 2 万亿元,商业银行柜台市场交易量更小。

以下,我们将分别对这三大市场展开介绍。

1. 银行间债券市场

以中国人民银行发布《关于各商业银行停止在证券交易所证券回购及现券交易的通知》(银发〔1997〕240 号)为标志,银行间债券市场成立于 1997 年 6 月 6 日,即商业银行撤出交易所的首日。银行间债券市场的定位是服务于机构投资者、通过询价方式进行交易的场外批发市场。自成立以来,随着各项配套制度落地,银行间债券市场规模增长迅速。2001 年,银行间债券市场的发行量、交易量与托管量首次超过交易所市场。在基本制度建设方面,银行间债券市场逐步引入了做市商、结算代理、货币经纪、实名制中央一级托管、匿名点击成交业务等制度与业务安排(详见第 6 章介绍),提高二级市场流动性;同时推行一级市场市场化定价,招标发行方式得到广泛使用,簿记建档方式日益规范。债券信息披露、信用评级制度也不断完善。在投资主体类型方面,1999 年和 2000 年,基金公司、证券公司以及财务公司获批投资银行间债券市场,2002 年银行间债券市场实行准入备案管理,各类金融机构均可以备案的方式进入银行间债券市场。在债券类型方面,银行间债券市场不断创新,相继推出短期融资券、中期票据、中小企业集合票据、超短期融资券、非公开定向工具、资产支持票据等创新产品,服务于社会融资需要。目前,银行间债券市场已经成为政府、金融机构和企业重要的投融资平台,在促进直接融资方面发挥重要作用,为实体经济不断注入新动能。

图 2.3 与表 2.2 刻画了银行间债券市场发行情况。图 2.3 为 2010 年至 2018 年间各月债券发行金额与只数。在 2015 年之前,银行间债券市场发行金额保持平稳增长,但规模较为有限。从 2015 年起,银行间债券市场发行规模增长明显提速。为进一步了解银行间债券市场的债券发行结构,表 2.2 按券种统计了 2018 年内银行间债券市场的发行构成。2018 年银行间债券市场中,占总金额半数以上的发行来自同业存单。同业存单满足了银行等存款类金融机构的短期资金调配需求,也为同业机构提供了良好的投资机会。自 2013 年推出以来,同业存单受到市场广泛欢迎,其规模增长迅速。货币市场工具发行金额普遍占比较高,但在解读数据时需要注意,正因为其短期属性,在同年度可能会有多次发行展期,这对于实际的资金融通额会有所高估。除货币市场工具外,发行金额占比最高的当属地方政府债(10.3%),从加权平均票面利率看,地方政府债利率甚至低于政策性金融债,仅次于国债。国债与政策性金融债发行规模占比接近,占总发行金额的 8.3%。

表 2.3 为 2018 年末银行间债券市场按券种划分的存量情况。存量占比最高的券种为地方政府债(24.0%),这也是近年地方债大举发行的结果。其次为政策性金融债(18.8%)与国债(18.1%)。同业存单存量占银行间债券市场总存量的 13.1%,虽低于其发行量水平,但作为货币市场工具,其规模依然较为可观。结合发

表 2.2　中国银行间债券市场发行构成（2018 年）

债券分类	债券具体类型	发行期数	发行期数占比(%)	发行金额(万亿元)	发行金额占比(%)	单只债券发行金额(亿元)	加权平均期限(年)	加权平均票面利率(%)
国债	国债	140	0.4	3.3	8.3	238.1	6.4	3.3
政府支持机构债	政策性金融债	547	1.5	3.4	8.3	61.3	5.1	4.3
	政府支持机构债	25	0.1	0.3	0.6	101.2	9.3	4.7
市政债	地方政府债	930	2.6	4.2	10.3	44.8	6.1	3.9
企业债	广义企业债	2 469	7.0	2.5	6.2	10.1	4.1	5.6
	银行金融债	176	0.5	1.0	2.5	57.3	6.4	4.5
	非银金融债	64	0.2	0.3	0.6	39.3	3.8	4.9
住房抵押类	住房抵押类	176	0.5	0.6	1.5	33.2	8.7	4.0
资产支持类证券	资产支持类证券	518	1.5	0.5	1.2	9.1	3.0	4.8
货币市场工具	同业存单	27 292	77.3	21.1	52.4	7.7	0.5	4.0
	短期融资券类	2 975	8.4	3.3	8.1	11.0	0.6	4.5
其他	其他	3	0.0	0.0	0.0	18.2	3.0	5.0
总　计		35 315	100	40.3	100			

资料来源：见表 1.1 资料来源说明。

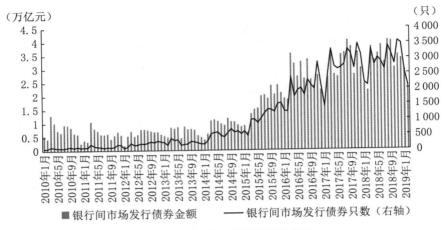

图 2.3　银行间市场债券发行情况

资料来源:见表 1.1 资料来源说明。

表 2.3　中国银行间债券市场存量(2018 年末)

类别	债券 具体类别	剩余 数目	剩余数目 占比(%)	剩余金额 (万亿元)	剩余金额 占比(%)
国债	国债	210	0.6	13.6	18.1
政府支持 机构债	政策性金融债	321	1.0	14.2	18.8
	政府支持机构债	150	0.5	1.6	2.1
市政债	地方政府债	4 062	12.5	18.1	24.0
企业债	非金融企业债	9 293	28.7	10.2	13.5
	银行金融债	712	2.2	3.9	5.2
	非银金融债	174	0.5	0.6	0.9
住房抵押类	住房抵押类	302	0.9	0.7	1.0
资产支持类证券	资产支持类证券	890	2.7	0.5	0.7
货币市场工具	同业存单	14 357	44.3	9.9	13.1
	短期融资券类	1 925	5.9	2.0	2.6
其他	其他	12	0.0	0.0	0.0
总　　计		32 408	100	75.4	100

资料来源:见表 1.1 资料来源说明。

行构成与存量构成,我们可以发现,银行间债券市场在 2018 年最突出的券种为同业存单与地方政府债。

最后,我们按照投资者类型对银行间债券市场的现券交易分类,表 2.4 为统计结果,从机构角度统计数据为机构买卖方向交易的总和。虽然名义上是"银行间"债券市场,但非存款类金融机构在现券市场的交易占到较大比重,非银金融机构现券交易金额占比达约45%,但单笔交易金额更低。大型商业银行是存款类金融机构中的现券交易"主力军",其交易金额占比为40.85%,其次为城市商业银行(31.82%)。

表2.4　中国银行间债券市场现券交易投资者构成(2019年)

机构类型	现券 成交笔数	成交笔数 占比(%)	现券成交金额 (万亿元)	成交金额 占比(%)
大型商业银行	156 303	3.25	15.637 117	40.85
股份制商业银行	437 405	9.10	47.353 631	12.37
城市商业银行	940 439	19.55	121.827 236	31.82
农村商业银行和合作银行	418 316	8.70	27.301 677	7.13
证券公司	1 722 674	35.82	105.863 262	27.65
其他	1 134 074	23.58	64.831 149	16.94
合　　计	4 809 216	100	382.814 072	100

资料来源:中国货币网(http://www.chinamoney.com.cn/chinese/)。

总结来说,中国银行间债券市场发行量与规模较大,其中同业存单与地方政府债为近年来表现突出的券种。银行间债券市场以机构投资者为主,金融机构占现券交易投资者的绝大部分,其中存款类机构与非银金融机构现券成交金额相当。

2. 交易所市场

上海证券交易所与深圳证券交易所构成了中国债券市场中的场内市场。交易所市场是主要通过竞价(集中撮合)等方式进行交易的场内零售与批发混合市场,与银行间债券市场形成了互补。交易所市场投资者包括券商、资管产品、基金、银行、保险、一般法人及个人等[1],与银行间债券市场相比,允许个人投资者参与是交易所市场的一大特征。尽管银行间债券市场和交易所市场的投资者结构差异较大,但部分机构可在两个市场进行交易,这一定程度上实现了中国债券场内、场外市场的联通。由于面向的投资者类型不同,随着银行间债券市场的迅速发展壮大,交易所债券市场在中国债券市场中渐渐退居辅助位置。但近年来,交易所积极创

---

[1]　2019年8月7日,中国证监会、中国人民银行、银保监会联合发布《关于银行在证券交易所参与债券交易有关问题的通知》(证监发〔2019〕81号),允许部分银行进入交易所市场。

新，先后推出了含权债、可转债、可分离交易可转债等新产品。上海证券交易所于2018年4月与中国证券登记结算有限公司联合推出三方回购业务，探索新交易形式。交易所市场和银行间债券市场呈现出共同发展的趋势。

图2.4为2010年至2018年间交易所市场月度债券发行情况，整体趋势与银行间债券市场类似。交易所市场债券发行在2010年至2014年间持续增长但增速较缓，在2015年经历了一次跃升，其后保持在该水平并缓步增长。在表2.5、表2.6中，我们进一步分析了上海证券交易所、深圳证券交易所债券发行构成。从表2.5和表2.6的数据来看，两大交易所中债券发行均以地方政府债、国债占据主导地位。但此处应注意的是，地方政府债与国债均为跨市场发行债券，因无法统计分市场发行情况，在此计入的是发行总额，实际各分市场发行额应当低于当前数额，因此此处数据有所高估。据了解，在不计跨市场发行债券的情况下，交易所市场发行债券以公司债等信用债为主，但由于具体数据无法获得，此处不再详细展开。

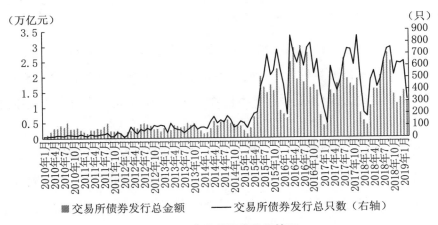

图2.4 交易所债券发行情况

资料来源：见表1.1资料来源说明。

交易所市场的存量结构与发行结构相类似，如表2.7和表2.8所示，地方政府债与国债占据主导地位，非金融企业债也占据了相当比重。上海证券交易所与深圳证券交易所存量结构相类似，唯一例外的是，上海证券交易所非金融企业债占据的比重更高，而深圳证券交易所的债券几乎完全由地方政府债与国债构成。但此处数据受到跨市场发行债券的影响较大，在实际的交易所债券存量中，信用债占比较大。

表 2.5　上海证券交易所债券发行构成(2018 年)

债券分类	债券具体类型	发行期数	发行期数占比(%)	发行金额(万亿元)	发行金额占比(%)	单只债券发行金额(亿元)	加权平均期限(年)	加权平均票面利率(%)
国债	国债	140	3.4	3.3	32.4	238.1	6.4	3.3
政府支持机构债	政策性金融债	3	0.1	0.0	0.1	26.7	5.1	4.3
	政府支持机构债	8	0.2	0.1	0.8	100.0	9.3	4.7
市政债	地方政府债	930	22.3	4.2	40.5	44.8	6.1	3.9
企业债	广义企业债	1 537	36.8	1.7	16.3	10.9	4.1	5.6
	非银金融债	159	3.8	0.3	3.4	21.8	3.2	4.7
资产支持类证券	资产支持类证券	1 394	33.4	0.7	6.6	4.9	3.0	4.8
总　　计		4 171	100	10.3	100			

资料来源:见表 1.1 资料来源说明。

表 2.6　深圳证券交易所债券发行构成(2018 年)

债券分类	债券具体类型	发行期数	发行期数占比(%)	发行金额(万亿元)	发行金额占比(%)	单只债券发行金额(亿元)	加权平均期限(年)	加权平均票面利率(%)
国债	国债	140	6.8	3.3	40.1	238.1	6.4	3.3
政府支持机构债	政策性金融债	4	0.2	0.0	0.2	40.0	5.1	4.3
	政府支持机构债	8	0.4	0.1	1.0	100.0	9.3	4.7
市政债	地方政府债	930	45.3	4.2	50.2	44.8	6.1	3.9
企业债	广义企业债	316	15.4	0.3	3.8	9.9	4.1	5.6
	非银金融债	54	2.6	0.1	1.6	24.9	3.2	4.7
资产支持类证券	资产支持类证券	602	29.3	0.3	3.1	4.3	3.0	4.8
总　　计		2 054	100	8.3	100			

资料来源:见表 1.1 资料来源说明。

表 2.7　上海证券交易所债券存量构成(2018 年末)

类别	债券 具体类别	剩余 数目	剩余数目 占比(%)	剩余金额 (万亿元)	剩余金额 占比(%)
国债	国债	193	2.5	0.5	6.6
政策性金融债	政策性金融债	7	0.1	0.1	1.3
地方政府债	地方政府债	1 065	13.9	0.4	5.2
企业债	一般企业债	1 850	24.1	0.8	10.5
	中小企业私募债	110	1.4	0.1	1.3
公司债	公司债	4 378	57.2	5.6	73.7
可转债	可转债	54	0.7	0.1	1.3
总　　计		7 657	100	7.6	100

资料来源:http://www.chinaclear.cn/zdjs/tjyb4/center_tjbg.shtml。

表 2.8　深圳证券交易所债券存量构成(2018 年末)

类别	债券 具体类别	剩余 数目	剩余数目 占比(%)	剩余金额 (万亿元)	剩余金额 占比(%)
国债	国债	75	4.4	0.0	0.0
政府性金融债	政策性金融债	5	0.3	0.0	0.0
地方政府债	地方政府债	119	7.0	0.0	0.0
企业债	一般企业债	11	0.6	0.0	0.0
	中小企业私募债	783	46.2	0.7	46.7
公司债	公司债	635	37.5	0.7	46.7
可转债	可转债	66	3.9	0.1	6.7
总　　计		1 694	100	1.5	100

资料来源:http://www.chinaclear.cn/zdjs/tjyb4/center_tjbg.shtml。

鉴于交易所现券年交易金额较低,且由于投资者准入约束,交易所债券市场投资者主要为中小机构与个人投资者,其中又以机构交易者为主。在此不予详述。

3. 商业银行柜台市场

中国债券市场起步之初,全部债券交易均在商业银行柜台市场进行,随着交易所、银行间债券市场的建立,中国经济实力的增长,投资者交易需求的增强,商业银行柜台市场的重要性也日渐下降。如今,商业银行柜台市场是银行间债券市场的延伸,面向个人和中小机构投资者,属于场外零售市场。商业银行根据每天全国银行间债券市场交易的行情,在营业网点柜台对债券进行买卖报价,以满足个人与企业的投资需求。商业银行的资金和债券余缺则通过银行间债券市场买卖加以平衡。由于商业银行柜台市场投资者范围相比交易所更小,因此可供交易的债券品种与市场体量也非常有限。表 2.9 为 2018 年商业银行柜台市场债券发行构成。值得注意的是,没有任何债券是只在商业银行柜台市场中发行的。商业银行柜台市场中发行的债券同时也在交易所或银行间市场发行,因此此处发行金额被严重高估。考虑到商业银行柜台市场的极小规模,此处数据的高估问题可能非常严重。因此表 2.9 仅供参考,出于同样的考虑,对于商业银行柜台市场债券存量构成,我们未予汇报。

表 2.9　商业银行柜台市场债券发行构成(2018 年)

债券分类	债券具体类型	发行期数	发行期数占比(%)	发行金额(万亿元)	发行金额占比(%)	单只债券发行金额(亿元)	加权平均期限(年)	加权平均票面利率(%)
广义国债	国债	90	27.7	2.9	73.0	320.0	6.4	3.3
	政策性金融债	145	44.6	0.7	16.5	72.3	5.1	4.3
市政债	地方政府债	90	27.7	0.4	10.5	28.6	6.1	3.9
总　　计		325	100	3.9	100			

资料来源:见表 1.1 资料来源说明。

2.1.2　美国债券市场交易场所

美国整体金融市场的制度差异,决定了我们无法按照上一节中的方式,对不同交易所中的债券发行与债券存量进行分别统计。美国债券发行采取注册制,发行人在发行 20 日前向美国证券交易委员会提供相关材料即可。发行人还可选择储架发行,即一次注册,分批发行。至于具体债券的发行场所,则未予明确规定,交易场所也没有明确限制,因此我们无法按照如前对中国债券市场的分析方法进行分析,仅可对美国债券市场的交易场所进行简要描述。

美国债券的主要交易场所为场外市场。20世纪前半叶,美国交易所中的债券交易较为活跃。然而,随着机构投资者的逐渐成熟,债券交易逐渐转移至更能满足机构投资者交易债券需求的场外市场中,而债券市场也逐渐分层。个人与中小机构投资者向交易商询价并展开交易,这构成了债券市场的底层,为交易商对客户的交易。而交易商为了平衡自身投资组合、调整存量水平,需要与其他交易商展开交易,这是债券市场的顶层,为交易商对交易商的交易。

传统场外市场为电话询价交易,而自20世纪90年代以来,电子交易平台的兴起对于债券市场也有重要影响。单交易商平台在成交和查询报价的便利性上有所提升,多交易商平台的引入使客户能更好更快地找到最优报价交易商展开交易,而交易商间交易系统对于交易商更快速地调整仓位、降低存货成本、提供更优报价亦有辅助作用。据美国证券交易委员会披露,截至2019年9月,共有55家另类交易系统正在运营中。①

近年来,美国债券市场中电子化交易成为大趋势,因此在电子交易平台(属于另类交易系统的一种)中的成交比重也逐年上升。如图2.5所示,美国国债电子化交易比重由2012年的53%左右上升至2015年的70%,高收益债券电子化交易比重也有明显增长。且不同电子交易平台可能会侧重某类债券,如Nasdaq Fixed Income只进行美国国债交易;在市场层级上的侧重也有所不同,如OTC Link LLC只面向交易商之间的交易。

2.1.3　中美债券交易场所比较

从以上对中美债券市场交易场所的介绍中,我们很容易注意到两国债券市场交易场所的不同之处,具体来说,可以总结为以下两点:

(1)中国债券市场交易场所较为集中,而美国债券交易市场相对更为分散化。

---

① 参见 https://www.sec.gov/foia/docs/atslist.htm。

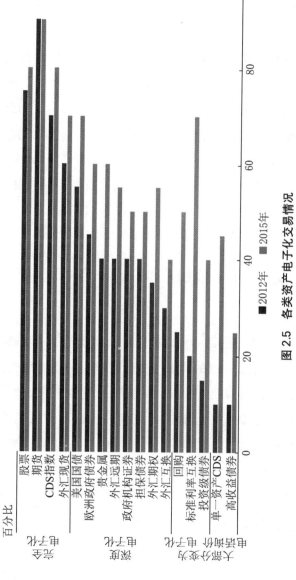

图 2.5　各类资产电子化交易情况

资料来源：Electronic Trading in Fixed Income Markets, BIS report, https://www.bis.org/publ/mktc07.pdf。

中国的主要债券交易发生在银行间市场中。而美国债券交易虽是以基于声讯交易（voice trading）的场外市场为主，但 1990 年以后，电子交易平台逐渐成为新趋势。电子交易平台的涌现，使得债券交易在各个平台间分散开来，因此集中性更低。但各平台可以精准定位其客户群体，如专门提供政府债的交易平台，或只为交易商之间的交易服务，或只为交易商对客户的交易服务等。

（2）市场连通性不同。早期中国债券市场的不同场所之间的交易者类型有行政上的制约。近年来，为了促进资金自由流动，对交易者类型的限制有所放宽，比如允许部分银行参与交易所市场交易，但不同市场的交易者构成仍存在较大差异。目前，交易所市场机构和个人投资者均可以广泛参与，银行间市场的交易者主要由机构投资者构成，银行柜台市场的交易者则主要是中小投资者，其中包括大量的个人投资者。而美国债券市场中相关约束较少，不同投资者根据自身需要选择交易场所，不同场所之间的连通性更强。

2.2　中美债券市场清算托管机构

交易场所为交易发生的前端，而交易后端依赖于清算托管机构。清算托管机构是债券市场顺畅高效运行的重要保障。在债券交易的过程中，清算托管机构承担着登记、托管、清算、结算的重要功能。债券登记，指的是清算托管机构对于债券权利归属和变动进行确认和记载。清算托管机构还对债券持有人持有的债券进行集中保管，并对其持有的债券相关权益进行管理和维护，即"债券托管"。此外，在交易到期时，清算托管机构负责对债权债务进行计算，完成资金与债券转移，交易双方债权债务清讫，并通知收付双方做到账确认，这属于清算托管机构的清算与结算职能。因此，清算托管机构对于明晰债券权利归属、记录并辅助完成交易行为起到关键作用，其效率直接决定了整体债券市场的效率。以下，我们将分别对中美债券市场清算托管机构进行介绍与比较。

2.2.1 中国债券市场清算托管机构

中国债券市场的清算托管机构分为三部分：中央国债登记结算有限责任公司（以下简称中央结算或中债登）、中国证券登记结算有限责任公司（以下简称中国结算或中证登）、银行间市场清算所股份有限公司（即上海清算所，以下简称上清所）。其中，银行间市场投资者的证券账户需开立在中债登或上清所①，而交易所投资者的证券账户需开立在中证登。

1. 中央国债登记结算有限责任公司

中债登于 1996 年经国务院批准设立，由国务院出资，是国有独资企业，是承担中央登记托管结算职能的国家重要金融市场基础设施，受中国人民银行、财政部、银保监会等部门的监管。中债登开展银行间市场债券的托管业务，主要负责利率债和部分信用债的托管，包括国债、地方政府债、中央银行票据、政策性金融债和企业债等。根据机构投资者的性质与业务范围，中债登将投资者账户分为甲、乙、丙三类。甲类账户为具有结算代理资格的商业银行，根据银行间市场公布的最新数据，截至 2017 年 2 月 21 日，银行间市场共 48 家商业银行为债券结算代理人②；乙类账户主要是甲类账户之外的银行、非银行金融机构及非法人产品；而丙类账户则主要是境外金融机构及合格的非法人产品。③甲、乙类账户可以直接在中债登进行托管和结算，而丙类账户由中债登托管，但交易结算由甲类账户代理。中债登所采用的是穿透式监管，可以穿透其直接会员的账户，看到会员的客户账户明细。

由于商业银行柜台也流通利率债，这部分也属于中债登的托管清算范畴。在商业银行柜台流通的债券，其对应的清算托管机构与登记机构相同。在中债登登

---

① 中债登和上清所托管的债券种类不同，对应的账户相对独立。2017 年 10 月 12 日，中债登颁布《关于支持债券结算资金专户设置日间资金汇出多条汇路功能的通知》（中债字〔2017〕141 号），实现了中债登账户到上清所账户直接划款的功能。

② 参见 https://www.chinabond.com.cn/Info/23185720。

③ 参见 https://www.chinabond.com.cn/cb/cn/ywcz/zhgl/zqzh/ywlc/20160601/23680951.shtml。

记的债券,由中债登负责清算托管。但值得注意的是,商业银行柜台实行的是二级托管,即先由投资者在商业银行开立托管账户,承办商业银行则需在中债登开立账户。由于商业银行柜台市场以个人投资者交易为主,若直接进行一级托管,对于中债登可能负荷过重,难以进行精细化管理。先由商业银行进行二级托管,可以拓宽银行业务范畴,商业银行还可为投资者提供增值服务。对于中债登、商业银行、投资者而言,二级托管是更合适的处理办法。

表 2.10 为中债登在 2015 年至 2019 年间的托管与结算情况。截至 2019 年末,中债登总托管量为 64.98 万亿元,交易结算量达 813.79 万亿元,其中回购交易结算量占比达 82%(包括买断式回购和质押式回购)。由表 2.11 可知,截至 2019 年末,中债登托管的债券中,56.9%为政府债(国债与地方政府债),24.84%为政策性金融债。

表 2.10　中债登托管与结算情况(2015—2019 年)

年份	托管量 (万亿元)	交易 结算量 (万亿元)	现券交易 结算量 (万亿元)	回购交易 结算量 (万亿元)	债券借贷 结算量 (万亿元)
2015	35.04	466.58	60.54	404.93	1.11
2016	43.73	581.2	79.53	500.13	1.55
2017	50.96	568.74	52.22	514.28	2.24
2018	57.62	666.03	77.93	585.69	2.40
2019	64.98	813.79	139.40	670.21	4.19

资料来源:中国债券信息网(https://www.chinabond.com.cn)。

表 2.11　中债登分债项托管情况(2015—2019 年)

年份	政府债 (%)	政策性 金融债 占比(%)	政府支持 机构债 占比(%)	广义 企业债 占比(%)	ABS 占比 (%)	资本工具 占比 (%)	其他 (%)
2015	42.73	31.38	3.52	13.32	1.51	1.79	5.74
2016	50.53	28.35	3.07	12.32	1.32	2.02	2.39
2017	54.25	26.40	2.90	11.00	1.71	2.69	1.05
2018	56.00	25.00	3.00	13.00	3.00	0.00	0.00
2019	56.90	24.84	2.67	12.71	2.55	0.30	0.99

资料来源:中国债券信息网。

2. 上海清算所

上海清算所于 2009 年经中国人民银行批准成立，是中国债券市场承担登记托管和清算结算职能的重要金融市场基础设施。登记托管业务方面，上海清算所主要负责信用债、货币市场工具与部分金融债券的托管，包括短期融资券、中期票据、资产支持票据、同业存单等。表 2.12 为上海清算所历年末分券种托管情况。截至 2019 年末，上海清算所债券托管总量达 22.3 万亿元，其中同业存单托管量达 10.7 万亿元，中期票据托管量约为 6.2 万亿元。类似中债登对投资者账户的分类，上海清算所也将投资者账户分为 A、B、C 三类，其中 A、B 类账户可以直接进行托管与结算，而 C 类账户由 A 类账户代理结算。对于在商业银行柜台流通但归属上海清算所登记的债券，处理办法与中债登类似，也属于二级托管，先由投资者在商业银行开立托管账户，再由商业银行托管至上海清算所。

表 2.12　上海清算所分券种年末托管余额

	2015 年	2016 年	2017 年	2018 年	2019 年
政府支持机构债券（亿元）	950	1 200.00	1 250.00	1 050.00	2 720.00
金融债（亿元）	1 420.00	1 920.00	2 290.00	2 589.60	4 054.60
同业存单（亿元）	30 274.40	62 760.90	80 050.80	98 858.80	107 239.45
非公开定向债务融资工具（亿元）	21 393.99	21 797.86	20 020.05	18 995.79	20 815.49
中期票据（亿元）	24 280.10	34 311.10	42 032.85	52 857.39	61 778.67
短期融资券（亿元）	9 460.00	6 021.95	3 915.20	4 870.30	4 512.30
超短期融资券（亿元）	14 726.40	15 135.30	11 185.80	14 754.80	15 623.99
其他（亿元）	792.62	980.00	1 581.85	3 176.90	3 176.90
总计（亿元）	103 297.51	144 127.11	162 326.55	197 153.58	223 490.43

资料来源：上海清算所(https://www.shclearing.com)。

清算结算业务方面，上海清算所是中国人民银行认定的合格中央对手方(CCP)。在中央对手方清算制度下，清算所介于已达成金融交易合约的双方之间，对合约买卖双方的对手方进行替换，从而成为所有买方的卖方，以及所有卖方的买方。中央对手方清算对于投资者的益处很明显，首先，合约对手方风险被重新分配，全部集中于中央对手方，可以有效降低投资者所承担的对手方风险。其次，可以防止多边净额清算失败,参与者只需进行轧差清算,从而提高参与机构的效率,节约抵押品,最大化资金利用。但中央对手方并不能消除对手方风险,只是转移了风险,因此中央对手方需有较高的自我风险管理能力与严格的风控制度,同时对于投资者的资质有明确规定。表 2.13 为上海清算所 2015 年至 2019 年债券业务清算面额。由表可知,上海清算所 2019 年债券业务总清算面额达 254.23 万亿元,其中质押式回购清算业务占主要部分。

表 2.13　上海清算所年末债券业务清算面额

	2015 年	2016 年	2017 年	2018 年	2019 年
现券清算(万亿元)	23.62	41.43	50.94	71.91	71.17
质押式回购清算(万亿元)	51.67	99.08	122.02	168.28	182.42
买断式回购清算(万亿元)	6.55	9.05	8.68	2.74	0.64
总计(万亿元)	81.84	149.57	181.63	242.92	254.23

资料来源:上海清算所。

3. 中国证券登记结算有限责任公司

中证登成立于 2001 年,上海证券交易所和深圳证券交易所分别持有其 50% 的股份,中国证监会是其主管单位。自 2001 年 10 月 1 日起,上海证券交易所和深圳证券交易所承担的全部证券登记结算业务划归中证登承担。中证登托管的债券品种为在交易所发行流通的债券,包括公司债、可转债、分离式可转债等,并承担国债、地方政府债和企业债的分托管职责。表 2.14 为中证登分券种托管情况,中证登托管的债券以公司债、资产证券化产品等为主。根据《中国证券登记结算统计年鉴 2018》①,2018 年中证登的证券结算总额为 1 132.09 万亿元,结算净额为 44.80 万亿元。

应注意的是,对于不同券种,中证登实行不同的托管机制。交易所的投资者为机构投资者或个人投资者,一般情况下,客户无法以其自身账户直接参与交易所中的债券交易,需先将其所持有债券托管于证券公司,再由证券公司统一托管至中证

---

① 参见 http://www.chinaclear.cn/zdjs/editor_file/20190716171026726.pdf。

表 2.14　中证登分券种托管市值

	2010 年	2011 年	2012 年	2013 年	2014 年	2015 年	2016 年	2017 年	2018 年
国债(亿元)	1 955.58	2 012.38	1 790.37	2 332.35	2 661.03	5 426.29	6 428.19	6 125.04	5 635.63
地方政府债(亿元)	—	3.32	3.3	16.7	17.1	367.58	2 284.07	2 475.08	3 733.12
政策性金融债(亿元)	—	—	—	—	314.61	108.74	103.6	887.61	871.12
企业债(亿元)	446.15	1 465.36	2 797.95	6 805.66	10 661.91	8 799.51	8 976.85	8 175.76	6 792.98
公司债(亿元)	2 128.46	2 809.99	5 246.60	7 787.72	10 057.91	19 076.24	41 354.50	52 621.32	63 348.05
可转换债券(亿元)	917.48	1 157.65	1 289.12	1 610.02	1 695.24	162.46	397.21	902.35	1 857.16
分离债(亿元)	852.84	803.89	714.72	580.98	93.45	67.2	—	—	—
中小企业私募债(亿元)	—	—	40.17	371.09	996.21	6 008.01	11 440.21	11 848.78	8 828.01
资产证券化产品(亿元)	9.75	8	32.33	64.52	307.12	—	4 226.04	7 482.43	11 627.46
债券合计(亿元)	6 300.51	8 252.59	11 882.23	19 504.52	26 497.45	40 016.03	70 984.63	83 035.94	91 066.07

资料来源:见表 1.1 资料来源说明。

登,相当于由证券公司实行二级托管。但在交易所发行的国债、地方政府债与企业债,由于债券种类的特殊性,直接由中证登托管。投资者需在中证登开立托管账户,中证登再统一托管至中债登,相当于由中证登实行二级托管机制。

2.2.2 美国债券市场清算托管机构

美国债券市场由美国证券托管与结算公司(Depository Trust and Clearing Corporation,DTCC)进行集中统一托管。DTCC 是非营利性的股份公司。1999 年,中央证券存管公司(Depository Trust Company,DTC)与全美证券清算公司(National Securities Clearing Corporation,NSCC)合并,DTCC 由此诞生,并成为全美证券托管结算机构。美国债券市场交易场所间实行市场化竞争,由市场自行选择交易场所。而这种充分有效竞争的基础,是高度发达的托管、清算与结算体系。在 DTCC 成立之前,美国也存在过不同托管机构并存的情况,但是这是根据债券品种特性,由市场自发形成的"分割"。20 世纪 70 年代前后,美国共存在七个中央托管机构。但出于防范风险与提高效率的考虑,美国政府于 1999 年促成了DTC 与 NSCC 的合并,全美的证券托管结算业务由 DTCC 及其子公司完成。

其中,登记、托管业务由 DTC 负责,DTC 实行多级托管间接持有体系。DTC的服务对象仅为其参与人(符合条件的金融机构),参与人需与 DTC 签订存管结算协议,申请开立证券账户,办理其客户或其自营证券的送达、提取和证券交收划付业务。实际投资者只需与参与人(券商或托管银行)签订托管结算协议,由参与人维护其证券账户并提供托管服务。参与人并不需要向 DTC 报送其名下的实际投资者姓名和持股明细。DTC 为参与人开立的账户实为一个综合管理账户,混同持有所有客户的证券,该账户内的证券按证券品种区分、集中存管,且同一品种的证券相互间具有可替换性。这样,同一参与人名下的客户之间发生证券过户时,参与人在 DTC 处存管的证券并不需要办理变更登记,只需在参与人的系统中借记或贷记对应双方客户的证券账户即可,从而提高结算效率,降低成本。

DTCC 还拥有多个中央对手方,负责其清算业务。其中,NSCC 主要负责股票与公司债券的清算业务,固定收益证券清算公司(Fixed Income Clearing Corporation,FICC)主要负责政府债券、回购协议、MBS 的清算业务。

2.2.3　中美债券市场清算托管机构对比

根据前面两部分的分析,中美两国债券市场清算托管体系的主要区别如下:

(1)中国债券市场不同场所交易的不同债券,对应的清算托管机构不同,各机构之间通过互联互通构建统一的债券市场,美国债券市场清算托管机构则统一集中化。

(2)美国债券市场清算托管机构实行多级托管体系,且不穿透。清算托管机构只关注其参与人的账户,不直接监管参与人客户的账户明细;而中国清算托管体系层级较少,实行穿透式监管,能穿透到参与人客户的账户明细。

2.3　中美债券市场监管主体

2.3.1　中国债券市场监管主体

中国债券市场中的监管主体较为多样化。从债券发行上说,不同类型的债券归属于不同监管机构监管,分别概述如下。第一,国债与地方政府债的发行受财政部统一规划监管。同时,中国国债协会是国债、地方债业务自律社团组织,起到配合政府主管部门进行国债、地方债市场监督管理,维护国债、地方债信誉与市场秩序的作用。第二,在银行间债券市场由银行及大型国有企业发行的中期票据、金融债、短期融资券以及 ABS 等,由中国人民银行与银保监会进行监督管理,中国银行间市场交易商协会作为辅助。中国银行间市场交易商协会作为自律组织,既可向市场宣传政府政策,又可向立法机构、政府部门反映市场情况以及会员的意见,这种监管机制有利于促进市场和政府的双向沟通。第三,企业债的发行主体以国有企业为主,2020年3月以前主要受国家发改委的审核与监督,2020年3月新《证券法》实施后,企业债发行全面实施注册制,国家发改委自此退出具体业务审核,将审核职能交给中债登和中国银行间市场交易商协会,并由省级发改部门对募投项目的合法合规性进行监督。第四,以上市公司为主的公司制法人所发行的公司债、可转债等,在交易所市场进行交易,因此受到证监会的监督管理,证券业协会、基金业协会等自律组织起到配合作用。第五,保险公司、保险资产管理公司所发行的债券,因发行人的特殊性质,受到银保监会的监督管理。不同债券对应的监管机构明细如表2.15所示。

从债券二级市场来看,交易场所对于在本场所交易的债券实施监管。例如,在银行间市场交易的债券将受中国人民银行与中国银行间市场交易商协会监管,在交易所交易的债券则受证监会监管。全国银行间同业拆借中心、债券登记托管结算机构对银行间市场业务进行日常监测,定期向中国人民银行提交银行间市场业务统计分析报告并抄送银行间市场交易商协会。

表 2.15　中国债券市场监督机构

门类	大类	中类	债券类型	监管机构
利率债	国债	国债	储蓄国债	财政部
			记账式国债	
			凭证式国债	
			其他国债	
		央行票据	央行票据	中国人民银行
	政策性金融债	政策性金融债	中国农业发展银行	中国人民银行
			中国进出口银行	
			国家开发银行	
	地方政府债	地方政府债	地方政府一般债券	财政部
			地方政府专项债券	
			地方政府置换一般债券	
			地方政府置换专项债券	

门类	大类	中类	债券类型	监管机构
信用债	政府支持机构债	政府支持机构债	铁道债	国家发改委
			中央汇金债	中国人民银行
	同业存单	同业存单	自贸区同业存单	中国人民银行
			一般同业存单	
	银行金融债	银行金融债	次级债	银保监会、中国人民银行
			二级资本工具	
			混合资本债	
			普通(银行)债	
	非银行金融债	非银行金融债	保险公司债	中国人民银行、银保监会、证监会
			普通非银行金融机构债	
			证券公司债	
			证券公司次级债	
			金融企业短期融资券(CP)	
	广义企业债	企业债	一般企业债	国家发改委
			中央企业债	
			地方企业债	
			其他一般企业债	
		一般公司债	一般公司债	证监会
		中期票据	中期票据	中国人民银行
		一般短期融资券(CP)	一般短期融资券(CP)	
		超短期融资券(SCP)	超短期融资券(SCP)	
		非公开发行公司债券	非公开发行公司债券	证券业协会
		非公开定向债务融资工具(PPN)	非公开定向债务融资工具(PPN)	中国银行间市场交易商协会
		中小企业债	中小企业私募集合票据	中国银行间市场交易商协会
			中小企业集合债券(SMECB)	国家发改委
			一般中小企业集合票据(SMECN)	中国银行间市场交易商协会
			区域集优中小企业集合票据(SMECN Ⅱ)	
			小微企业增信集合债券	国家发改委

续表

门类	大类	中类	债券类型	监管机构
信用债	广义企业债	可交债/可转债	可交换债券(公募)	证监会
			可交换债券(私募)	
			可转债	
	资产支持证券	资产支持证券	信贷 ABS	银保监会、中国人民银行
			企业 ABS	证监会
			资产支持票据	中国银行间市场交易商协会
			资产支持计划	银保监会
	其他	其他	其他债券	中国人民银行、国家发改委、证监会、财政部
			其他国际机构债	
			国际开发机构债	
			外国人民币主权债券	
			外国地方政府人民币债券	

资料来源:作者根据公开信息整理所得。

2.3.2　美国债券市场监管主体

美国债券市场中的监管主体相比于中国而言,要更为统一。国债由于事关政府财政,同样受到财政部的监管。而除国债之外的其他所有债项,统一受美国证券交易委员会监督管理。美国证券交易委员会拥有法律赋予的制定规则、执行法律与裁决争议三项权力,负责国债之外的债券发行监管,监管重点是市场运行情况及参与者行为,对误导投资者和不遵守反欺诈规定的交易商进行定期、不定期检查。美国证券交易委员会直接监管主要体现在非存款类机构的公司债上,对存款类机构的公司债、政府债和市政债的监管权限很小,政府债和市政债发行既不需要向美国证券交易委员会登记注册,也不需要定期报告。

虽然美国证券交易委员会是美国证券行业的最高监管机构,但美国债券市场总体上以自律监管为主,对应的市场规则均由美国证券交易委员会授权制定,经美国证券交易委员会批准后生效。美国债券自律机构包括交易所（如纽交所）、美国金融业监管局（FINRA）、美国市政债券规则制定委员会（MSRB）、DTCC。美国证券交易委员会授权交易所对场内债券交易进行监管，授权美国金融业监管局和美国市政债券规则制定委员会对场外债券交易进行监管。由于债券交易主要发生于场外市场，美国金融业监管局是实际监管者。美国金融业监管局是美国最大的独立证券业自律监管机构，由美国证券交易商协会与纽交所的会员监管、执行和仲裁三个部门于 2007 年合并而成。美国金融业监管局在债券方面的监管职责主要体现在公司债上，包括公司债交易、销售、公司债自营商和经纪商等方面所有自律规则的制定和执行。美国市政债券规则制定委员会是市政债券的行业自律组织（专职市政债券），不同于美国金融业监管局的是，美国市政债券规则制定委员会不具执行权，不负责监管规则的执行情况，具体执行由美国金融业监管局、美国证券交易委员会等机构分别负责。

2.3.3　中美债券市场监管主体对比

中美债券市场监管主体与监管结构上有明显不同，可总结为以下几点：

（1）中国债券市场中所涉及的监管机构有财政部、国家发改委、中国人民银行、证监会、银保监会以及各类行业自律组织。对于不同种类、在不同场所交易的债券，分别有不同的监管主体进行监督指导。不同的监管机构所制定的规则可能会有所不同，也会造成多重规则问题，影响监管思路的统一性。

（2）中国债券市场监管机构以行政监督为主，而美国债券市场中监管权力集中于行业自律组织。在中国债券市场中，各类自律组织也参与到监管过程中，但主要发挥配合主管部门进行监管的作用，不是监管主体，只是作为辅助。而美国债券市场监管的明显特征是行政机构将权力下放至自律组织，由自律组织对市场进行监管，制定规则并报由美国证券交易委员会审批。因此，自律组织为实质上的监管主体，起到重要作用。

2.4　中美债券市场信用评级机构

信用评级机构是金融市场中的重要信息中介,提供为证券发行主体、证券进行等级评定的服务。金融市场中信息繁杂,证券数目繁多,投资者的时间与精力都非常有限,很难对每只证券都进行研究分析。信用评级机构通过搜集大量信息,对证券发行主体与证券特征进行分析,综合所得信息为发行人与证券提供等级评定,这为投资者节省了大量的时间,提供了宝贵的参考。因此,信用评级行业的发展、信用评级机构是否进行公允、真实、独立的等级评定,对于整体证券市场,尤其是对于债券市场的稳定健康发展、有效定价具有特殊意义。在这一部分中,我们将分别对中美债券市场的信用评级机构进行介绍与比较。

2.4.1　中国债券市场信用评级机构

2019 年之前,中国债券市场不同交易场所与券种对应有不同的监管机构,不同监管机构制定的规则也相应有所不同。因此,评级机构也需基于相应发行监管机构的债券发行规则开展评级业务,这导致中国债券评级行业缺乏统一的业务资质规范。中国人民银行对银行间债券市场发行的债券评级机构进行认定,证监会管理公司债评级,发改委管理企业债评级,保险机构投资者仅可投资经保监会认定的评级机构评级的债券。若需开展相应债项的评级业务,则需对应监管机构认定评级资质。2019 年 11 月 26 日,中国人民银行、国家发改委、财政部、证监会发布了《信用评级业管理暂行办法》,明确中国人民银行是信用评级行业主管部门,主管全国的信用评级监督管理工作,该办法于 2019 年 12 月 26 日起正式实施,中国信用评级行业迎来统一监管时代。

中国债券评级机构业务分发行人付费和投资人付费两种模式。中国评级机构具体资质认证与业务模式详见表 2.16。目前有九家获得发行人付费评级资格认证的评级机构:中诚信国际信用评级有限责任公司及其内资主体中诚信债券评估有限公司、联合资信评估有限公司及其内资主体联合信用评级有限公司、上海新世纪投资服务中心、大公国际资信评估有限公司、东方金诚国际信用评估有限公司、鹏元资信评估公司、上海远东资信评估公司。其中规模较大的四家为中诚信、联合、大公与新世纪。表 2.17 为 2018 年各评级机构债券发行评级情况,可见发行人付

表 2.16　中国信用评级机构业务资质与模式

负责机构	中诚信国际	联合资信	联合评级	新世纪	大公国际	东方金诚	鹏元	远东资信	标普(中国)	北京中北联	大普	安融信	上海资信	中债资信	惠誉博华	其他
中国人民银行	✓	✓		✓	✓	✓	✓	✓	✓	✓	✓	✓	✓	✓	✓	✓
国家发改委	✓	✓		✓	✓	✓	✓	✓								
证监会	✓	✓		✓	✓	✓	✓	✓			✓	✓	✓	✓		
交易商协会	✓	✓		✓	✓	✓	✓	✓						✓	✓	

资料来源:作者根据公开信息所得。

表 2.17　2018 年中国信用评级机构债券发行评级情况

	债券数目	数目占比(%)	发行金额(万亿元)	金额占比(%)
上海新世纪资信评估投资服务有限公司	1 058	19.74	2.10	22.31
上海远东资信评估有限公司	8	0.15	0.00	0.02
东方金诚国际信用评估有限公司	299	5.58	0.70	7.43
中债资信评估有限责任公司	289	5.39	1.58	16.78
中证鹏元资信评估股份有限公司	126	2.35	0.07	0.78
中诚信国际信用评级有限责任公司	1 139	21.25	2.26	23.95
中诚信证券评估有限公司	1 042	19.44	1.16	12.36
大公国际资信评估有限公司	588	10.97	0.80	8.53
联合信用评级有限公司	810	15.11	0.74	7.84
联合资信评估有限公司	900	16.79	1.69	18.00
合　　计	5 359	100.00	9.42	100.00

资料来源:见表 1.1 资料来源说明。

费的信用评级机构中,这四家机构占据了主要市场。中诚信国际信用评级有限责任公司是与国际知名评级机构穆迪(30%)的合资公司。联合资信评估有限公司为联合信用管理公司(74.84%)与惠誉评级(25.16%)的合资公司。新世纪从 2008 年起也开始与标准普尔公司开展技术合作。唯有大公评级仍为中资独资,但"大公事件"爆出大公国际证券与债券评级业务违规,变相买卖评级,2018 年 8 月大公国际被监管层暂停债务融资工具市场相关业务和证券评级业务一年。

中国债券市场中,获得投资人付费方式评级资格认证的三家评级机构为:上海资信有限公司、中债资信评估有限责任公司、中证指数有限公司。其中,中债资信于 2010 年 9 月,由中国银行间市场交易商协会代表全体会员出资设立,是国内首家投资者人付费模式的评级机构。且中债资信采取的是主动性评级或非请求性评级,任何企业,只要在银行间市场发行债券之后,无需提出请求或者付费,中债资信都可能对其进行信用评级。除发行人付费模式下的四家主要评级机构外,中债资信的评级也是市场投资者的重要参考。平均而言,中债资信给出的评级相对更低,分布更广。

中国债券市场信用评级的突出问题是评级虚高,等级划分不明显。图 2.6 为中国债券市场发行时评级比重,由图可知,中国债券市场中 AA 级及以上的债券金额占比始终在 90% 以上,几乎全部债券都是投资级债券。而图 2.7 为 2018 年中国债券发行人评级情况,几乎全部债券发行人评级均在 AA—及以上。

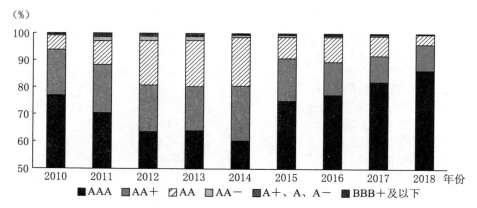

图 2.6 中国债券发行时评级:发行金额占比

资料来源:见表 1.1 资料来源说明。

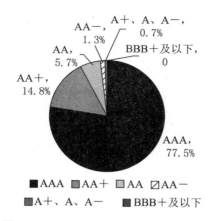

图 2.7　2018 年中国债券发行人评级统计

资料来源：见表 1.1 资料来源说明。

2.4.2　美国债券市场信用评级机构

美国证券评级机构需受到美国证券交易委员会认定，其发布的评级才能供其他金融机构使用。经认定的信用评级机构被称为"全国认定的评级组织"（Nationally Recognized Statistical Rating Organization，NRSRO）。根据 2020 年 1 月美国证券交易委员会披露的数据，目前美国共有十家全国认定的评级组织，具体名单与其截至 2018 年底市场份额如表 2.18 所示。①占据美国评级市场主要份额的三家信用评级机构为：标准普尔（Standard & Poor's）、穆迪（Moody's）和惠誉国际（Fitch Rating）。标准普尔评级的市场份额总体约占 50%，三大机构总市场份额超 90%。这三家评级机构均采用发行人付费模式。

目前，三大评级机构一般采用 AAA—D 的评级符号体系来表示信用风险的大小，再用"＋""－"号，"1""2""3"，或"a""aa"等来修正在主要等级内的相对高低。中国信用评级也采用同一套符号体系。

美国债券信用评级更为均匀分布。以穆迪公司债债项评级分布为例，近年来，

---

①　在美国证券交易委员会 2020 年 1 月的报告中，该数据统计的截止时间为 2018 年 12 月 31 日。详见 https://www.sec.gov/files/2019-annual-report-on-nrsros.pdf。

表 2.18　美国全国认定的评级组织市场份额(截至 2018 年底)

	金融机构	保险公司	公司债	资产支持证券	政府债	总计
A.M. Best	N/R	34.8%	0.9%	0.0%	N/R	0.4%
DBRS	7.8%	0.8%	2.4%	10.7%	1.2%	2.4%
EJR	6.6%	4.4%	6.5%	N/R	N/R	0.9%
惠誉国际	23.3%	15.8%	16.5%	21.9%	11.6%	13.5%
HR Ratings	0.4%	N/R	0.2%	N/R	0.0%	0.1%
JCR	0.6%	0.3%	2.2%	N/R	0.0%	0.2%
KBRA	0.6%	0.3%	0.0%	7.5%	0.0%	0.6%
穆迪	23.5%	11.9%	25.1%	33.3%	33.8%	32.3%
晨星(Morningstar)	0.0%	N/R	0.1%	2.1%	N/R	0.2%
标准普尔	37.2%	31.7%	46.0%	24.5%	53.4%	49.5%

资料来源:SEC,https://www.sec.gov/ocr/ocr-reports-and-studies.html。

高等级债(A 及以上)所占比重有所下降,高收益债比重维持相对稳定,但中等评级(BBB＋至 A＋)比重持续上升,至 2018 年第一季度,中等评级债券比重为 56%,高等级债与高收益债比重相近。

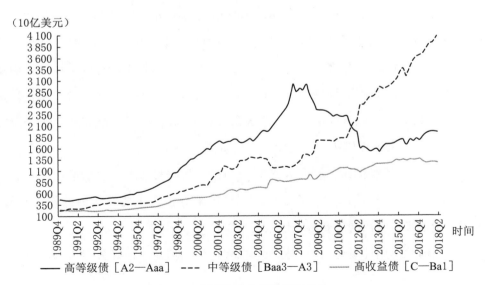

图 2.8　美国穆迪公司债评级分布

资料来源:Moody's Analytics。

2.4.3 中美债券市场信用评级情况对比

（1）共同点：发行人付费为主。中国债券市场中目前较大的一家投资人付费模式的信用评级机构为中债资信，但中债资信非一般意义上的企业，它由中国银行间市场交易商协会成立，且采用主动评级模式。投资人付费模式最突出的问题就是"搭便车"。付费的投资人得知评级后，其他投资人可以无需再次付费，通过关注已付费投资人的行为就可以推断出一定的评级信息。这降低了投资人付费获取评级的积极性。目前，评级市场的发行人付费占主流或与此有一定关系，但发行人付费模式的主要问题在于难以保持评级机构的独立与公正，可能会出现和发行人串谋与买卖评级的问题。

（2）不同点：美国债券市场的评级分布更均匀，而中国债券市场的评级集中在AA级以上。造成这一现象的原因可能有如下几点：其一，与监管机构的发行要求有关。AA级以下的债券在发行时就可能遇到阻碍，因此债券等级需要保证在此等级及以上，才有机会在市场上流通。其二，与信用评级机构内部治理和信用评级市场缺乏竞争有关。"大公事件"揭开了中国信用评级行业的一角，发行人付费模式下，发行人追求高评级，而内部治理不完善的信用评级机构可能利用发行人的这一诉求，进行额外收费，变相买卖评级，最终导致市场上的评级普遍虚高。而中国信用评级行业此前不对国际评级机构开放，整体行业竞争程度有限。2017年中国人民银行第7号公告明确了境内外评级机构进入银行间债券市场开展业务的要求，如穆迪、标准普尔、惠誉等国际评级机构也能以独资形式进入中国评级市场。2019年1月，中国人民银行发布公告称，对美国标普全球公司在北京设立的全资子公司——标普信用评级（中国）有限公司予以备案。标普为首家获准进入中国市场的外资评级机构。随着信用评级行业对外开放，国际评级机构进入中国市场，评级虚高的问题或能有所改善。

3 中美债券市场不同券种的比较分析（I）

中美债券市场的品种分类存在诸多差异，如美国以政府信用发行的债券为国债和市政债，而中国债券市场由于存在政府的隐性担保，背靠政府信用的债券除了国债、地方政府债以外，还有以各地城投公司为主体发行的城投债；美国金融机构发行的债券归于公司债，称为金融公司债，而中国的金融债作为一类特殊的债券，具有其专门的监管机制。中国金融债中的政策性金融债更为特别，类似于美国用于资助与公共政策相关项目的政府支持机构债券；美国的资产证券化市场按照基础资产类型进行划分，而中国的资产证券化市场更多依赖监管主体的不同而分为多个品种。在之后的比较中，我们主要依据债券的性质和用途对中美债券进行分类对比。

在本章及后续章节中，我们将从发展历程、发行与交易规则、发行量与存量、期限结构、收益率、投资者结构、交易现状以及评级分布等方面，对中美两国的政府债、政府支持机构债券、广义公司债、ABS、货币市场工具以及债券、信用衍生产品等六大类债务工具进行详细介绍和对比。

3.1 政府债

3.1.1 中央政府债

中央政府债是指由一国中央政府发行的、以中央政府信用为担保的一类债券。本章将要分析的中央政府债包括国债和其他背靠中央政府信用的债券种类。中国市场上背靠中央政府信用的债券主要包括国债和央行票据，美国中央政府债主要指美国国债，美国国债中有一类特殊品种为通胀指数债券，在后面会单独进行介绍。另外，中国的政策性金融债由政策性银行发行，中央财政进行担保，被称为"准国债"，因此，在中美国债数据对比中，除单独对比国债数据外，也考虑了将政策性金融债纳入统计口径的情形。

1. 中国的中央政府债

（1）国债。

国债是由国家发行的债券，又称国家公债，是国家以其信用为基础，按照债券的一般发行规则，通过向社会筹集资金所形成的债务债权关系，同时也是中央政府向投资者出具的、承诺在一定时期支付利息和到期偿还本金的债务凭证。在中国，国债的发行主体为国家财政部，它具有较高的信用度，被公认为最安全的投资工具。

首先来看中国国债的发展历程。新中国成立初期，仅在 1950 年发行过人民胜利折实公债，1954—1958 年间发行了国家建设公债。此后一直到 1981 年，中国未再发行过国内公债。改革开放以后，中国政府才恢复了国债发行。我们将改革开放后的国债发展历程划分为三个阶段：

第一阶段，国债市场萌芽阶段（1981—1987 年）。1981 年 1 月，国务院颁布了《中华人民共和国国库券条例》，国库券发行得以恢复。在 1981—1987 年间，中国年均国债发行规模仅为 59.5 亿元，发行日也集中于 1 月 1 日。当时不存在国债的一级市场和二级市场,国债发行采用行政分配的方式,发行之后也不能流通转让。国债发行以收据和实物为载体,发行品种单一,全部是一次性还本付息的零息债券。

第二阶段,由场外市场为主向场内集中交易转变(1988—1996年)。这一阶段,国债市场得到较快的发展,年均国债发行规模292亿元,并且增设了国家建设债券、财政债券、特种债券、保值债券等新品种。1988年,中央政府分两批允许在61个城市进行国债流通转让的试点,国债场外交易二级市场初步形成。1991年,中国开展了国债发行的承购包销试点工作,标志着中国国债发行市场的建立。此阶段的中国国债市场的特点是:发行市场初步形成,发行方式逐步由柜台销售、承购包销过渡到公开招标;二级市场逐渐形成,由场外市场向场内市场集中交易转变;这一阶段的国债期限基本上以3年期和5年期为主。

第三阶段,银行间市场、交易所市场和柜台市场并存(1997年至今)。1997年至今,全国银行间债券交易市场、沪深证券交易所国债市场和商业银行柜台市场并存。1997年,中国人民银行将所有的商业银行撤出交易所市场,开办了银行间债券市场。1998年起取消了实物国债的发行,并且逐步扩大了银行间国债市场机构投资者范围。2000年起开始建立国债承销团制度,并按季度公布国债发行计划。2002年始发行跨市场国债。2003年制定并出台了跨市场国债转托管办法。这一阶段的国债主要在银行间市场交易;期限以中长期为主,并出现了超长期固定利率和少量浮动利率的国债;商业银行等各类金融机构成为国债市场的重要投资者。

再来看看国债的种类。随着中国国债市场的发展,国债品种也在逐渐丰富。根据财政部的分类,中国的国债种类主要有记账式国债、凭证式国债、储蓄国债和特别国债,不同种类的国债在发行与交易方式、发行期限等方面各具特点。

第一,记账式国债,又称无纸化国债,是由财政部通过无纸化方式发行的、以电脑记账方式记录,并可以上市交易的债券。记账式国债可上市交易,流动性较好,虽不可提前兑取,但是可通过上市交易、低买高卖获取资本利得。记账式国债在银行间债券市场和交易所债券市场采用招标形式发行,无实物券面,通过记账方式进行交割,有3年、5年、7年、10年和50年五种期限。

第二,凭证式国债,是指国家采取不印刷实物券,而用填制国债收款凭证的方式通过银行的储蓄网点发行的国债,又称凭证式储蓄国债。它以国债收款凭单的方式来做债券证明,不可上市流通。在持有期内,持券人如遇特殊情况需要提取现金,可以到网点提前兑取。凭证式国债有 1 年、3 年和 5 年三种期限。它只对个人投资者销售,不可在二级市场交易。但个人可以未到期的凭证式国债作质押,从商业银行取得质押贷款。

第三,电子式储蓄国债,是财政部面向个人投资者发行的、以电子方式记录债权的一种不可上市流通的人民币债券。它是一种国债投资新渠道,其利息免征所得税。和凭证式国债类似,电子式储蓄国债也有 1 年、3 年和 5 年三种期限。电子式储蓄国债可提前兑取和质押融资。

虽然电子式储蓄国债与凭证式国债同属储蓄国债大类,二者均以国家信用为基础,都免缴利息税,收益水平也基本相当,但是电子式储蓄国债的优势在于其付息方式更灵活。凭证式国债为到期一次还本付息;电子式储蓄国债的付息方式比较多样,既有按年付息品种,也有利随本清品种。

第四,特别国债。特别国债的发行是为实施某种特殊政策,与普通国债仅是为预算赤字融资不同,特别国债具有特定目标和明确用途。截至 2019 年底,中国发行过两次特别国债①,一次是 1998 年发行的 2 700 亿元特别国债,用于补充四大国有商业银行的资本金,另一次是 2007 年发行的 1.55 万亿元特别国债,用途为向央行购买外汇组建中投公司。

由于记账式国债、凭证式国债、电子式储蓄国债、特别国债的发行与交易规则存在较大差异,接下来我们将详细分析四种国债的发行与交易情况。

记账式国债采用公开招标方式发行,包括证券交易所市场发行、银行间债券市场发行,以及同时在银行间债券市场和交易所市场发行(又称为跨市场发行)三种情况。个人投资者可以购买交易所市场发行和跨市场发行的记账式国债,而银行间债券市场的发行主要面向银行和非银行金融机构等机构投资者。

其中,在银行间债券市场发行的记账式国债,承销人根据《关于银行间债券市

---

① 2020 年 3 月 27 日,为应对新冠肺炎疫情,中央政治局会议决定发行中国历史上第三次特别国债。

场化发行债券分销过户有关事宜的通知》进行分销,并与分销认购人签订分销认购协议,分销认购人应是全国银行间债券市场的参与者。

在交易所发行的记账式国债,承销商可以采取场内挂牌分销和场外分销两种方法。场内挂牌分销由承销商向证券交易所提供一个自营账户作为托管账户,将在证券交易所注册的记账式国债全部托管于该账户中,且每一承销商都有确定的档期国债代码,以便于场内挂牌;而场外分销方式由承销商在场外确定分销商或客户,并在当期国债的上市交易日前向证券交易所申请办理非交易过户。

凭证式国债则采用承购包销方式面向社会公开发行,利率由财政部和中国人民银行参照同业银行存款利率及市场供求等因素确定。凭证式国债是储蓄国债的一种,投资者可到储蓄国债承销团成员的营业网点购买。2018 年至 2020 年储蓄国债承销团成员包括中国工商银行、中国农业银行、中国银行、中国建设银行等40 家银行[①],投资者购买时需要到国债承销团成员营业网点填制"中华人民共和国凭证式国债收款凭证"。

电子式储蓄国债同样由储蓄国债承销团成员代销,利率由财政部参照同业银行存款利率及市场供求等因素确定,发行期结束后,发行剩余额度由财政部收回。

而特别国债的发行通过全国银行间债券市场和试点商业银行柜台面向社会各类投资者发行。试点商业银行包括中国工商银行、中国农业银行、中国银行和中国建设银行在全国已经开通国债柜台交易系统的分支机构。特别国债的利率经投标确定。

最后是国债的监管情况。国债由于有国家信用做担保,是目前最安全的债券资产,对整个金融体系的稳定起着至关重要的作用,而国债的监管机制在很大程度上影响着国债的有序运行。接下来,我们从法律法规、政府监管部门和行业自律组织三个方面介绍中国国债的监管情况。

第一,在立法方面,目前中国在国债监管方面的政策和法规较少,缺少一份系统的、有针对性的高层次法律。针对国债,中国曾于 1981 年由国务院发布了《中华人民共和国国库券条例》,但此条例只规定了国债发行相关的内容,而且已经不适

---

① 参见 http://gks.mof.gov.cn/gongzuodongtai/201712/t20171229_2790893.htm。

应当前中国国债市场发展的需要。涉及国债流通转让方面的规定,只有中国人民银行、财政部和证监会单独或联合下发的一些规章制度。

第二,中国国债市场存在多家监管机构,主要有财政部、中国人民银行和证监会。财政部是国债的发行机关,对国债发行与交易市场进行监管,财政部具有较大的自主监管决策权,可以根据经济发展的需要,自行决定国债的发行频率、方式、期限、价格和利率。中国人民银行负责对公开市场业务进行具体监管,制定相应的交易制度,确保央行货币政策得以顺利实施。证监会负责对证券市场和期货市场进行监管。

第三,中国国债协会、证券业协会和证券交易所虽然都制定有自律性规则,但总体而言,与美国相比,中国这些自律性组织的监管职能未能充分发挥。

(2)央行票据。

央行票据即中央银行票据,是中央银行为调节商业银行超额准备金而向商业银行发行的债务凭证,期限在3个月至3年之间。中央银行发行的央行票据是中央银行调节基础货币的一项货币政策工具,目的是调节商业银行可贷资金量。通过央行票据的发行,央行可以从商业银行和其他金融机构收回一部分资金,从而起到适度紧缩货币的作用。在中国,央行票据由中国人民银行发行。

同样,我们首先来看看央行票据的发展历程。在央行票据正式出现以前,公开市场操作主要以中央银行融资券的形式进行。1993年,中国人民银行发布了《中国人民银行融资券管理暂行办法实施细则》。当年发行了两期融资券,总金额200亿元。1995年,中国人民银行开始试办债券市场公开市场业务。为弥补手持国债数额过少的不足,中国人民银行也曾将融资券作为一种重要的补充性工具。因此,发行中央银行融资券一直是中国人民银行公开市场操作的一种重要工具。

2002年9月,为增加公开市场业务操作工具,扩大银行间债券市场交易品种,中国人民银行将2002年6月25日至9月24日进行的公开市场业务操作的91天、182天、364天的未到期正回购品种转换为相同期限的中央银行票据,转换后的中央银行票据共19只,总量为1 937.5亿元,这标志着央行票据正式进入中国债券市场。

2003 年 4 月,中国人民银行正式通过公开市场操作发行了金额 50 亿元、期限为 6 个月的央行票据,并发布《公开市场业务公告》暂停每周二和周四的正回购操作,央行票据开始成为货币政策日常操作的一项重要工具。

2004 年,中国人民银行首次发行 3 年期央行票据,突破了央行票据是短期工具的概念。2005 年,中国人民银行首次公布央行票据发行时间表,央行票据被确定为公开市场操作的常规性工具。

外汇占款额的压力导致央行票据发行规模不断扩张,2003 年至 2008 年间,央行票据发行量持续增长。2009 年以后,中国人民银行使用央行票据收回流动性的目的已经基本完成,此后它开始减少央行票据发行规模,只在必要时定向发行。2003 年至 2018 年间,央行票据停发的年份有 5 年,分别是 2012 年、2014 年、2015 年、2016 年和 2017 年。

接着看看央行票据的发行与交易规则。央行票据的发行对象为公开市场业务一级交易商,个人不能直接投资。截至 2020 年 4 月 30 日,公开市场业务一级交易商有 49 家[①],其成员类别包括商业银行、证券公司等。央行票据的发行方式有三种,即价格招标、利率招标和数量招标。价格招标和利率招标实质相同,价格(利率)招标时,发行金额由中国人民银行确定,而中标价格或利率由市场决定;数量招标时,中国人民银行固定利率,发行金额由市场决定。数量招标主要在 2003 年至 2007 年间被运用,目前价格(利率)招标是中国人民银行发行央行票据的主要方式。中国人民银行会根据市场状况,采用价格(利率)招标的方式,交错发行 3 月期、6 月期、1 年期和 3 年期央行票据,其中以 1 年期以内的短期品种为主。

央行票据的招标形式包括竞争性招标和非竞争性招标。竞争性招标向全部公开市场业务一级交易商进行价格招标,而非竞争性招标主要面向双边报价商,非竞争性招标价格水平按竞争性招标的中标价格确定,中标数量按数量招标方式确定。在目前已发行的央行票据中,有 19 期除竞争性招标外,同时向中国工商银行、中国农业银行、中国银行和中国建设银行等 9 家双边报价商通过非竞争性招标方式配售。由于央行票据发行不设分销商,其他投资者只能在二级市场投资。

---

① 参见 http://www.pbc.gov.cn/zhengcehuobisi/125207/125213/125431/125469/4017574/index.html。

2. 美国的中央政府债

美国的中央政府债主要指国债,美国国债分为普通国债和通胀指数债券。由于通胀指数债券的特殊性,本部分将对通胀指数债券进行单独介绍。

美国国债由联邦政府发行,被认为无信用风险。国债一般以贴现债券(discount security)或息票债券(coupon security)的形式发行。贴现债券以低于面值的价格发行,没有利息,发行时按某一折扣率,以低于票面金额的价格发行,到期时按面值偿还本金。息票债券在债券到期以前按约定的日期分次按票面利率支付利息,到期再偿还债券本金。

而通胀指数债券(treasury inflation protection security,TIPS)作为一种特殊的国债,是一种承诺保护并增加投资者购买力的债券,美国财政部通过参照消费物价指数(CPI)的变化调整 TIPS 的本金以兑现这种承诺,它偿还给债券持有者的金额恰好维持了最初投资时的购买力。在美国,尽管公司与政府机构都能够发行 TIPS,但政府是主要的发行人。另外,通过发行 TIPS,政府能够表明其维持较低通货膨胀的决心,这是关于未来政策的有力信号。

(1)美国国债的发展历程。

美国自立国以来就有了国债,国债发行历史已有 200 多年。1791 年因取得独立战争胜利和通过联邦宣言,美国政府成功募集国债 7 546 万美元。在 19 世纪前半叶,美国的国债余额水平一直保持在比较低的水平。美国国债第一次急剧增长主要是因为美国南北战争。南北战争时间为 1861 年至 1865 年,1860 年美国国债为 6 500 万美元,1863 年超过了 10 亿美元,1865 年美国国债达到 27 亿美元。

第一次世界大战后,美国国债稳步增加至 220 亿美元;由于参与第二次世界大战,美国国债由 1940 年的 510 亿美元增长至战后的 2 600 亿美元。其后,美国国债的增加基本和通货膨胀保持一致。直到 20 世纪 80 年代,美国国债又开始迅速增加,从 1980 年到 1990 年的十年间,美国债务增长了两倍多。

冷战结束后,债务暂时减少,但是到 2005 年底,美国总债务已经达到 7.9 万亿美元,是 1980 年时的 8.7 倍。而后,由于次贷危机的爆发,美国实行扩张财政政策,导致财政赤字增加。2019 年,美国国债余额超过了 22 万亿美元。经过长期的发展,美国形成了成熟的国债市场,有着充足的国债供给,且国债期限结构多样化,投资者需求也非常大,这使得美国不仅国债现货市场发达,国债衍生品市场也异常活跃。在这种背景下,美国国债市场成为世界上规模最大的债券市场。

相比于普通国债,TIPS 出现时间较晚,美国财政部在 1997 年才开始发行 TIPS。在起步阶段,TIPS 的期限结构较为单一,首次发行的 TIPS 品种分为 10 年期和 5 年期。1998 年,美国财政部专门发行了 10 年期与 30 年期的 TIPS。在 1998 年至 2001 年间,美国发行的 TIPS 期限均为 10 年和 30 年。2002 年至 2003 年,美国只发行了 10 年期的 TIPS。从 2004 年开始,美国发行的 TIPS 种类开始丰富,出现了 5 年期、10 年期和 20 年期的债券,但以 10 年期为主。

(2)美国国债的种类。

根据债券偿还期限的不同,除 TIPS 以外的美国国债可划分为三种:国库券(treasury bill)、中期国债(treasury note)和长期国债(treasury bond)。国库券是指美国财政部发行的票面期限为 1 年或者 1 年以下的、以贴现债券的形式发行的短期债券,通常情况下,美国财政部会发行期限为 3 个月、6 个月和 1 年的国库券,还会发行具有各种到期期限的现金管理国库券。在美国,票面期限超过 1 年的债券以息票债券形式发行,中期国债是指票面期限超过 1 年但不超过 10 年的息票债券,中期国债发行期限为 2 年、5 年和 10 年。长期国债是指票面期限超过 10 年的息票债券,其票面期限多为 30 年。

美国 TIPS 的期限共分为 5 年、10 年、20 年和 30 年四种。5 年期的品种于每年的 4 月和 10 月发行,10 年期于每年的 1 月、4 月、7 月和 10 月发行,20 年期于 1 月和 7 月发行,30 年期曾于 1998 年和 2001 年发行,目前已经停发。

(3)美国国债的发行和交易方式。

美国所有国债的现行发行方式都是以年收益率为基础进行投标拍卖的方法。目前美国采用的国债拍卖方式主要有两种:多价格拍卖和单一价格拍卖。多价格拍卖又称为美国式拍卖,在美国所有可转让国债的拍卖中,除了 2 年期、5 年期中期国债和 TIPS 外,其余种类国债都采用此种拍卖方式。在多价格拍卖中,美国财政部首先满足所有非竞争性投标者的需求,然后根据收益率从低到高的顺序排列所有竞争性投标者,依次分别卖给竞标者所需要数量的国债,直到卖完。所有竞争性投标者按照竞标报价支付。单一价格拍卖被称为荷兰式拍卖,美国财政部对 2 年期、5 年期国债和 TIPS 采用单一价格拍卖方式。拍卖时美国财政部同样对拍卖者收益率从低到高排序,依次卖给竞标者所申购的国债数量,直到卖完,但与多价格拍卖不同,单一价格拍卖下所有中标者按照申报收益率最高(即价格最低)的报价进行支付。在国债拍卖的过程中,美联储充当了美国财政部财务代理人角色。所有投标人既可以直接向美联储提交投标书,也可以直接向美国财政部提交,或者间接通过交易商提交投标书。美国财政部允许所有在美国证券交易委员会注册的交易商或接受美联储监管的金融机构为自己的账户或客户的账户提交投标书。

在一级市场,TIPS 的拍卖方式与美国财政部拍卖的其他债券相同,采用单一价格拍卖和非比例配售的方式。TIPS 的二级市场与一般国债相似,其交易通过多边交易商的 OTC 市场达成。交易中间商为交易商和其他金融机构提供电子报价和撮合交易服务,并收取一定的佣金。

(4)美国国债的监管情况。

经过长期的发展,美国已经形成比较成熟的监管体系。美国进行国债市场监管的主要法律依据是美国于 1993 年颁布的《政府债券法》,美国国债市场的监管以政府监管为主,行业协会自律为辅,采用多部门合作的方式进行,主要的监管部门有美国证券交易委员会、美国财政部和一些自律监管组织(如交易所和美国证券交易商协会)。美国的监管框架主要由注册登记制度、信息披露制度、交易透明制度、中介机构监管制度和市场公正维护制度构成。美国《证券法》规定所有向公众发行的证券都必须在美国证券交易委员会注册登记,并遵守信息披露条款。美国证券交易委员会负责对交易商进行全面监管,具体监管要求包括注册登记要求、客户保护要求、资本充足率要求和销售行为规范要求等内容。美国国债市场公正性的维护主要来自监管执行的力度,法律授予了美国证券交易委员会广泛的执行权,其监管和惩治的力度保证了美国国债市场的公正性。

3. 中美国债情况对比

(1)发行量与存量规模对比。

根据图 3.1 国债发行金额占比数据,可以发现 2010—2018 年中国国债在债券总发行中的比重整体呈下降趋势,2010 年中国国债发行金额占债券总发行金额的

70％,随着债券市场的发展,债券种类不断增多,融资途径增加,所有债券发行总额上升。相比之下,中国国债发行金额的增速不如债券市场总量的扩张迅速,国债占比也随之下降。截至 2018 年底,中国国债占债券总发行金额的 15％左右。而美国债券市场已经较为成熟,国债比例一直维持在 30％左右,总体来看波动较小。

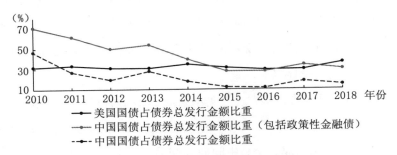

图 3.1　中美国债发行占债券总发行金额比重

资料来源:见表 1.1 资料来源说明。

从图 3.2 中美两国国债发行存量来看,中国国债存量占比呈现逐年下降趋势,而美国国债存量占比基本不变,且有平缓上升趋势。单看国债存量,2018 年中国国债存量低于美国国债存量 15％左右。若将政策性金融债包括在内,中国国债存量占比几乎与美国国债存量占比相同。

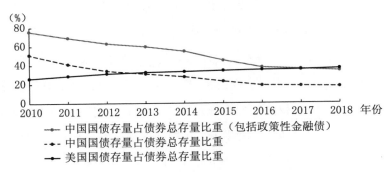

图 3.2　中美国债存量占债券总存量比重

资料来源:见表 1.1 资料来源说明。

(2) 期限结构对比。

图 3.3 和图 3.4 为中美两国国债发行的期限结构数据。根据图 3.3,中国国债

发行期限主要集中在 2—20 年,处于该期限区间的国债占到所有期限类型国债总量的 62.5%,在包括政策性金融债的情况下,这一特征更加明显,2—20 年期国债占比多达 71.6%。相比之下,美国各类期限国债中,发行得最多的是短期国债(国库券),占所有国债的 74.4%;其次是中期国债,占 23.5%左右,而长期国债只占到2%左右。这与中国国债期限结构大有不同,美国的短期国债占债券发行总额的70%以上,是中国短期国债发行金额占比的两倍还要多。

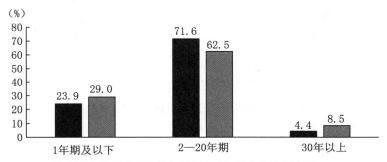

图 3.3　中国各类型国债发行金额占比(2018 年)

资料来源:见表 1.1 资料来源说明。

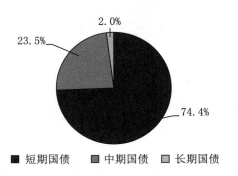

图 3.4　美国各类型国债发行金额占比(2018 年)

资料来源:见表 1.1 资料来源说明。

在图 3.5 和图 3.6 中,我们对不同种类的期限结构继续细分,分别对比短期国债、中期国债和长期国债发行金额特征。在不考虑政策性金融债的情况下,中国3 月期国债和 1 年期国债金额比重较大,两类债券份额之和高达约 90%;相比之下

6月期债券发行金额只有10%左右。而美国短期国债中,1月期国库券、3月期国库券和半年期国库券发行金额占比相当,分别占31.4%、31.6%、27.8%。对比发现,美国短期国债的期限种类更丰富,投资者的选择更多。

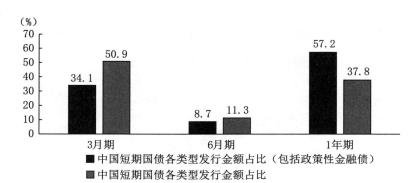

图 3.5　中国短期国债各类型发行金额占比(2018 年)

资料来源:见表1.1资料来源说明。

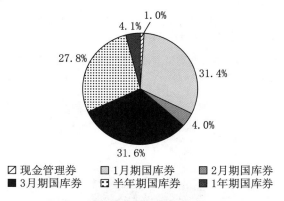

图 3.6　美国短期国债各类型发行金额占比(2018 年)

资料来源:见表1.1资料来源说明。

　　图3.7和图3.8分别为中美两国中期国债期限分布。图3.7显示,中国中期国债发行金额差异不像短期国债那样极端,但仍可明显看出3年期、5年期债券发行量较大,分别占到26%和25%以上。而美国中期国债中,不同期限债券发行金额占比分布较为均匀,其中5年期国债和中期TIPS占比较高,分别为21.2%和19.2%。

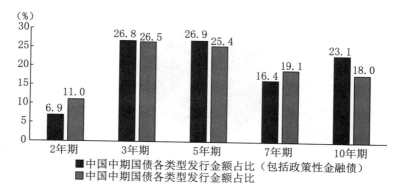

图 3.7　中国中期国债各类型发行金额占比（2018 年）

资料来源：见表 1.1 资料来源说明。

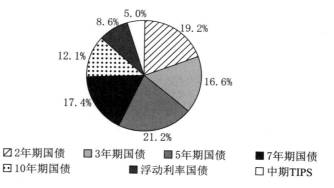

图 3.8　美国中期国债各类型发行金额占比（2018 年）

资料来源：见表 1.1 资料来源说明。

根据图 3.9 和图 3.10 的中美长期国债期限情况可见，中国长期国债主要包括 30 年期和 50 年期两种。其中，30 年期国债占主导地位，占比为长期国债总金额的

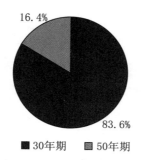

图 3.9　中国长期国债各类型发行金额占比（2018 年）

资料来源：见表 1.1 资料来源说明。

8.7%

91.3%

■ 30年期国债 ■ 长期TIPS

图3.10 美国长期国债各类型发行金额占比(2018年)

资料来源:见表1.1资料来源说明。

83.6%;50年期国债占16.4%。在美国长期国债构成中,30年期债券占据主导地位,发行金额占比为90%以上,中期TIPS的占比只有8.7%。在长期国债的构成方面,中美两国情况比较类似,均由30年期长期国债主导。

(3)收益率对比。

图3.11至图3.14展示的是中美两国不同期限国债的收益率曲线,分别对应3月期、1年期、5年期和10年期债券的到期收益率。由于投资者对长期债券要求更高的回报,对比不同期限收益率大小,可以发现期限越长,收益率越高。从波动性来看,中国国债到期收益率的波动程度与国债到期期限的长短密切相关,期限越短,波动性越强。

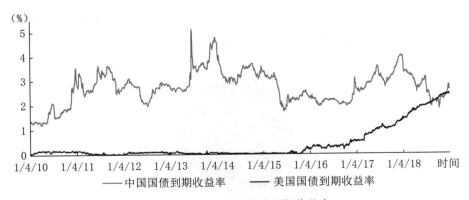

图3.11 中美3月期国债到期收益率

资料来源:美国国债到期收益率来自美国财政部(https://home.treasury.gov/policy-issues/financing-the-government/interest-rate-statistics);中国国债收益率来自中国债券信息网(http://yield.chinabond.com.cn/cbweb-mn/yield_main?locale=CN)。

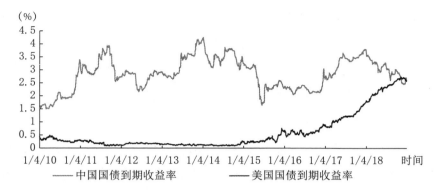

图 3.12　中美 1 年期国债到期收益率

资料来源:同图 3.11。

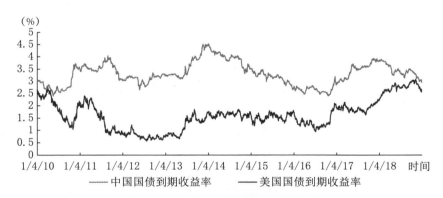

图 3.13　中美 5 年期国债到期收益率

资料来源:同图 3.11。

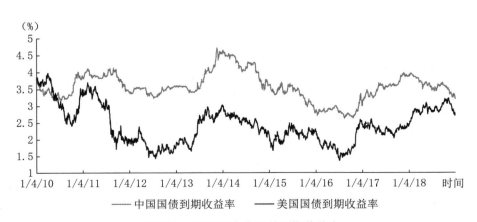

图 3.14　中美 10 年期国债到期收益率

资料来源:同图 3.11。

　　10 年期国债收益率较能体现出一国基础利率的水平。从图 3.14 中可以看出，2010 年至 2018 年间，通常情况下美国国债收益率要低于中国国债收益率。国债利率作为无风险收益率，国债收益率低，代表融资的成本较低。2013 年下半年，中国债券市场正处于流动性紧缺的"钱荒"时期，可以看出国债收益率快速上升，反映了资金面紧张，融资成本走高。

　　图 3.15 至图 3.17 反映的是中美不同期限国债与 10 年期国债之间的利差，利差体现了不同期限之间的差价，通常情况下，长期利率会比短期利率高。受到市场环境的影响，期限利差会出现收窄、扩大甚至倒挂的情况。三幅图中，中国其他期限国债与 10 年期国债之间的利差均低于美国，说明中国国债市场对于期限风险的

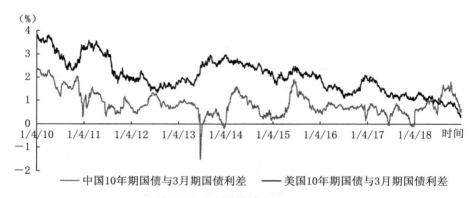

图 3.15　中美国债收益率期限结构：10 年期与 3 月期利差

资料来源：同图 3.11。

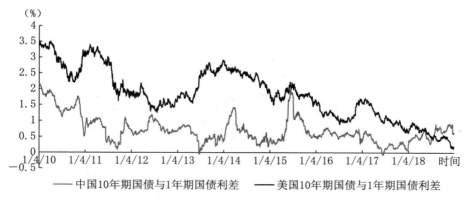

图 3.16　中美国债收益率期限结构：10 年期与 1 年期利差

资料来源：同图 3.11。

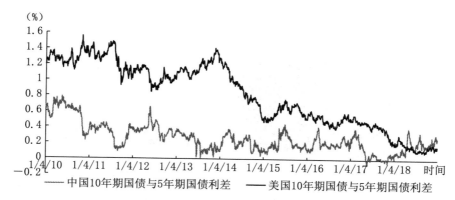

图 3.17　中美国债收益率期限结构：10 年期与 5 年期利差

资料来源：同图 3.11。

补偿要弱于美国。图 3.15 中，在 2013 年，中国债券市场曾出现 3 月期和 10 年期国债利率倒挂的现象，即图中体现出的期限利差为负的情况。结合当时的市场背景，2013 年资金面较为紧张，6 月爆发"钱荒"，国债收益上涨，但受基本面和货币政策偏暖预期的支撑，10 年期国债收益率上行幅度有限，短端收益率则大幅抬升，期限利差出现倒挂，但持续时间较短。美国历史上也曾出现过多次收益率曲线的倒挂，其期限利差倒挂往往发生在加息周期后期，美国的几次期限利差倒挂之后，都伴随经济大幅下行。

（4）投资者结构对比。

随着国债市场的发展，国债投资者结构也逐渐丰富。如图 3.18 所示，目前中国国债投资者种类较多，最主要的投资者为全国性商业银行，2018 年全国性商业银行占比达 48.0％。占比居于第二位的投资者种类为"其他"，比例为 11.8％，其中城市商业银行、境外机构和基金公司与基金的占比分别为 9.9％、8.0％和 6.2％；除此之外还包括交易所、农村商业银行、交易所以及保险机构等。银行类投资者占所有投资份额的 66.3％，持有着国债市场上近一半的债券。由于其资产负债特征，商业银行往往更倾向于长期持有国债，这在一定程度上限制了国债市场的流动性。

而根据图 3.19，2018 年，美国国债投资者中，国际投资者占 46.3％。这一方面是由于美国国债市场交易制度较为完善，国际投资者能够成功参与美国国债交易；另一方面是由于美国国债的安全性，吸引着世界各地的投资者。美国国债背靠美

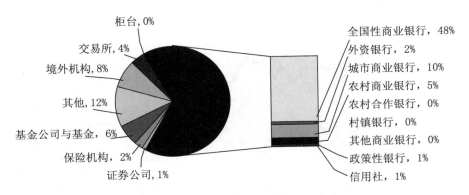

图 3.18　中国国债投资者结构（2018 年末）

资料来源：东方财富 Choice 数据。

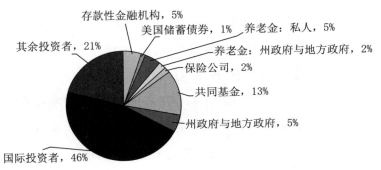

图 3.19　美国国债投资者结构（2018 年三季度，不包括联邦政府内部持有）

资料来源：SIFMA。

国政府信用，以美国的经济作为支撑，且在世界范围内有着非常高的接受度，能够在世界范围内作为安全资产进行流通。排第二的是"其余投资者"，占 20.7%；另外，共同基金、存款性金融机构、州政府与地方政府、养老金（私人）等投资者分别占 13.4%、5.1%、5.0%、4.6%。

对比发现，目前中国国债市场的投资者结构相对单一，投资者结构与国债市场的匹配度还不够，尤其是境外投资者占比方面。近年来，中国债券市场对外开放持续推进，自 2005 年中国发布《国际开发机构人民币债券发行管理暂行办法》起，中国债券市场对外开放已经历了 15 年的历程。从允许境外人民币清算行等三类机构运用人民币投资银行间债券市场，到合格境外机构投资者（QFII）和人民币合格境外机构投资者（RQFII）开展境内证券投资，再到 2017 年"债券通"正式落地，中国银行间债券市场对外开放步伐不断加快,开放程度不断加深。但从实际投资者构成情况来看,国债的开放程度还远远不够,债券市场仍然不够完全。中国国债被境外投资者接受不仅对国债的流通有着积极影响,更意味着以中国经济实力为支撑发行的安全资产能够撬动全世界的资产,对人民币的国际化、国家影响力的提升有着更深层次的意义。

（5）交易情况对比。

从图 3.20 国债日均交易金额情况来看,中国国债日交易额波动性较大,2011 年交易金额达到 2010 年至 2018 年间的最大值,约为 130 亿美元。根据图 3.21 换手率数据,中国国债活跃程度一直比较低,这和图 3.18 所展示的投资者结构数据相呼应。在中国国债的投资者中,银行、保险类机构较多。这类机构的投资策略较为保守,偏好长期持有低风险资产,限制了国债的流动性。若中国国债统计口径将政策性金融债包含在内,可以发现交易金额和换手率均有明显提升,这是由于中国政策性金融债在安全性上相当于国债,其发行量较大,续发机制也比较完善,所以很大一部分投资者更倾向于投资政策性金融债（尤其是国开债）,这在一定程度上降低了中国国债的交易活跃性。

美国的国债交易量较大,日均交易金额多在 4 000 亿至 5 000 亿美元。2018 年美国国债日均交易额约为 6 000 亿美元,相当于中国 2018 年国债日均交易金额的

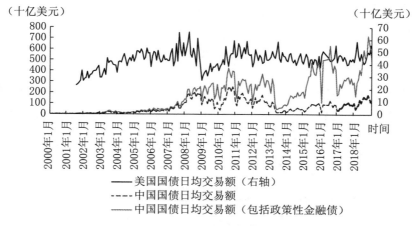

图 3.20　中美国债日均交易金额

资料来源:见表 1.1 资料来源说明。

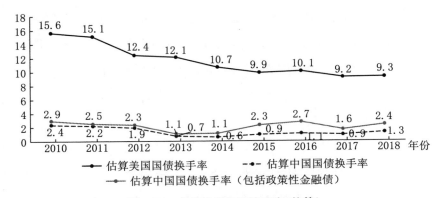

图 3.21　中美国债年度换手率(估算)

资料来源:见表 1.1 资料来源说明。换手率由当年交易额除以年末存量估算求得。

10 倍之多。2010 年以来,美国国债的换手率呈下降趋势。2018 年美国国债换手率为 9.3,说明其买卖频率非常高,流通性强。而中国国债 2018 年的换手率仅为 1.3,流动性和活跃程度有待提高。

经过数十年的发展,中国国债市场不断完善,借鉴国际债券市场的成功经验,采取了一系列促进国债市场发展的政策:建立国债集中托管系统和电子发行平台,不断完善承销团制度,采用市场化定价机制,以提高筹资效率;提前公布发行计划,定期发行及续发短中长期国债,初步形成了期限完整、估值可靠的收益率曲线;持续定期发行 10 年、30 年、50 年长期固定利率国债,成为继法国、英国之后世界上第三个发行 50 年超长期本币国债的国家;建立关键期限国债做市及支持机制,现货、期货、回购、远期等机制基本满足交易需求。但是与成熟的国债市场相比,中国国债市场还存在一定差距,具体表现在以下几个方面:

第一,国债流动性相对较低。每次可流通的国债发行之时,很大一部分被商业银行等存款类机构投资者作为持有至到期资产,很少在二级市场买卖,这使得国债交易的活跃程度较低。根据图 3.21,2018 年中国国债换手率为 1.3 倍,与美国国债 9.3 倍换手率相比明显偏低。同时,国债的票息收入免税,而交易获得的资本利得并不免税,这种税收机制并不鼓励机构进行国债交易。

第二,收益率曲线不够完整,期限结构不够合理。期限短于 1 年的短期国债规模不大,2018 年底中国短期国债余额占全部国债余额的比重为 29.0%,远低于美国 74.4%的占比;长于 10 年的国债发行频率较低,致使收益率曲线集中于 3 年、5 年、7 年、10 年等期限,不够完整。二级市场流通水平较低,尤其是短于 1 年和长于 10 年的收益率曲线两端,收益率上下波动性较大。

第三,国债期货对于深化国债市场功能的重要作用尚未完全发挥。之前商业银行、保险公司等真正的国债持有大户参与国债期货市场受到限制,自 2020 年 2 月起,才开始允许符合条件的试点商业银行和具备投资管理能力的保险机构,参与中国金融期货交易所国债期货交易。现货、回购及期货之间的互联互通机制尚未有效建立,投机、对冲及抵押等市场功能有待深化,市场监测机制有待加强。

在利率市场化改革和人民币国际化进程深入推进的形势下,当前中国国债市场运行机制还需要加快完善,市场效率有待进一步提高。针对中国国债市场未来的发展,提出以下展望:

首先,坚持国债安全资产的定位,促进金融市场顺畅运行。国债既是财政赤字的派生物,又有一定的独立性。其信用风险低,流动性高,在金融市场上作为安全的抵押品存在,对金融体系运行起到润滑作用,其他资产无法替代。研究表明,充裕的安全抵押品供给有助于降低社会融资成本,因此,适当规模的国债供给对于确保金融体系有效运行具有重要作用。

其次,应进一步完善微观市场基础,着力提高市场效率。鉴于投资者的"喜新厌旧"行为,国债市场中只有新发券债券(on-the-run bonds)交易较为活跃,这在国内外利率债市场都是普遍存在的现象。为刺激国债流动性,应坚持国债定期续发机制,增加续发次数及期限种类,进一步提高发债计划透明度,尽量长时间、大范围维持单只债券的市场热度。

3.1.2 地方政府债券

地方政府债券,是指由地方政府或其授权代理机构,为满足地方经济和社会公益事业发展的需要,根据本地区社会经济发展状况和资金短缺程度,在承担还本付息的基础上,按照有关法律的规定向社会公开发行的一种债券。

1. 中国的地方政府债券

自 2015 年起,中国允许地方政府自行发行地方政府债券(此前为财政部代发),地方政府债券相关规定也在不断完善。中国地方政府债券目前按照偿债资金来源的不同,分为一般债券与专项债券,这点与美国较为类似。美国的地方政府债分为一般责任债券与收益债券,一般责任债券对应一般财政收入,收益债券以项目产生的现金流作为偿债资金来源。目前,中国地方政府债券的发行主体只能是省一级(含计划单列市)地方政府,市县级如需举借相关专项债务,由省级政府代为发行。在发行额度上,中国实行了较为严格的限额管理。

(1)中国地方政府债券发展历程。

在中国经济建设和城市化的进程中,地方政府的基础设施建设起至关重要的作用。为了规范地方政府借贷行为,减轻地方政府财政收支负担,2015 年开始实施《中华人民共和国预算法》(以下简称新《预算法》),从法律意义上允许地方政府发行债券,即省级人民政府可以在国务院授权额度内通过发行地方政府债券来筹集所需资金。

实际上,早在 20 世纪末,许多地方政府就曾经发行过有息和无息的地方政府债券,并将筹集到的资金用于支援修桥修路等基础设施建设。由于中央政府担忧地方政府并不能足额还本付息,国务院在 1993 年下令取缔了这一行为。此后,1995 年开始实施的《中华人民共和国预算法》则在法律上对地方政府的发债权作出了严格限制。

在此之后,中国主要出现过三种地方政府债券。第一种是国债转贷地方债券。1998 年,为了应对亚洲金融危机带来的经济波动,缓解地方政府财政困境,中国发行了长期建设国债,将筹集到的资金转借给地方政府,用于恢复和发展经济。但是由于负债主体和资金使用者不一致,增加了中央政府的财政风险和偿还压力,这种形式的地方政府债券在 2005 年后被停发了。2009 年以后,为了满足中央投资建设项目的资金需求,出现了中央政府代发的地方政府债券。2009 年至 2011 年,财政部每年代发 2 000 亿元地方政府债券,并由财政部还本付息,资金作为收入纳入省级地方政府预算,不做赤字。第三种是地方政府自行发放的地方政府债券。2011 年 10 月,上海、浙江、广东和深圳作为"自发自还"试点,在国务院批准额度内共计发行地方政府债券 229 亿元。2013 年,新增江苏和山东两省作为自行发债试点省,发债总额度增加到 700 亿元。2014 年,上海、广东、山东、北京等 10 个省市开始自行组织发行地方政府债券,同时财政部出台《2014 年地方政府债券自发自还试点办法》,对地方政府债券的发行进行规范。2015 年,中国全国范围内的地方政府债券全部实行自发自还。此后,地方政府债券发行进入常态化。

从禁止发行到财政部代发,再到试点发行,中国地方政府债券的发行规模逐年增加,其偿还方式也由中央政府偿还过渡到由地方政府直接对债券负责。统一发债虽然在一定程度上有利于各区域均衡发展,但在自主发债模式下,地方政府能够根据融资需求确定发债规模,会更灵活和更有针对性。

(2)中国地方政府债券种类。

中国地方政府债券可以分为专项债券和一般债券两类,两者的区别主要在于项目资金投向以及还款来源。一般债券是为没有专门收益的公益性项目筹资而发行的,以一般公共预算收入还本付息;专项债券是为有一定收益的公益性项目筹资而发行的,以政府性基金或专项收入还本付息。

其中,自 2017 年 7 月开始试点以来,项目收益专项债券广泛涉及土地储备、收费公路、棚改、轨道交通四大领域;2018 年 8 月之后,财政部发布一系列支持文件,项目收益专项债券品种创新显著提速,目前已有高等学校专项债券、职业教育专项债券、医疗项目专项债券、公立医院专项债券、医疗养老专项债券、乡村振兴专项债券、水资源配置工程专项债券、地下综合管廊专项债券、旅游扶贫开发专项债券、公园社区专项债券、污水处理专项债券、水务建设专项债券、产业园区专项债券等多个创新品种。

(3)地方政府债券发行和交易规则。

地方政府债券发行实行审批制度,审批制最主要的特点是存在较多行政干预。债券发行规模按计划来确定,在发行价格和发行方式上,主管机构也会进行较强的干预。地方政府债券有公开招标和定向承销两种发行方式。采用公开招标发行方式的地方政府债券,由政府机构根据自身需求参与招标,且对主承销商和副主承销商有相应的最低承销额要求,以这种方式发行的债券可以在全国银行间债券市场和证券交易所债券市场流通;而采用定向承销发行方式的地方政府债券,直接与地方即将到期或者未到期的相关债务对应,只能通过试点商业银行柜台市场进行交易。目前,地方政府债券以公开招标发行为主,采用定向承销发行方式的地方政府债券占比较低,主要原因是定向承销方式发行的地方债利率较高,对地方政府而言融资成本较高。定向承销多用于置换银行贷款存量债务,以定向承销方式发行的地方政府债券采用簿记建档的方式来确定发行利率和数量,由地方财政部与债权人进行协商,债权人的观点将直接影响债券的发行利率。地方政府债券的置换直接将利率较高的贷款替换为债券,债券利率如果过低,会使银行面临比较大的收益率损失,因此以定向承销方式发行的地方债券往往利率较高。

(4)地方政府债券监管情况。

在地方政府债券实行试点改革以后,中央政府先后出台多部法律规范地方政府债券市场,如2014年出台的《关于加强地方政府性债务管理的意见》和2015年发布的《关于地方政府专项债券发行管理暂行办法》等。在监督主体上,地方政府在预算管理、承销机制和发债规模等方面接受财政部监督,在债券流通过程中对证监会和中国人民银行负责。

2. 美国的市政债券

美国地方政府债券的主要形式是市政债券。美国作为联邦制国家,其政府机构由联邦政府、州政府和地方政府组成,并在此基础上形成了三级财政体制。在各级政府关系的处理上,美国坚持总体原则和各级地方政府自治原则,即各级政府有权处理自身事务,独立发行地方政府债券。美国地方政府债券类型多样,从发行主体层级角度来看,包括州政府发行的准主权债券和州以下地方政府发行的债券。州及州以下地方政府发行市政债券不需要上一级政府的批准或同意,但发行一般责任债券需要经过严格的预算审批程度,有的还需要全民公投。市政债券的收益率比较低,但投资者可以免除利息收入的联邦、州和地方所得税。

在美国,市政债券一般可分为两类:一种是直接由政府出面发行的,以政府一般征税能力为担保的债券,这种债券被称为一般责任债券(general obligation bond);另一种是由地方政府特定的事业收入为担保来发行的债券,又称为收益债券(revenue bond)。收益债券的发行人不一定是政府,政府的代理机构和授权机构也可以发行,主要由发债融资所支持的特定项目或者事业的收入来支持,比如公用设施、收费公路、机场或者港口的收入等。

（1）美国市政债券发展历程。

美国的市政债券起步较早。作为历史上第一个发行市政债券的国家，美国市政债券的发展大概经历了五个阶段：

第一阶段是1810年至1870年的萌芽阶段。这一阶段市政债券的发行是以财政需要为前提的，州政府和地方政府在建设资金不足的情况下通过发行地方政府债券来融资。1817年，纽约州政府为修建伊利运河募集资金，发行了最早的市政债券。

第二阶段是1870年至1960年的约束阶段。1873年的世界经济危机对美国经济打击很大，许多通过发行市政债券筹集资金而建设的工程项目由于没有达到预期收益，不能按时支付债券本息，出现违约现象。在这种情况下，各州纷纷立法，明确地方政府可以在承担还本付息责任的约束下发行债券。

第三阶段是1960年至1980年的博弈阶段。博弈是围绕市政债券的免税问题展开的。博弈的一方是追求成本最小化的企业和追求财政收入最大化的地方政府形成的联盟，博弈的另一方是没有享受免税市政债券好处的企业和因为免税而遭受损失的美国国税局（Internal Revenue Service，IRS）形成的联盟。在此期间，地方政府总是通过金融工具的创新来规避限制免税法案。

第四阶段是1980年至21世纪初的规范阶段。这一阶段对市政债券的免税问题做出了明确的规定。1986年《税收法案》（Tax Reform Act）将免税债券限定于用于基本建设投资和私营企业再生产投资的债券。

第五阶段是2000年至今的创新阶段。这一阶段，市政债券在市场拓展、风险管理和套利三个方面进行了大量的创新。经过数百年的发展，美国地方政府债券市场已成为资本市场不可或缺的组成部分。但也应该看到，地方政府债券市场的不断创新在繁荣美国经济的同时，也出现了信贷危机和风险问题，2008年的全球金融危机更是加剧了美国地方政府债券市场的风险。

（2）美国市政债券的分类。

美国的市政债券由州或地方政府（市、县、镇等）以及地方公共机构为筹措学校、道路和其他大项目的开支而发行。市政债券类型多样，但以一般责任债券和收益债券两种类型最为突出。

第一种为一般责任债券。一般责任债券更类似于国债,最常见的是由各州、城市或县政府来发行,并由发行人来承诺支付合同价款。由于债券以发行人的完全信用和征税能力作为担保,因此也被称为税收支持债券。一般责任债券又可具体划分为无限税收一般责任债券、拨款支持债券、公共增信项目债券等类型,其中无限税收一般责任债券以无限征税权利作为保障,是一般责任债券的最主要形式。

第二种为收益债券。收益债券不以发行人的完全信用和征税能力为担保,而是由特定的收入来源进行偿还,比如来自收费公路或市政运输系统、机场或水处理设施的收益。收益债券包括工业发展债券和住宅债券等类型。工业发展债券是以发行债券筹集资金所建工厂的租金来偿还债券本息的一种债券。住宅债券则以房产部门收取的租金作为还本付息的来源,其发行目的是为低价租住房筹集资金。

(3)美国市政债券的发行和交易规则。

美国州政府和地方政府在发行市政债券上具有自主权,不需要上一级政府批准,但各州的宪法和法律仍然对州政府和地方政府的举债规模进行了严格的限制,尤其是针对以税收为还款来源的一般责任债券。一般责任债券的发行需要经过严格的预算审批程序,有时甚至需要经过全民公投;以投资项目收益作为偿债资金来源的收益债券发行审批相对宽松,一般不需要经全民公投通过。

市政债券的发行方式包括公开发行和私募发行。其中,公开发行的债券通常由一家或多家承销商承销,根据承销方式不同又分为竞争性承销和协议承销。在竞争性承销中,发行人根据参与投标的几个承销团的投标利率确定中标人,由中标的承销团负责债券包销;在协议承销中,发行人选择承销团,与其协商发行利率后由该承销团包销债券。私募即不公开发行,是向少数特定的投资人发行债券的方式。美国市政债券在场外市场中进行交易,对个人投资者免除个人所得税,鼓励个人投资者参与市政债券投资。

(4)美国市政债券监管情况。

经过长期发展,美国已经形成以市场自律机构直接监管为主、政府监管机构为辅的监管体系。美国证券交易委员会是美国市政债券交易市场的最高管理机构,作为一个独立的机构,它主要进行事后监管,也可制定或委托制定规则来引导和控制美国市政债券市场主体的行为。美国金融业监管局作为自律机构，在美国证券交易委员会的领导下发挥一线监管的职能。市政债券规则制定委员会（Municipal Securities Rulemaking Board，MSRB)作为自律组织负责制定市政债券的监管规则，其成员多来自证券公司、交易银行和其他公益团体代表。市政债券规则制定委员会通过制定相应的规则和准入标准来规范券商、交易商和经纪人等市场主体的行为，并接受美国证券交易委员会的指导，对其负责。

美国市政债券的发行和交易同时受到联邦证券法律和各州法律的制约。目前，在美国公开发行市政债券，首先要官方声明州政府或地方政府的责任和义务；在市政债券上市前后，要由审计机构对州政府或地方政府的财政运行情况、债务情况和偿债能力等出具意见；市政债券发行上市后，根据市政债券交易规则，发行人需要及时、定期地向投资者提供年度财务信息和经营数据以及其他重大信息。

3. 中美地方政府债券情况对比

（1）发行与存量规模对比。

从图 3.22 中美两国地方政府债券发行规模来看，中国地方政府债券发行量不同年份之间差异较大，这种差异与政策变动有关。自 2009 年起，中国开始由中央代发代还地方政府债券。虽然地方政府债券的发展历程不长，但由于地方政府债务规模庞大，地方政府债券的存量规模快速增长。2009 年至 2011 年，全国人大批准的地方政府债券发行额度相对较低，均为每年 2 000 亿元。随着地方政府融资需求的增加，2012 年至 2014 年的批准额度分别增加至 2 500 亿元、3 500 亿元和 4 000 亿元。2014 年《国务院关于加强地方政府性债务管理的意见》和新《预算法》的实施，拉开了新一轮财税改革，剥离了融资平台政府性融资职能，赋予了地方政府适度举债的权限。2015 年地方政府债券置换启动，地方政府债券规模快速增长，2016 年地方政府债券占比达到 2010 年至 2018 年间的最高水平。2017 年地方政府债券发行量有所回落，2018 年地方政府债券的置换工作基本接近尾声。截至 2018 年底，中国地方政府债券占比达到 33.6%，已超过国债所占份额。从存量规模来看，中国地方政府债券总量呈增长趋势，且具有规模大、增速快的特点，2016 年之后，虽增速放缓，但其存量占比仍然处于较高水平。

市政债券作为地方政府的重要融资渠道，是美国债券市场的重要组成部分，

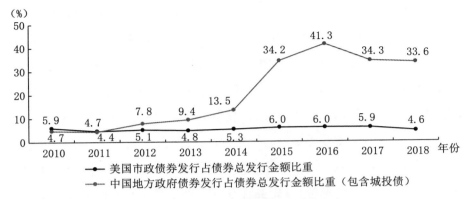

图 3.22 中美地方政府债券发行金额占比

资料来源:见表 1.1 资料来源说明。

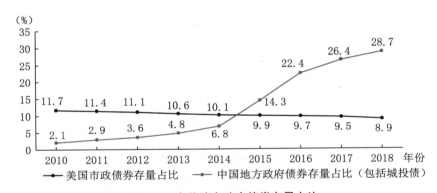

图 3.23 中美地方政府债券存量占比

资料来源:见表 1.1 资料来源说明。

2010 年至 2018 年间,美国市政债券的存量稳定在 10% 左右,2018 年美国市政债券发行金额占美国债券市场总发行规模的 4.6%,发行存量占 8.9%。总体来看,美国市政债券的发行量和存量比较稳定,这或许是由于美国对市政债券实行了严格的总量控制政策。尽管地方政府发行市政债券具有独立自主的权力,不需要联邦政府的批准或同意,也可以豁免注册,但各州宪法仍对州政府和地方政府的举债规模进行了严格的限制。专项债券的收益来自项目本身,偿付不影响政府运行;而一般责任债券的偿债来源是政府税收,与政府运作息息相关,因此地方政府依据其负债水平和偿债能力,对一般责任债券的发行规模做出总量限制,常用的控制指标如下:偿债率(债务支出/经常性财政收入,反映政府的偿债能力和预算灵活性);人均债务(债务余额/当地人口数);人均债务收入比(人均债务/人均收入);负债率(政府债务余额/GDP,用来反映地方经济增长对政府债务的承载能力)。地方政府以这些指标衡量负债水平和偿债能力,以此进行债务限额管理。

(2)发行构成对比。

2015年前,中国地方政府债券包括地方政府一般债券和城投债。城投债是中国特有的债券品种,它是指地方政府成立的投资平台公司为发行人,募集资金的用途在于政府基础设施建设或者公益性项目建设。城投债虽本质上是企业债,但由于存在政府的隐性担保,其价格往往不能反映债务真实的内在风险(王永钦,2014;王永钦等,2015)。中国地方政府的财权和事权不匹配,地方政府承担了大量社会建设的主要任务,但并不具备税收权利,导致地方政府难以承担地方建设的资金压力,成立了大量的投融资平台来筹集建设资金。2008年,为应对国际金融危机,中国政府出台了"四万亿经济刺激计划",并采取积极的财政政策和宽松的货币政策。2009年3月,中国人民银行联合银监会发布《关于进一步加强信贷结构调整促进国民经济平稳较快发展的指导意见》,提出支持有条件的地方政府组建投融资平台,发行企业债、中期票据等融资工具。地方政府融资平台迅速扩张,导致城投债规模不断扩大。2012年至2014年间,城投债更是呈井喷式发展。根据图3.24,2010年城投债占比为11%左右,2012年增加至50%左右。进入2013年后,审计署首次全面摸底中央和地方债务,巨额城投债引发关注,2013年下半年,国家发改委开始控制城投债的发行规模和节奏,这也是2013年城投债规模有所缩减的原

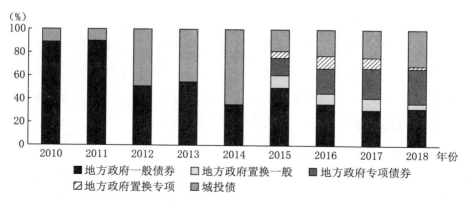

图3.24 中国地方政府债券发行构成

资料来源:见表1.1资料来源说明。

因。2014年"43号文"的出台明确了政府和企业责任,政府债务不得通过企业举债,意在剥离地方融资平台的政府融资职能。但是,随后中国经济下行压力加大,城投公司转型暂时搁置,城投债发行限制有所放松。

2015年末,地方政府融资再度受到监管重视,2015年12月财政部发布《关于对地方政府债务实行限额管理的实施意见》,规定城投债三年置换过渡期。也是从2015年起,中国开始发行专项债券和置换债券,专项债券为省、自治区、直辖市政府为有一定收益的公益性项目发行的、约定一定期限内以公益性项目对应的政府性基金或专项收入还本付息的政府债券。2015年专项债券的发行规模占比约为15%,不及一般债券。此后,专项债券占比逐年增长,截至2018年底,专项债券占地方政府债务总发行量的比重约为30%。地方政府债务置换是将债务延后的一种偿还方式,是地方政府为了缓解债务压力,通过适当的利率折合借来新债还上旧债。就其本质上而言,地方政府债务置换仅仅是债务形式的变化,只是将短期高利率的风险债务转换为长期低利率的较为安全的债务。具体来说,就是将短期银行贷款和信托贷款等债务形式转换为3年及3年以上期限的地方政府债券。置换债券分地方政府置换一般和地方政府置换专项两种,发行规模较小,占比均不超过15%。

在美国,专项债券一般与特定项目或部分税收联系,以项目建成后取得的收入作为保障。由于政府项目建设风险相对较小,收益债券的信用级别较高,但还款资金来源比较单一,风险仍高于一般责任债券。从发行量来看,美国市政债券的结构比较稳定。2010年至2018年间,专项债券的发行规模占比波动较小,2010年至2018年间美国市政债券中专项债券约占60%,保持着市政债券第一大类型的地位,一般债券约占40%。与一般责任债券相比,专项债券所受到的限制较少,且更能体现"谁使用、谁付费"的原则。2010年至2018年间,专项债券的发行量是一般责任债券的1.5倍左右。

由于中国地方政府债券的特殊性,若将地方政府专项债券、地方政府置换专项、城投债归为专项类地方政府债券,将地方政府一般债券、地方政府置换一般归为一般类地方政府债券,分别和美国对应的专项债券和一般债券进行对比。2015年中国专项类债券约占总发行量的40%,与美国2015年的专项债券占比几乎相同。2015 年以后,中国专项类债券占比呈上升趋势,2018 年专项类债券占比约为 43%,而美国 2015 年以后专项债券占比稳定在 40%上下。

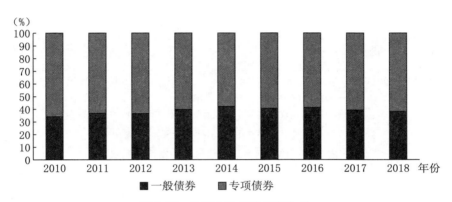

图 3.25　美国市政债券发行构成

资料来源:见表 1.1 资料来源说明。

（3）期限结构对比。

美国短期市政债券的发行期限多在 1 年以内,中长期债券的期限多在 15 年至 20 年之间,2018 年美国市政债券的平均发行期限为 18.1 年。值得注意的是,美国各州宪法对一般责任债券做出发行期限的限制,而对于项目收益债券,其发行期限一般不可超过所投项目的"合理使用年限"。

2018 年中国地方政府债券平均发行期限为 4.6 年[①],近年来,美国市政债券的平均期限呈上升趋势,2017 年以前,中国地方政府债券的期限长于美国市政债券,而 2017 年以后中国地方政府债券的期限短于美国市政债券。分别来看中国各类地方政府债券的期限,可以发现城投债的期限呈明显下降趋势,这是导致平均期限下降的主要原因。结合当时的情况,2017 年金融机构受到超预期监管,2018 年违约事件频发,市场避险情绪上升,这或许使城投债发行逐渐趋向短期化。

具体来看,中国地方政府债券的发行期限以 3 年、5 年、7 年和 10 年为主。美国市政债券中既有 1 年以内的短期票据,也有期限在 1 年至 30 年的长期债券,短期票据多在 1 年以内到期,但中长期债券的发行期限基本都在 15 年以上。与美国

---

①　简单平均得出。

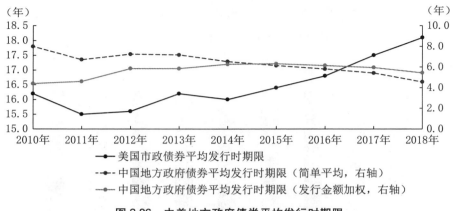

图 3.26　中美地方政府债券平均发行时期限

资料来源:见表1.1资料来源说明。

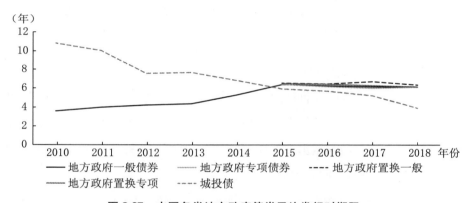

图 3.27　中国各类地方政府债券平均发行时期限

资料来源:见表1.1资料来源说明。

相比,中国地方政府债券的平均期限相对较短,2018年美国市政债券的平均期限为18.1年,而中国地方政府债券的平均期限(简单平均)仅为4.6年。2018年中国财政部发布的《关于做好2018年地方政府债券发行工作的意见》,提出在公开发行的一般债券和专项债券里面增加15年和20年期限,发行期限上在逐步与国际保持一致。

(4)投资者结构对比。

由于中国地方政府债券主要在银行间市场发行,加之地方政府债券置换等原因,商业银行成为地方政府债券的主要持有者,所持份额占所有投资者的73.3%,

其次是政策性银行和城市商业银行,所持份额分别为 9.8% 和 8.8% 的比例,但远低于全国性商业银行的持有份额。非银金融机构和个人持有占比相对较少。这与我国地方债流动性偏低,市场的交易活跃度不高,非银机构和个人参与购买动机不强有关。不过,近年来,中国财政部也在积极推动丰富投资者类型,鼓励商业银行、证券公司、保险公司等各类机构和个人,全面参与地方政府债券投资。

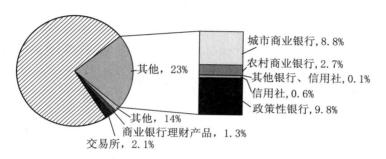

图 3.28　中国地方政府债券投资者结构(2018 年)

注:不含城投债。

资料来源:东方财富 Choice 数据。

美国市政债券的投资者比较多元化,主要包括个人投资者、共同基金、银行机构和保险公司等。由于美国的市政债券利息收入免税,其对较高税率级别家庭的吸引力很大。市政债券是债券市场唯一一类主要由个人投资者持有的债券。目前,个人投资者和共同基金是市政债券持比最高的两类投资者。2017 年,两者的占比分别为 42.2% 和 24.3%。实际上,在 20 世纪 80 年代美国税制改革以前,商业

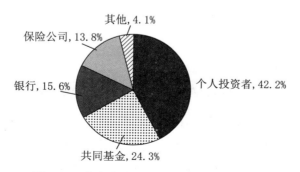

图 3.29　美国市政债券投资者结构(2017 年)

资料来源:见表 1.1 资料来源说明。

银行一直是市政债券的主要投资者,后受免税政策调整影响,商业银行持有的份额逐步下降。一般而言,个人投资者的投资策略是买入并持有,确保了市政债券需求的稳定性。机构投资者则会采用一定的交易策略,为二级市场提供了较强的流动性。

（5）收益率对比。

我们首先来分析期限和债券评级与收益率的关系。从这方面来看,美国收益率曲线总体特征和中国类似,同样呈现出"待偿期限越长,收益率越高;评级越高,收益率越低"的特点。对于同一评级、不同期限的债券,中国和美国地方政府债券收益率普遍随期限的增加而增加。期限越长,投资者持有债券的灵活性越差,所承担的风险越大,要求的回报也就越高。对于相同期限的债券,中美两国均是评级越高的地方政府债券收益率越低。在中国,城投债是一种特殊债券。相同评级的地方政府债券和城投债相比,城投债的收益率普遍更高。这是由于城投债本质是公司发行的债券,相比于背靠政府信用的一般政府债券,投资者需要承担更大的风险,相应收益率也越高。

图3.30至图3.33为中国不同评级的地方政府债券和城投债的收益率曲线,图3.34和图3.35为美国不同评级市政债券的收益率曲线。接下来,我们对比相同评级、相同期限下中美地方政府债券的收益率曲线。在2018年末,对比评级同为AAA级、期限同为6年的中美地方政府债券,中国地方政府债券的收益率约为3.46％,美国市政债券的收益率约为2％,利差达1.46％。而2017年该利差更高,中国2017年期限为6年的AAA级地方政府债券的收益率为4.33％,美国为1.7％左右,利差超过2.5％。从目前可获取的数据来看,相比于美国,AAA级中国地方政府债券的收益率整体偏高,这或许和中国地方政府债券置换高成本的贷款债务等有关系。

（6）评级分布对比。

图3.36和图3.37为中国地方政府债券发行时的评级分布,图3.38包含美国市政债券发行时的评级。从债券只数来看,由中国地方政府债券评级可发现,有41％的地方政府债券分布在AAA评级段,其余有评级的债券9.8％为AA＋评级,8.4％为AA评级,另外有37.4％的债券没有评级。而美国市政债券从Aaa级到Baa3级均有分布,多集中于Aa2、Aa3和A1评级段,占比分别约为23％、21％、21％。

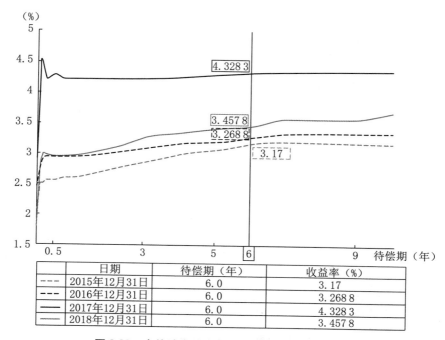

	日期	待偿期（年）	收益率（%）
---	2015年12月31日	6.0	3.17
---	2016年12月31日	6.0	3.268 8
——	2017年12月31日	6.0	4.328 3
——	2018年12月31日	6.0	3.457 8

图 3.30　中债地方政府债券即期收益率曲线（AAA）

资料来源：中国债券信息网（https://www.chinabond.com.cn/d2s/cbData.html）。

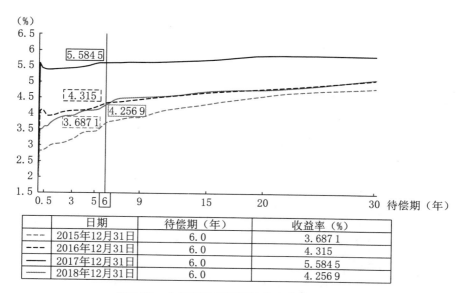

	日期	待偿期（年）	收益率（%）
---	2015年12月31日	6.0	3.687 1
---	2016年12月31日	6.0	4.315
——	2017年12月31日	6.0	5.584 5
——	2018年12月31日	6.0	4.256 9

图 3.31　中债城投债即期收益率曲线（AAA）

资料来源：中国债券信息网（https://www.chinabond.com.cn/d2s/cbData.html）。

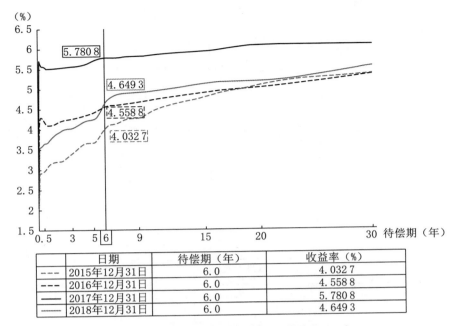

日期	待偿期（年）	收益率（%）
----- 2015年12月31日	6.0	4.032 7
----- 2016年12月31日	6.0	4.558 8
——— 2017年12月31日	6.0	5.780 8
——— 2018年12月31日	6.0	4.649 3

图 3.32　中债城投债即期收益率曲线（AA＋）

资料来源：中国债券信息网（https://www.chinabond.com.cn/d2s/cbData.html）。

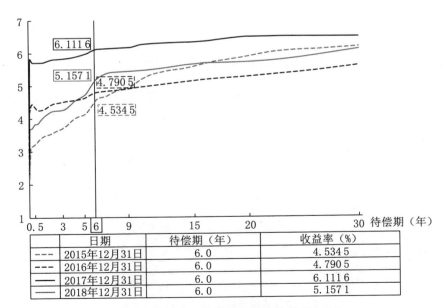

日期	待偿期（年）	收益率（%）
----- 2015年12月31日	6.0	4.534 5
----- 2016年12月31日	6.0	4.790 5
——— 2017年12月31日	6.0	6.111 6
——— 2018年12月31日	6.0	5.157 1

图 3.33　中债城投债即期收益率曲线（AA）

资料来源：中国债券信息网（https://www.chinabond.com.cn/d2s/cbData.html）。

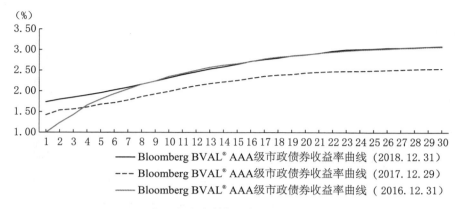

图 3.34 美国市政债券收益率曲线(历年末,AAA)

资料来源:作者根据相关资料整理。

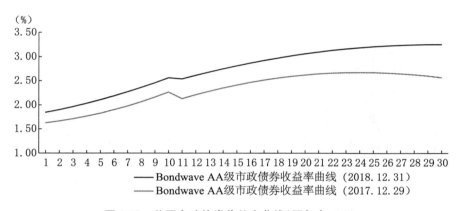

图 3.35 美国市政债券收益率曲线(历年末,AA)

资料来源:作者根据相关资料整理。

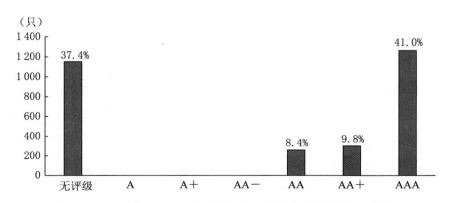

图 3.36 中国地方政府债券发行时债项评级分布(2018 年,数目)

资料来源:见表 1.1 资料来源说明。

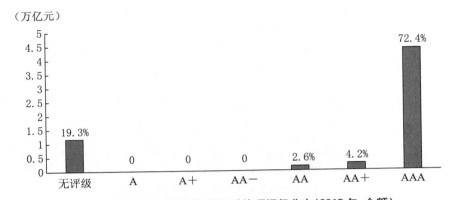

图 3.37　中国地方政府债券发行时债项评级分布(2018 年,金额)

资料来源:见表 1.1 资料来源说明。

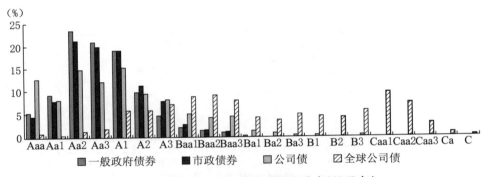

图 3.38　美国市政债券和公司债评级分布(2017 年)

资料来源:Moody's Investors Service。

　　从发行人评级来看,美国发行市政债券的地方政府评级多在 AA－以上,而中国地方政府债券由地方财政厅发行,在中国并没有针对政府部门的评级。而城投债多由城投公司发行,因此城投债具有发行人评级。由图 3.40 可知,在 2017 年以前,城投债发行主体由评级为 AA 的公司主导,AAA 级城投公司发行城投债的金额逐年上升,2018 年 AAA 级城投公司发行城投债金额超过 AA 级公司,发债金额约为 7 000 亿元。

　　对比中国和美国地方政府债券评级,中国没有评级的债券占比为三分之一以上,而有评级的债券全部在 AA 级以上。与美国评级分布的情况相比,可以发现中国评级总体偏高。造成这一现象的原因除中国地方政府债券发行时审批要求较为

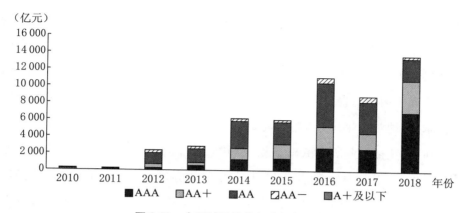

图 3.39　中国城投债发行人评级分布

注：地方政府一般债券和专项债券由地方政府财政厅发行，无评级。
资料来源：见表 1.1 资料来源说明。

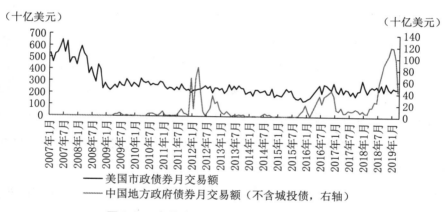

图 3.40　中美地方政府债券月度总交易金额

资料来源：见表 1.1 资料来源说明。

严格外，可能与评级体系的不完善也有关系，由于评级机构内部治理和它们之间的
恶性竞争等原因，中国评级机构对债券的评级或许与债券的信用状况有所偏差。

（7）交易情况对比。

根据中美地方政府债券月度总交易金额变化，两国发展趋势差异较大。
2009 年至 2011 年间，中国地方政府债券的发行采取"代发代还"模式，每年发行量
仅有 2 000 亿美元，发行量较低导致相应的交易量也比较低。2011 年，中国地方政
府债券的发行模式进行了第一次改革，启动了上海、浙江、广东、深圳四省（市）地方
政府自行发债试点，并明确"自行发债是指试点省（市）在国务院批准的发债规模限

额内,自行组织发行本省(市)政府债券的发债机制"。此次改革之后,地方政府债券的发行端开始放开,不过其还本付息仍由财政部代办执行,中央政府对地方政府债券的偿还仍有担保责任。此后,地方政府债券发行量增大,有中央政府担保,又可以提供高于国债的收益率。另外,2011 年 8 月,中国财政部、国家税务总局发布通知要求,各地对企业和个人取得的 2009 年、2010 年和 2011 年发行的地方政府债券利息所得,免征企业所得税和个人所得税,这也对提高地方政府债券交易金额有所影响。2015 年置换债券推出后,地方政府债券快速扩容,当年发行置换债券3.2 万亿元,相应的二级市场活跃度也明显上升,2015 年至 2016 年间,月交易额最高达到 2 000 亿美元。

美国市政债券在以经销商为中介的场外交易市场交易,二级市场较为活跃。2007 年美国市政债券处于快速发展的阶段,其后受金融危机影响,2007 年至2008 年间市政债券月度交易金额快速减少,2008 年以后交易额减少趋势放缓,至2015 年底月交易量达到 2007 年至 2019 年间最低点,仅为 2007 年底交易量的四分之一左右,2015 年后美国市政债券交易金额有所回升。但总体来看,美国市政债券月交易金额较为稳定,2008 年以后均保持在 2 000 亿至 3 000 亿美元之间。从交易体量上来看,除几次地方政府债券交易量猛增的特殊时期,中国地方政府债券月交易额低于美国,美国市政债券市场更活跃,也更稳定。

换手率和交易量情况密切相关,2010 年至 2013 年间,中国地方政府债券换手率呈倒 V 形分布,这几年间地方政府债券受政策影响较多,交易量较大,交易市场

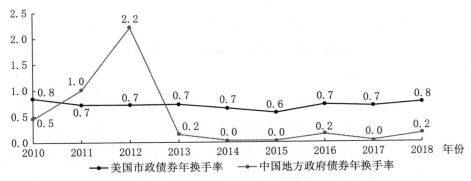

图 3.41 中美地方政府债券年换手率(估算)

资料来源:见表 1.1 资料来源说明。换手率由当年交易额除以年末存量估算得来。

活跃;2013 年至 2018 年间,换手率稳定在 0 至 0.2。美国的市政债券市场较为成熟,常年保持着较高水平的流动性。美国地方政府债券换手率常年维持在 0.6 至 0.8,2013 年至 2018 年间,美国市政债券的平均换手率为中国的 3 倍以上。

总体来看,中国地方政府债券体量较大,自 2015 年起,中国地方政府债券的发行便呈"井喷"式的增长势头。截至 2018 年末,中国地方政府债券存量占所有类别债券余额的 28.7%。踏入 2019 年后,随着银行启动地方债柜台业务后,中国地方政府债券的增发进一步加速。反观美国债券市场,截至 2018 年底,市政债券仅占总量的 8.9%。

同时,中国地方政府债券的投资者范围非常有限,根据 2018 年的数据,95%以上的地方政府债券由银行持有。与全球发达经济体债券市场投资者分布的普遍情况相比,这种投资者高度集中的情况较为独特。中国地方政府债券的承销商与投资人高度重叠,往往由承销商买入并持有到期,这导致资本市场的主要机构投资者参与程度相当低。而美国债券市场投资者涵盖各种类别,包括个人投资者、共同基金、保险公司等。其中,个人投资者是美国市政债券的最大持有者,2018 年美国个人投资者持有美国市政债券总量的 42.2%。在美国证券市场里,无论是从事证券包销的金融机构,还是牵头组织银团贷款的金融机构,均会严格控制所包销债券或牵头组织的银团贷款对自身资产负债表的占用,即使是在有限度的占用之内,也会在包销期结束后一段较短的时间内分销出清。

针对以上问题,建议中国债券市场同步推进一级市场和二级市场发展,有针对性地拓宽投资者基础,特别是包括退休基金、债券基金和保险公司在内的非银行机构投资者。商业银行应利用自身客户基础和渠道网络建立和维持活跃的柜台交易市场,提高个人投资者在地方政府债券市场的参与程度,促进和提升二级市场活跃度。

地方政府债券素有"银边债券"之称,有地方政府的信用担保,违约风险极小,同时地方政府债券的利息所得免征个人所得税,收益率高于同期国债和定期储蓄。在理财产品打破"刚兑"的情况下,地方政府债券作为准安全资产,更应该充分发挥其投资和抵押功能。同时也要督促地方落实地方政府债务信息公开要求,严格地方政府债券信用评级,改善评级虚高现状,及时披露债券信息,更好地接受社会公众对地方政府举债融资的监督。

3.2 政府支持机构债券

3.2.1 中国的政府支持机构债券

在中国,政策性银行作为财政投融资机构,是财政政策与货币政策协调框架内政府干预经济的重要手段,是金融形式的特殊财政活动,政策性银行债券类似于美国的政府支持机构(government sponsored enterprises,GSE)债券。为了与地方政府债券相区别,并且方便与美国政府支持机构发债用途进行类比,我们把政策性银行债归到本节进行介绍。本节所提到的中国的政府支持机构债券包括传统政府支持债券(中央汇金债和铁道债)和政策性银行债两种。

1. 中央汇金债和铁道债

传统政府支持机构债券专指中央汇金债和中国铁路总公司发行的中国铁路建设债券两种,接下来我们将对这两种债券进行介绍。

(1) 中央汇金债。

中央汇金投资有限责任公司(简称"汇金公司")为探索国有金融机构注资改革的新模式,于 2010 年在全国银行间债券市场成功发行了两期人民币债券,共 1 090 亿元,被命名为政府支持机构债券。汇金公司成立于 2003 年 12 月 16 日,是国务院批准设立的国有独资投资控股公司,主要职能是代表国家行使对中国银行、中国建设银行等重点金融企业的出资人的权利和义务,支持中国银行、中国建设银行落实各项改革措施,完善公司治理结构,保证国家注资的安全并获得合理的投资回报。它是独立于现有国有资产管理体系和银行监管体系的投资控股实体。汇金公司是国家对重点金融机构进行股权投资的金融控股机构,受中国人民银行监管。它履行国有金融资产出资人的职责,本身并不从事商业活动,发行债券是为了提供在股权投资过程中所需的资金来源。国家对其发行的债券提供某种方式的信用担保。

中央汇金债的性质是金融债,其发行方式和交易方式类似银行间债券市场发行的其他金融债券,采用集中配售或招标发行,经中国人民银行核准发行后即可在全国银行间债券市场交易流通,交易方式为现券买卖、质押式回购和买断式回购。

(2)铁道债。

铁道债由中国铁路总公司发行,其监管主体为国家发改委。1995年9月,经原国家计委下达1995年企业债券发行计划(基建部分),同年12月,中国人民银行发布《关于铁道部发行企业债券事宜的批复》,同意铁道部发行15.3亿元1995年中国铁路建设债券。铁道债自首次发行后十余年间,始终采用先定价后审批的发行方式。

审批期间,若有加息预期,审批后则发行困难;反之若有降息预期,则会出现热销抢购。为使定价更加接近市场,2006年10月,发行2006年第一期铁道债,其中:10年期、20年期品种首次尝试区间询价,采用簿记建档定价。尽管询价的簿记区间"较窄",只有10个基点的浮动区间,但从此打破了铁道债沿用十余年的定价发行模式,为此后的市场化发行奠定了基础。

2007年12月,发行2007年第二期铁道债,首次采用银行间市场招标系统发行,招标区间为50个基点。2008年9月,发行2008年第一期铁道债,招标区间扩展至100个基点。铁道债是第一只使用银行间招标系统发行的企业债券。

2011年以前,铁道债名义上是企业债,虽然市场一直认为铁道债有国家信用做保证,但人们对铁道债的信心易受到冲击。2011年7月,"7·23"甬温线动车追尾事故引发了投资者对铁道部运营能力的质疑及对债券信用风险的担忧,铁道部陷入了融资困境。2011年10月,国家发改委下发文件《国家发展改革委办公厅关于明确中国铁路建设债券政府支持性质的复函》,明确提出"铁路建设债券具有政府支持地位"。这意味着这些债券未来的偿付问题将由国家财政兜底,政府担保增强了人们对铁道债的信心。另外,同样是在2011年10月,财政部、国税总局下发通知对铁路建设债券取得的利息收入,减半征收企业所得税,提高投资者对铁道债的认可度,铁道债的融资困境得以改善。

2. 政策性银行债

政策性银行债特指中国三大政策性银行(国家开发银行、中国进出口银行和中国农业发展银行)为筹集资金、经国务院批准向国有商业银行、区域性商业银行、保险公司和农村信用社等金融机构发行的金融债券,其发行目的是为政策性银行补充资金,支持国家建设。政策性银行债由中国人民银行监管,最初是在银行间债券市场发行,以询价的方式进行交易,交易双方自主谈判,逐笔成交。

1994年4月,为了深化金融体制改革,实现政策性金融与商业银行金融的分离,中国成立了国家开发银行、中国进出口银行和中国农业发展银行;2001年又组建了中国出口信用保险公司,从而形成了中国的政策性金融体系。发行政策性银行债的主要目的是为政策性银行筹集资金。中国的政策性银行担负着贯彻国家产业政策,支持国家重点建设的重要职能,其资金来源除了国家财政拨款外,主要是发行政策性银行债。政策性银行债有力地支持了国家大中型基础设施、基础产业、支柱产业的发展,为缓解瓶颈制约,调整产业和区域经济结构,促进整个国民经济健康发展发挥了重要作用。

对于政策性银行债,政府给予国家信用或者财政政策支持,因此政策性银行债的安全性要远远高于其他金融债,这也决定了政策性银行债的发行利率普遍较低。

3.2.2　美国的政府支持机构债券

美国的政府支持机构债券主要指联邦政府机构债券。联邦政府机构债券即由美国联邦政府所属机构或联邦政府创办的经营机构发行的债券。这种债券不是由美国财政部发行的,因而不是美国财政部的直接债务。联邦政府机构债券由债券发行机构自身承担偿还债券的责任,债券的发行和还本付息均不列入联邦预算之内。

美国有权利发行此种债券的机构有两类:

第一类是联邦政府所属机构,称为联邦机构。其资金全部或大部分由联邦政府拨给,包括美国进出口银行、联邦住房管理局、政府国民抵押协会、邮政局、美国铁路协会、农业电气化管理局、田纳西流域管理局等。这些联邦政府所属机构发行的债券一般是由联邦政府担保的。

第二类由联邦政府主持或创办,目前已成为独立经营,但仍在某种程度上受政府控制和管理的,具有相对独立性的机构,称为联邦创办机构。这类机构包括联邦农业信贷银行、合作银行、联邦住房贷款银行、联邦住房贷款抵押公司、联邦土地银行、联邦国民抵押协会、联邦中介信贷银行、学生贷款销售协会等。这些联邦政府创办机构发行的债券虽不由联邦政府担保,但政府一般也不会听任这些机构发行的债券大规模违约而袖手旁观。

联邦政府机构债的发行机构可以使用多种方式发行债券,包括直接发行给交易商、交易商竞争性招标、直接销售给投资者,以及通过交易商销售给投资者。最普通的机构债券配售机制是在交易商的一个承销团的成员中分配债券。在分配前和分配的过程中,承销团为发行机构提供市场,并且可以在分配之后的发行中支持二级市场的交易。承销团成员可以从债券的销售收入中保留一定的百分比作为所提供服务的补偿。和国债类似,联邦政府机构债券也在有众多交易商的场外二级市场交易。

3.2.3　中美政府支持机构债券情况对比

1. 发行量与存量规模对比

我们将中国政府支持机构债券分为传统政府支持机构债券(铁道债、中央汇金债)和政策性银行债两类。从中国传统政府支持机构债券发行情况来看,由于铁道债和中央汇金债的独特性,这两种债券的发行总量占比较低,自 2010 年以来,铁道债和中央汇金债的发行总额占所有债券发行金额的比例不超过 5%。中央汇金债的发行频率较低,自 2010 年以来,分别在 2010 年(两期)、2015 年、2017 年、2018 年四年中进行过五次发行,发行总量较少。2011 年,政府为缓解铁道债融资难的困境,通过政府信用背书、减税等方法支持铁道债,在图 3.42 中可观察到,2011 年至 2012 年间铁道债和中央汇金债的总体发行比例有所上升,这或许与市场对铁道债接受情况的改变有关。

中国的政策性银行债包括国家开发银行、中国农业发展银行、中国进出口银行三家政策性银行发行的债券,中国政策性银行债的发行金额占比远高于传统政府支持机构债券。2011年,中国货币政策先后进行了三次加息和六次上调存款准备金率,地方投资项目资金紧张。为满足资金需求,以政策性银行和商业银行为主力的金融债券发行量剧增。2011年之后,中国政策性银行债的发行量占比明显下降,2015年至2018年政策性银行债占比基本稳定在17%至18%。

图3.42还展示了中美政府机构支持债券发行金额占债券总额的比重对比。从发行量占比数据来看,美国联邦机构债券的占比要低于中国的政府支持机构债券占比。中美两国的政府机构支持债券发行构成有所不同。中国传统意义上的政府支持机构债券仅有铁道债和中央汇金债两种,且发行量非常小,广义政府支持机构债券主要由政策性银行债构成。美国的政府支持机构债券多由联邦政府级机构发行,用于资助与公共政策有关的项目,如农业、小企业和购房贷款等。从资金用途来看,美国联邦机构债券与中国政策性银行债具有可比性。2015年以后,美国联邦机构债券占比在10%上下波动,中国政策性银行债占比稳定在16%左右,两国政府支持机构债券发行量占比均较为稳定。

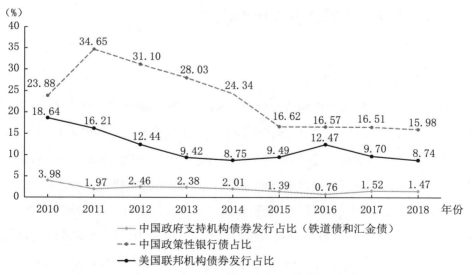

图3.42 中美政府机构债券发行量占债券市场发行总额的比重

资料来源:见表1.1资料来源说明。

图3.43和图3.44分别为按照数目和金额进行统计的中国政策性银行债发行

构成,图 3.45 为中国政府支持机构债券的总体发行规模情况,图 3.46 为美国政府
支持机构债券的发行构成。由以上数据可知,中国政策性银行债主要由国家开发
银行和中国农业发展银行主导。对比三家政策性银行发债金额可以发现,国家开
发银行的发行金额多在中国进出口银行的两倍以上,中国农业发展银行居于两者
之间,发行数目对比情况与发行金额基本一致。而从 2017 年的数据来看,美国政
府支持机构债券 68% 都来自联邦住房贷款银行(Federal Home Loan Banks,FHLBs);

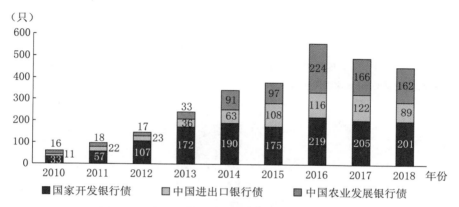

图 3.43 中国政策性银行债发行构成(发行数目)

资料来源:见表 1.1 资料来源说明。

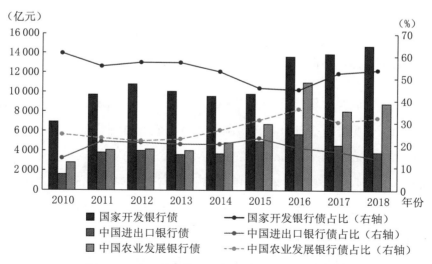

图 3.44 中国政策性银行债发行构成(发行金额)

资料来源:见表 1.1 资料来源说明。

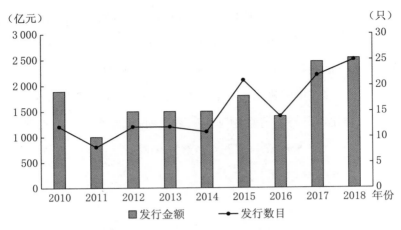

图 3.45　中国政府支持机构债券发行规模

资料来源：见表 1.1 资料来源说明。

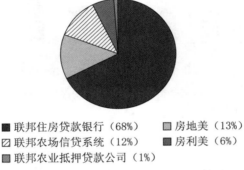

- ■ 联邦住房贷款银行（68%）　　■ 房地美（13%）
- ▨ 联邦农场信贷系统（12%）　　■ 房利美（6%）
- ■ 联邦农业抵押贷款公司（1%）

图 3.46　美国政府支持机构债券发行构成

资料来源：US Federal Agencies，Bloomberg，Dealogic，Thomson Reuters。

其次是房地美和联邦农场信贷系统(Federal Farm Credit System，FFCS)，分别占比 13% 和 12%；另外有少部分来自房利美和联邦农业抵押贷款公司(Federal Agricultural Mortgage Corporation，Farmer Mac)。

从图 3.47 展示的存量来看，中国政策性银行债存量占比较大，2012 年达到 2010 年至 2018 年间存量最高点，自 2012 年以来总体呈下降趋势，这与 2011 年之后政策性银行债发行量的减少一致，中央汇金债与铁道债存量占比在 5% 以下。美国联邦机构债券存量占比较小，且存量较为稳定，自 2010 年以来几乎没有大的波动，但总体来看呈现出平缓减少趋势。

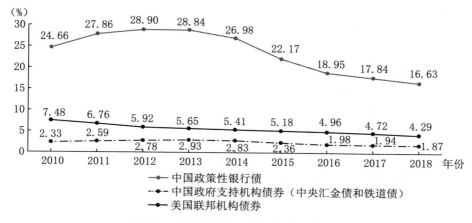

图 3.47　中美政府支持机构债券存量占比

资料来源：见表 1.1 资料来源说明。

2. 期限结构对比

从图 3.48 中国政府支持机构债券发行期限来看，2010 年至 2018 年间中央汇金债和铁道债的平均发行期限多为 10 年以上，这与铁路等项目建设周期较长的特征密切相关。而政策性银行债的平均发行期限多为 5 年左右。根据图 3.49，美国联邦机构债券的发行期限多为 1 年以上，2018 年长期债券存量为 1 年期以下短期债券的 2 倍多。

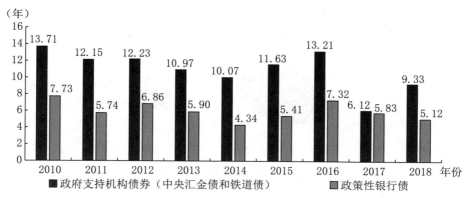

图 3.48　中国政府支持机构债券与政策性银行债平均发行期限

资料来源：见表 1.1 资料来源说明。

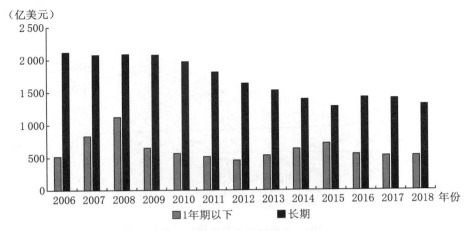

（亿美元）

■ 1年期以下　　■ 长期

图3.49　美国联邦机构债券存量

资料来源：见表1.1资料来源说明。

3. 投资者结构对比

根据图3.50，从投资者结构来看，中国政策性银行债的投资者主要是存款性金融机构（包括全国性商业银行、城市商业银行、农村商业银行等），约占64%左右；其次是基金，持有约27%的政策性银行债。投资者种类较为丰富，但不同投资者的投资金额比重差异较大，多集中于银行类存款性金融机构。

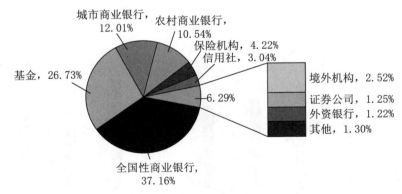

图3.50　中国政策性银行债的投资者结构（2018年末）

资料来源：东方财富Choice数据。

图3.51为美国机构债投资者结构，截至2022年第一季度末，美国机构债投资者以存款类机构、美联储和境外投资者为主，其中存款类机构持仓占比为36.0%，

美联储持仓占比为25.1%,境外投资者持仓占比为11.2%。同时,美国机构债也受到共同基金(持仓占比8.8%)和个人(持仓占比3.4%)投资者的欢迎。

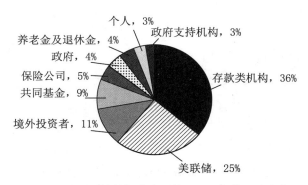

图3.51　美国机构债投资者结构(2022年第一季度末)

资料来源:美联储(https://www.federalreserve.gov/)。

4. 交易情况对比

通过观察图3.52可以发现,中国政府支持机构债券月交易额存在明显的波动,尤其是在2015年至2016年间,交易金额波动性较强。对比换手率情况,2015年至2016年间中国政策性银行债的换手率高达300%以上,而铁道债和中央汇金债的换手率较低,可见异常交易额的形成由政策性银行债主导。2013年12月,上海证券交易所发布《关于国家开发银行金融债券发行交易试点的通知》和《上海证券交易所债券招标发行业务操作指引》,在上海证券交易所发行并上市300亿元的国开债,标志着国开债进入交易所市场。不同于以往只能在银行间市场交易,此后个人投资者亦可通过交易所市场参与国开债的交易,可以看到2013年中国政府支持机构债券交易金额有一次小规模上升。2014年,中国人民银行发布2014年第3号公告,规定柜台债券业务品种在原有记账式国债的基础上,"增加国家开发银行债券、政策性银行债券和中国铁路总公司等政府支持机构债券",进一步提高了中国政府支持机构债券的流动性。

2015年3月,国务院明确了国家开发银行开发性金融机构的定位,2015年7月,国家外汇储备通过其投资平台梧桐树投资平台有限责任公司对国家开发银行注资480亿美元,这些政策变动更加增强了投资者对国开债的信心。同时,2015年

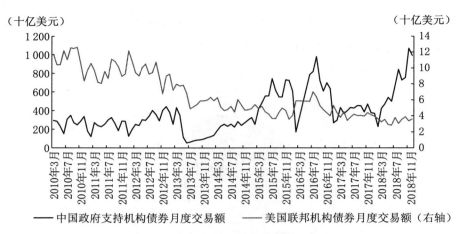

图3.52 中美政府支持机构债券月度交易额

资料来源:见表1.1资料来源说明。

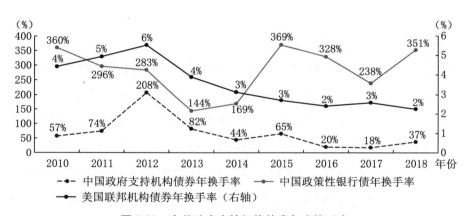

图3.53 中美政府支持机构债券年度换手率

资料来源:见表1.1资料来源说明。换手率由当年交易总额除以年末存量估算得来。

政策性银行债交易额的快速增加或许与市场信用环境也有关系。2014年至2015年间是企业债集中暴雷、全面打破刚兑的时期。尤其是2015年5月正式实施存款保险制度以后,加快了利率市场化和打破刚兑的进程,人们对企业债信心不足,使得对政策性银行债这种有政府信用担保且回报相对较高的债券需求增加。

从图3.52来看,2015年之后,政策性银行债月度交易金额的波动性更强。2016年9月,首批国开债指数基金发行,得到了市场的热烈反响,个人投资者借助这类基金也可进入银行间国开债市场,而这类指数基金多投资于政策性银行债,有助于促进中国政策性银行债交易金额的增加。2018 年 8 月,柜台市场再次扩容,政策性银行债首次登录股份制商业银行和农村金融机构,进一步释放中小投资者的投资潜力。

从交易金额波动来看,美国债券市场较为成熟,美国联邦机构债券的交易情况相对稳定,2010 年至 2012 年间交易额较高,换手率在 2012 年达到最高。2012 年以来,美国联邦机构债券交易额呈下降趋势,相应的换手率也平缓降低。从交易体量来看,自 2010 年以来,至 2018 年底,美国联邦机构债券月交易额最高只有 120 亿美元左右,而中国政府支持机构债券最高交易额接近一万亿美元,最低也在 620 亿美元左右。与交易额一致,美国联邦机构债券的换手率也远低于中国的相应市场。

4 中美债券市场不同券种的比较分析（Ⅱ）

4.1 广义公司债

由于债券市场结构的不同，中美公司债分类存在较大差异。在中国，有必要单独分析中国的金融债券。而在美国，金融公司发行的债券被归类于公司债，在发行和交易场所上并无特殊限制。另外，中国的企业分类较为复杂，狭义的公司债和企业债有着明显不同的定义，而美国并不具体区分"公司"和"企业"。鉴于以上因素，中美公司债细分类别难以有效匹配，因此我们将分别单独介绍中国和美国的广义公司债，并在其后的数据对比中尽可能地根据发行主体进行分类对比。

4.1.1 中国的广义公司债

在本节中，我们将分别介绍商业银行债、非银金融机构债、非金融企业债三大类债券，囊括企业债、公司债、中期票据等政府机构以外的公司发行的主要债券种类。商业银行债和非银金融机构债同属于金融债券，金融债券是指依法在中华人民共和国境内设立的金融机构法人在全国银行间债券市场发行的、按约定还本付息的有价证券，这些金融机构法人包括政策性银行、商业银行、企业集团财务公司及其他金融机构。在所有金融机构中,商业银行具有特殊性,为了更方便地表述商业银行与其他金融机构发行的债券之间的差异,我们将分别介绍商业银行债和非银金融机构债。在非政府机构发行的债券中,除金融机构发行的债券以外,其他公司和企业发行的债券也是广义公司债的重要构成部分。

商业银行债是指依法在中华人民共和国境内设立的商业银行在全国银行间债券市场发行的、按约定还本付息的有价证券。非银金融机构债是指商业银行以外的金融机构发行的债券。非金融企业债是指非政府机构发行的、除银行及其他金融机构以外的公司或企业发行的债券。

1. 商业银行债

(1) 商业银行债发展历程。

中国的金融债券最早可追溯至北洋政府时期,国民党政府时期也曾发行"金融公债"和"金融长期公债"。新中国成立后的很长一段时间内都没有发行金融债券,改革开放以后,银行和金融机构才逐步开始重新发行金融债券进行筹资。1982年,中国银行首次在日本证券市场发行日元武士债券。1985年开始,各商业银行开始在国内发行金融债券,金融债券逐渐成为一种由银行发行的特殊的融资工具。

1997年10月,银行间债券市场成立,商业银行以庞大的发行和交易额度,在银行间债券市场扮演着重要角色。无论是作为发行者还是投资者,商业银行在银行间债券市场上都占据主导地位。2005年中国人民银行发布《全国银行间债券市场金融债券发行管理办法》,对商业银行发行金融债券的流程进行了规范。此后的十几年时间里,金融债券逐渐成为商业银行中长期负债的重要来源,也成为债券市场具备较高投资价值和市场容量的资产类别。2014年以前,商业银行债只是作为单纯的银行中长期负债工具,随着2014年以来央行货币政策定向调控的趋势越来越明显,商业银行债也开始逐渐成为定向融资工具,为绿色金融、小微贷款、"三农"、创业创新等领域提供定向资金支持。中国商业银行债的发行主体数量较多,根据银保监会披露的数据[①],截至2019年底,中国共有6家国有大型商业银行、12家股份制银行,除此之外,还包括村镇银行1 630家,农村商业银行1 478家,农

---

① 参见 http://www.cbirc.gov.cn/cn/view/pages/ItemDetail.html? docId = 894966&itemId = 863&&generaltype=1。

村信用社 722 家,这些存款类金融机构占据商业银行机构总数量的绝大部分。

（2）中国商业银行债种类。

根据发行债券的用途,我们将商业银行债分为商业银行普通债,商业银行次级债（二级资本债）、混合资本债及一级资本债,商业银行专项债三类进行介绍。

第一,商业银行普通债。商业银行普通债是指符合《全国银行间债券市场金融债券发行管理办法》规定,由商业银行在银行间债券市场发行,募集资金作为商业银行负债计入报表,资金用途没有特别限定的金融债券,通常用于替换存量负债或者投资新的资产项目。

第二,商业银行次级债（二级资本债）、混合资本债及一级资本债。2013 年以前,根据《商业银行资本充足率管理办法》,银行资本可划分为"核心资本和附属资本",2013 年《商业银行资本管理办法（试行）》施行后,这一分类变更为"核心一级资本、其他一级资本和二级资本"。[1]二级资本中的次级债、混合资本债和其他一级资本中的永续债的债券属性更强,而核心一级资本权益属性更强,不属于债券范畴,在此不做讨论。商业银行主要通过发行次级债、附加次级条款的可转换债券、混合资本债补充附属资本（二级资本）,其中可转换债券的发行由于同时受到证监会和银监会的监管,且主要局限于上市银行,而混合资本债投资对象较窄等,目前中国商业银行的二级资本工具主要以二级资本债为主,可转换债券在将后面的专门章节进行介绍。其他一级资本包括一级资本债和优先股等,一级资本债一般以永续债的形式发行,在本节中我们将次级债、混合资本债和永续债作为银行债的一类进行介绍。

根据《商业银行次级债券发行管理办法》,商业银行次级债是指商业银行发行的、本金和利息的清偿顺序列于商业银行其他负债之后、先于商业银行股权资本的债券。需要注意的是,这里的次级和债券的信用等级无关,而是指求偿权的"次级"。2003 年,中国银监会发布《关于将次级定期债务计入附属资本的通知》,明确

---

[1]　银行资本工具按照受偿顺序分为二级资本、其他一级资本和核心一级资本。二级资本包括二级资本工具及其溢价和超额贷款损失准备;其他一级资本包括其他一级资本工具及其溢价和少数股东资本可计入部分;核心一级资本包括实收资本（普通股）、资本公积、盈余公积、一般风险准备、未分配利润和少数股东资本可计入部分。

将次级定期债务计入附属资本。

进一步细分，银行二级资本工具按照偿还次序可以分为低档二级资本和高档二级资本[1]，前文提到的次级债属于低档二级资本工具。高档二级资本工具中包含另一种债券化的银行资本工具——混合资本债。2006 年，中国人民银行发布第 11 号公告，明确了商业银行混合资本债的发行条件和方式，并计入附属资本。混合资本债是针对《巴塞尔协议》对于混合（债务和股权）资本工具的要求而设计的一种债券形式，所募资金可计入银行附属资本，商业银行可通过发行一定额度的混合资本债填补现有附属资本。次级债与混合资本工具的最主要区别在于，混合资本工具可以且必须用于分担银行的损失，而次级债仅在银行破产清算时才可用于清偿银行的损失。

永续债实际上应该被称为永续资本债券，是商业银行为补充其一级资本不足而发行的金融债券，由于在定义上不属于核心一级资本，所以被划归为其他一级资本。《巴塞尔协议 III》对银行永续期限的定义为"无明确到期日和利率跳升激励"，中国人民银行公告〔2018〕第 3 号提出资本补充债券包括"无固定期限资本债券"。永续债类似优先股，两者都是其他一级资本补充工具。区别在于优先股在交易所发行，审批周期长，仅在交易所非公开转让，流动性较差。而永续债在银行间债券市场发行，审批相对简单，并且可以在银行间债券市场流通。由于具有长久期和权益属性，永续债的票面利率较一般债券往往更高。2019 年 1 月，银保监会批准中国银行发行不超过 400 亿元的无固定期限资本债券，是中国商业银行获批发行的首单永续债，标志着永续债正式开闸。在目前实际操作中，银行永续债采用 5 年循环的模式，即首个赎回期设定为发行日之后的 5 年，如发行银行选择不赎回，则继续循环下去。

第三，商业银行专项债。商业银行债的专项债品种主要包括小微企业专项金融债、"三农"专项金融债、绿色金融债等定向支持某一类型项目的债券。2011 年 10 月，银监会下发《关于支持商业银行进一步改进小型微型企业金融服务的补充通知》，允许银行发行小微企业专项金融债，以支持小微企业融资。相较于大型银

---

[1]　二级资本分为高档二级资本和低档二级资本，高档二级资本包括一般储备金、永久性累积优先股和重估储备；低档二级资本包括次级债和定期、可累积优先股等。

行,中小银行资金来源有限,小微企业专项金融债等于为它们增加了新的资金来源,而且小微贷款也是这些银行业务的重要构成,因此在小微企业专项金融债的发行上,以城商行、农商行为主的中小银行更为积极。2013 年 9 月,银监会发布《关于商业银行发行"三农"专项金融债有关事项的通知》,通知中提出,商业银行申请发行"三农"专项金融债,其最近两年涉农贷款年度增速应高于全部贷款平均增速或增量高于上年同期水平,以此达到对商业银行发放农业贷款的促进作用。绿色金融债是指金融机构法人依法发行的、募集资金用于支持绿色产业并按约定还本付息的有价证券。根据中国人民银行于 2015 年 12 月发行的《关于在银行间债券市场发行绿色金融债券有关事宜的公告》,商业银行等金融机构可以采用招标发行或簿记建档的方式发行绿色债券,并将绿色债券纳入中国人民银行货币政策操作的抵押品范围。

(3)中国商业银行债监管情况。

商业银行债的监管主体主要是银保监会和中国人民银行。目前商业银行债发行监管依然根据中国人民银行 2005 年发布的《全国银行间债券市场金融债券发行管理办法》,发行流程管理主要依据 2009 年制定的《全国银行间债券市场金融债券发行管理操作规程》执行。对于发行商业银行债的银行,需要满足"具有良好的公司治理机制,核心资本充足率不低于 4%,最近三年连续盈利,贷款损失准备计提充足,风险监管指标符合监管机构的有关规定,最近三年没有重大违法、违规行为,中国人民银行要求的其他条件"等条件,发行条件相对较为宽松。

2. 非银金融机构债

非银金融机构是指以发行股票和债券、接受信用委托、提供保险等形式筹集资金,并将所筹资金运用于长期性投资的金融机构。非银金融机构债是指银行以外的金融机构发行的债券,中国的非银金融机构主要包括保险公司、证券公司、企业集团财务公司、金融资产管理公司、信托公司、金融租赁公司、汽车金融公司、货币经纪公司等。非银金融机构债最早可以追溯到 20 世纪 80 年代,1982 年,中国国际信托公司第一次在日本东京以私募的形式发行了 100 亿元的金融债券。1984 年以后,中国国际信托公司以及一些地方性的信托公司陆续在伦敦、新加坡等国际市场发行公募债券,1985 年后,非银金融机构债随着金融债的发展逐渐被市场接受。

　　银行债在金融债市场上占主导地位,非银金融机构债在发行和交易规模方面远不如银行债。非银金融机构债种类繁多,其中证券公司债券、保险公司次级债和财务公司债券较为重要,接下来我们主要通过这三种非银金融机构债券来介绍中国的非银金融机构债券市场。

　　(1)证券公司债券。

　　根据《证券公司债券管理暂行办法》,证券公司债券是指证券公司依法发行的、约定在一定期限内还本付息的有价证券。证券公司债券的发行、承销、转让以及信息披露行为,应当遵守《中华人民共和国公司法》(以下简称《公司法》)、《中华人民共和国证券法》(以下简称《证券法》)的有关规定。违反规定的,由中国证监会依法给予行政处罚。2004年10月,经中国证监会和中国银监会、中国人民银行制定并发布《证券公司短期融资券管理办法》,证券公司短期融资券是指证券公司以短期融资为目的,在银行间债券市场发行的约定在一定期限内还本付息的金融债券,明确了证券公司短期融资券属于金融债券。

　　(2)保险公司次级债。

　　2004年9月29日,中国保监会发布了《保险公司次级定期债务管理暂行办法》。保险公司次级定期债务是指保险公司经批准定向募集的、期限在5年以上(含5年)、本金和利息的清偿顺序列于保单责任和其他负债之后、先于保险公司股权资本的保险公司债务。该办法所称保险公司,是指依照中国法律在中国境内设立的中资保险公司、中外合资保险公司和外资独资保险公司。中国保监会依法对保险公司次级定期债务的定向募集、转让、还本付息和信息披露行为进行监督管理。

　　保险公司发行的债券之所以被称为次级债,是因为保险公司次级债务的偿还只有在确保偿还次级债务本息后偿付能力充足率不低于100%的前提下,募集人才能偿付本息。并且,募集人在无法按时支付利息或偿还本金时,债权人无法向法院申请对募集人实施破产清偿。

　　(3)财务公司债券。

　　2007年7月,中国银监会下发《企业集团财务公司发行金融债券有关问题的通知》,对财务公司发行金融债券进行规范,明确规定企业集团财务公司发行债券的条件和程序,并允许财务公司在银行间市场发行财务公司债券。

除以上三种非银金融机构债以外,银监会在2015年6月发布《中国银监会非银行金融机构行政许可事项实施办法》,对金融资产管理公司、企业集团财务公司、金融租赁公司、汽车金融公司、货币经纪公司、消费金融公司、境外非银行金融机构等其他非银金融机构发行金融债券的条件进行了统一表述,并统一规定以上七种非银行金融机构发行债券时,应向银监分局或所在城市银监局提交申请,由银监分局或银监局受理并初步审查,银监局审查并决定,只需抄送银监会即可。目前非银金融机构很少发行金融债,在此次行政许可管理办法中,首次明确发债权限,且地方省级银监局即可做出审批决定。

3. 非金融企业债

(1)企业债。

企业债是指企业依照法定程序发行的,约定在一定期限内还本付息的有价证券。根据《企业债券管理条例》中对企业债的界定,具有法人资格的企业才能发行企业债,其他任何单位和个人均不得发行。中国的企业债受发改委监管,发行主体资格受到严格管制,一般是由中央政府部门所属机构、国有独资企业或国有控股企业发行。在2020年以前,企业债由国家发改委核准;2020年3月,国家发改委下发《关于企业债券发行实施注册制有关事项的通知》,指出企业债发行全面实施注册制。此次制度修改在强化中介机构责任、提高违法违规成本等多个方面作出了重要改进,对于完善证券市场的基础制度建设具有重大意义。但鉴于政策刚刚出台,实施效果尚未显现,且本章数据分析多为改革之前数据,因此在后面的分析中,我们保留了改革前的相关规定,并对改革后的发展前景进行展望。在中国的企业债中,发债资金的用途主要限制在固定资产投资和技术革新改造方面,并与政府部门审批的项目直接相联。

首先来看中国企业债的发展历程。自1983年起,一些企业通过当地银行的批准发行债券集资,有的在企业内部集资,有的向社会公开发行,标志着中国企业债萌芽的开始。一般认为企业债始于1984年,由于1984年至1986年这一时期企业债发行没有规范,部分企业没有印制规范的债券凭证,只是在企业内部账册上记账注明或开具收据。1987年,国家计委首次编制了全国企业债发行计划,当年批准发行债券 30 亿元。1990 年,企业债发行被纳入国民经济和社会发展计划,债券融资则被作为固定资产投资来源渠道,国家与中国人民银行联合制定了额度申报制度及管理办法。

1993 年中国经济过热,通货膨胀使当年的国债发行困难。在这样的情况下,国务院发布了《关于坚决制止乱集资和加强债券发行管理的通知》,1993 年 8 月《企业债券管理条例》出台。该条例规定,由国家计委会同中国人民银行、财政部、国务院证券管理委员会拟订全国企业债发行的年度规模和规模内的各项指标,报国务院批准,明令未经国务院同意,任何地方、部门不得擅自突破企业债发行的年度规模。此后,企业债市场进入规范发展阶段。

1998 年底,中国人民银行提出了调整企业债券管理制度的建议,得到国务院领导原则上的同意,至此《企业债券管理条例》停止实施。从 1999 年以来,债券发行由国家计委接受各省市和部门的申报后集中审核,报送国务院批准。这一阶段企业债的发行条件实际上发生了变化,主要是为国家批准的大中型项目筹集建设资金,其申报的发行额度至少在 10 亿元以上。按此规模就要求发行人的净资产不能少于 25 亿元,这实际上已将一般大型和中小型企业排斥在发债行列之外。

自 2000 年起,由国家发改委统一管理企业债的额度和发行,实行双重审批制,并在额度审批环节报请国务院特批,中国人民银行不再直接参与。2004 年 6 月 21 日,国家发改委发布了《关于进一步改进和加强企业债券管理工作的通知》(发改财金〔2004〕1134 号),对发行企业债的条件、批准程序、企业债的担保、参与企业债发行的中介机构的资格、企业债的信息披露等进行了详细规定。

2007 年以后,企业债和公司债逐渐呈现分离趋势。2007 年 8 月 14 日,《公司债券发行试点办法》正式颁布。该办法的实施标志着企业债和公司债分开发展。之后,企业债在国家政策的大力支持下重新进入了快速发展阶段,尤其是 2008 年 1 月《国家发展改革委关于推进企业债券市场发展、简化发行核准程序有关事项的通知》颁布以来,企业债的发行程序大为简化,发行标准大为降低,审批速度大为提高。

2020 年 3 月 1 日,国家发改委下发《关于企业债券发行实施注册制有关事项的通知》。该通知指出,企业债券发行全面实施注册制,改革内容涉及强化中介机构的责任,提高违法违规成本等多个方面,完善了证券市场的基础制度。

接着来看中国企业债的发行与交易规则。最初中国企业债按隶属关系的不同分为中央企业债和地方企业债。前者是国务院批准的电力、冶金、有色金属、石油化工等部门所属企业和公司发行的债券。这些企业债均由其主管部门担保,债券的期限、利率和偿还方式均由发债企业自行制定,发行对象是国有企业或集体企业以及事业单位。后者是由地方企业发行的债券,包括企业内部债券(企业依照有关法律法规规定而向本企业内部职工发行的、约定在一定期限还本付息的债券)、属于资本市场范畴的一至三年的长期地方企业债券以及属于货币市场的短期企业融资债券。在注册制改革之前,由于企业债与政府关系密切,它的发行受到行政机制的严格控制,不仅每年的发行数额远低于国债、央行票据和金融债券,也明显低于股票的融资额,因此,不论在众多的企业融资中还是在金融市场和金融体系中,它的作用都微乎其微。

企业债可以采取簿记建档方式和公开招标方式发行。2019 年 9 月,为完善企业债发行管理制度,提高发行效率和质量,国家发改委发布《企业债券簿记建档发行业务指引》和《企业债券招标发行业务指引》。簿记建档是指企业债发行人与主承销商协商确定利率(价格)区间后,申购人发出申购订单,由簿记管理人记录申购人的申购债券利率(价格)和数量意愿,按约定的定价和配售方式确定发行利率(价格)并进行配售的行为。企业债券簿记建档发行参与人包括发行人、簿记管理人(含副簿记管理人)、承销团成员、直接投资人及其他投资人。申购人包括簿记管理人、承销团成员、直接投资人及其他投资人。承销团成员包括主承销商和承销团其他成员。

招标发行则是指企业债发行人根据市场情况,经与主承销商协商确定招标方式、中标方式等发行规则,按照参与各方签订的相关协议规定,通过企业债招标发行系统向投标人公开发行债券,投标人按照各自中标额度承购债券的方式。企业债招标发行参与人包括发行人、承销团成员、直接投资人及其他投资人。投标人包括承销团成员及直接投资人。承销团成员包括主承销商和承销团其他成员。招标发行方式包括定价招标和数量招标。数量招标标的为投标人的承销量,此时发行价格是确定的。定价招标标的包括利率、利差和价格。定价招标时,招标系统按照利率(利差)由低至高或价格由高至低原则,对有效投标逐笔累计,直到募满计划招标额为止。

目前,银行间债券市场是中国企业债的主要交易场所,少量企业债在交易所集中交易。早期企业债流通与转让只能在交易所进行,由于交易所上市规则存在限制性条款,大多企业债无法在交易所上市转让,交易对象少,交投不活跃。2004年8月25日,中国人民银行发布通知,决定同意2001年中国铁路建设债券(以下简称"01铁路债券")在全国银行间债券市场交易流通,这标志着企业债被允许进入银行间债券市场。

由于企业债在发行条件限制上更加严格,审核流程也比公司债和非金融企业债务融资工具繁琐,企业债呈现萎缩趋势。2020年3月1日,国家发改委下发《关于企业债券发行实施注册制有关事项的通知》,自此企业券发行全面实施注册制。此次企业债注册制改革总体是遵从修订后的《证券法》做出的安排,总体上主要变化有:

第一,新《证券法》修订删除项目审核要求。2019年12月28日,第十三届全国人大常委会第十五次会议审议通过了修订后的《中华人民共和国证券法》(以下简称新《证券法》)。新《证券法》删除了筹集资金投向和债券利率的相关规定,并删除了债券余额占总资产比例的限额要求以及对发行主体净资产的限制,减少了对债券融资行为的干预。新《证券法》明确在证券发行中全面推行注册制,为配合新《证券法》推行,2020年3月1日,国家发改委下发《关于企业债券发行实施注册制有关事项的通知》,对注册制改革作出具体安排。注册制改革后,发改委不再审核债券发行的项目要求,国家发改委为企业债的法定注册机关,发行企业债应当依法经国家发改委注册。

第二,国家发改委彻底退出具体业务审核,两家预审机构转正。监管机构退出具体业务审核,把资产价值发现功能还给市场。企业债具体审核机构是国家发改委指定的中债登和中国银行间市场交易商协会。实际上,自2017年以来就已委托这两个机构进行企业债预审,现在将预审机构转变为正式审核机构。经过这一改变,也许在未来审核口径把握方面,中债登和中国银行间市场交易商协会具有更多话语权,更有利于改善企业债融资环境。

国家发改委指定相关机构负责企业债的受理、审核。其中,中债登为受理机构,中债登、中国银行间市场交易商协会为审核机构。两家机构应尽快制定相关业务流程、受理审核标准等配套制度,并在规定的时限内完成受理、审核工作。

在流程上,企业债券发行人直接向受理机构提出申请,国家发改委对企业券受理、审核工作及两家指定机构进行监督指导,并在法定时限内履行发行注册程序。

第三,省级发改委真正脱离企业债发行,项目审核不阻碍债券发行。尤其是省级发改委取消了企业债申报中的省级转报环节,省级发改委只对项目本身负有监管责任(发改委基本职能),不再对资金端有任何干预。

省级发改委负责对固定资产投资项目出具符合国家宏观调控政策、固定资产投资管理法规制度和产业政策的专项意见,并承担相应责任。同时,发挥属地管理优势,通过项目筛查、风险排查、监督检查等方式,做好区域内企业债监管工作,防范化解企业债领域风险。

在原有核准制下,企业需先向属地省级发改委提出发行申请,由省级发改委向国家发改委转报,国家发改委收到转报文后进行审核批准,审批条件、审批时间具有较强的不确定性。核准制转为注册制后,符合企业债发行条件的企业即可向受理机构提出申请,符合条件的直接予以注册,不需要经过省级发改委转报、国家发改委审批,注册结果和注册时间具有较强的可预期性,效率将会大大提高。

第四,取消累计债券余额约束条件和净资产规模要求,市场进一步扩容。在放宽市场限制方面,新《证券法》修改的重大变化如下:删去了"股份有限公司的净资产不低于人民币 3 000 万,有限责任公司的净资产不低于人民币 6 000 万"的规定,有利于资质较好的轻资产公司发行公司债;删去了"累计债券余额不超过公司净资产的百分之四十"的规定,将负债结构的决定权交给筹资公司自身。

(2)公司债。

同样,先来看看公司债发展历程。2007 年《公司债券发行试点办法》颁布后,公司债才开始在中国债券市场上活跃起来。根据《公司法》,公司债是指公司依照法定程序发行,约定在一定期限内还本付息的有价证券。公司债的发行主体为上市公司或符合发行要求的非上市企业。最早对公司债的发行与交易进行明确规定的政策是由证监会颁布的《公司债券发行试点办法》,2015 年 5 月,证监会发布《公司债券发行与交易管理办法》,对公司债重新进行规范。这一文件根据《证券法》和《公司法》等其他相关法律法规制定,规范债券的发行、交易或转让行为,对公司债及相关机构的发行条件、发行程序、债券持有人权益保护和监督管理等方面进行详细的规定,是目前与公司债相关的最主要的指导办法。

公司债的发行制度经历了多次变革。2015 年以来,证监会对公司债发行制度进行了市场化改革;2015 年 1 月,证监会推出《公司债券发行与交易管理办法》,取消了公司债保荐制度和发审委制度,发行主体由上市公司拓展至非政府融资平台的公司制法人,正式引入非公开发行方式等。随即,沪深交易所根据证监会简化核准程序安排,按照注册制理念开展公开发行公司债上市预审核工作,建立了由证券交易所上市预审核、证监会采用简易核准程序的发行监管制度,形成了较为成熟的投资者适当性制度,健全了以偿付能力为核心的信息披露制度和投资者保护制度,公司债券发行审核效率和透明度有所提高,市场成本下降。此时公司债的发行已非常贴近注册制,可称之为"准注册制"。自"准注册制"实施以来,中国债券市场公司债发行规模持续攀升。2020 年 3 月,根据新《证券法》提出的注册制新政,中国证监会、沪深交易所分别发布关于公开发行公司债券实施注册制有关事项的通知,标志着公开发行公司债实行注册制启动。

新《证券法》对公开发行公司债相关制度的修订主要包括以下五个方面:一是将核准制改为注册制。公开发行公司债由证券交易所负责发行上市审核,由证监会进行发行注册。二是对公司债公开发行条件作出调整。新增"具备健全且运行良好的组织机构"的条件,删除了"最低公司净资产""累计债券余额不超过公司净资产的百分之四十"等条件。三是对公司债申请上市交易条件作出调整,授权证券交易所对公司债上市条件作出具体规定。四是完善了持续信息披露要求,扩大信息披露义务人范围。五是压实发行人、证券服务机构的法律职责。明确发行人控股股东及其实际控制人在欺诈发行等行为、证券服务机构及其责任人员在应尽未尽职责等方面的过错推定、连带赔偿责任的规定。

沪深两市分别制定的上市规则对公司债的上市交易进行了详细规定:《上海证券交易所公司债券上市规则》要求面向公众投资者和合格投资者公开发行的公司债采取竞价、报价、询价和协议交易方式,并规定无法达到表 4.1 所示竞价条件时,面向合格投资者公开发行的公司债,仅可以在上海证券交易所固定收益证券综合电子平台上采取报价、询价和协议交易方式进行交易。《深圳证券交易所公司债券上市规则》则要求面向公众投资者和合格投资者公开发行的债券在该所上市时,可以采取集中竞价交易和大宗交易方式。仅面向合格投资者公开发行的债券在该所申请上市时,类似上海证券交易所,如果债券上市时不能符合竞价条件时,只能在大宗交易平台采取协议大宗交易方式。详细规则如表4.1所示。

表 4.1　上海证券交易所、深圳证券交易所公司债上市及交易要求

	上海证券交易所	深圳证券交易所
上市条件	经有权部门批准并发行	经中国证监会或国务院授权的部门核准、批准或者备案并公开发行
	符合《证券法》规定的上市条件	符合《证券法》规定的上市条件
	债券持有人符合本所投资者适当性管理规定	面向合格投资者公开发行的债券在上市时还应当符合本所投资者适当性管理相关规定
竞价系统交易条件	债项评级不低于 AA	债项评级不低于 AA
	债券上市前,发行人最近一期末的净资产不低于 5 亿元人民币	债券发行前,发行人最近一期末的资产负债率或加权平均资产负债率不高于 75%,或发行人最近一期末的净资产不低于 5 亿元人民币
	债券上市前,发行人最近三个会计年度实现的年均可分配利润不少于债券一年利息的1.5 倍	发行人最近三个会计年度实现的年均可分配利润不少于债券一年利息的 1.5 倍,以集合形式发行的债券,所有发行人最近三个会计年度实现的加总年均可分配利润不少于债券一年利息的 1.5 倍
	本所规定的其他条件	本所规定的其他条件

资料来源:作者根据公开信息整理所得。

在上市条件上,新《证券法》规定,公开发行债券应具备健全且运行良好的组织机构;最近三年平均可分配利润足以支付公司债券一年的利息;且要求公开发行公司债券筹集的资金,必须按照公司债券募集办法所列资金用途使用;改变资金用途,必须经债券持有人会议作出决议。公开发行公司债券筹集的资金,不得用于弥补亏损和非生产性支出。两个交易所关于参与竞价交易的规定略有不同;上海证券交易所规定发行主体在发行前,净资产不可低于 5 亿元,深圳证券交易所则只要求净资产不低于 5 亿元,或"最近一期末的资产负债率或加权平均资产负债率(以

集合形式发行债券的)不高于 75%"。上海证券交易所规定债券上市前,发行人最近三个会计年度实现的年均可分配利润不少于债券一年利息的 1.5 倍,而深圳证券交易所规定发行人最近三个会计年度实现的年均可分配利润不少于债券一年利息的 1.5 倍,以集合形式发行的债券(亦称"联合债券",由两个或两个以上的公司联合发行的债券),所有发行人最近三个会计年度实现的加总年均可分配利润不少于债券一年利息的 1.5 倍。满足以上条件才能在竞价交易系统中面对个人投资者发售,否则只允许在电子交易系统(或综合协议交易平台)挂牌交易。

接着来看公司债监管情况。公司债的监管主体为证监会。《公司债券发行与交易管理办法》要求公司债须经由中国证监会认定的、具有从事证券服务业务资格的资信评级机构评级后才可发行。且在债券有效存续期间,发行人应当聘请资信评级机构进行定期和不定期跟踪信用评级。跟踪评级报告应当及时提交发行人,并由发行人或者资信评级机构按规定及时向市场披露。若公司债设定了担保,那么作为担保的财产应当权属清晰,并且尚未被设定担保,其评估价值也不应低于担保金额,此外,公司债的担保还应受到《中华人民共和国物权法》《中华人民共和国担保法》和其他有关法律法规的规定约束。

(3)中期票据。

中期票据是起源于美国的一种债务融资工具,根据中国银行间市场交易商协会发布的《银行间债券市场非金融企业中期票据业务指引》,是指具有法人资格的非金融企业在银行间债券市场按照计划分期发行的,约定在一定期限还本付息的债务融资工具。中期票据一般为 2 至 10 年期,以 5 年期为主。

先来看中期票据发展历程。1981 年美林公司发行了一期中期票据,用来填补商业票据和长期贷款之间的空间。2007 年 9 月,经国务院批准、民政部注册,"中国银行间市场交易商协会"成立。中国人民银行强调要发挥市场参与主体的作用,逐步形成政府职能监管与市场自律管理相结合的市场运行机制,把适合行业协会行使的职能委托或转移给行业协会,借鉴国际经验,切实加强市场自律管理,推动债券市场发展。2008 年 4 月,《银行间债券市场非金融企业债务融资工具管理办法》和《银行间债券市场非金融企业中期票据业务指引》等一系列规章制度的出台,标志着银行间债券市场管理方式的重大转变,明确了中国银行间交易商协会作为市场成员代表应在组织市场主体开发和管理直接融资产品中发挥应有作用,同时强调中国银行间交易商协会要对非金融企业债务融资工具的注册、发行、交易、信息披露和中介服务等切实加强自律管理。同期,中期票据这一新型债务融资工具正式发行问世,七家机构在银行间债券市场发行首批 392 亿元中期票据。2008 年6 月底中期票据曾一度暂停发行,但 2008 年 10 月,中国人民银行同意中国银行间市场交易商协会继续接受非金融企业中期票据发行的注册,中票发行重启。中期票据的入市丰富了债券市场产品种类,完善了债券市场期限灵活的投资工具,完善了债券一级市场发行利率期限结构。

而在中国中期票据发行与交易规则方面,2013 年 8 月,中国银行间市场交易商协会发布《银行间债券市场非金融企业债务融资工具注册工作规程》,规范了银行间债券市场非金融企业债务融资工具注册工作。非金融企业中期票据的发行遵循注册制度:中国银行间市场交易商协会负责受理中期票据的发行注册申请。中国银行间市场交易商协会设注册委员会,注册委员会通过注册会议行使职责。中国银行间市场交易商协会向接受注册的企业出具《接受注册通知书》,注册有效期2 年,企业在注册有效期内可一次发行或分期发行中期票据。企业应在注册后2 个月内完成首期发行。中国银行间市场交易商协会不接受注册的,企业可于6 个月后重新提交注册文件。中期票据应由金融机构承销,企业可自主选择主承销商。需要组织承销团的,由主承销商组织承销团。中国中期票据采用注册制发行,相比于审批制发行手续简单,有助于提高发行效率。

在中期票据交易中,目前可以购买中期票据的银行间债券市场投资者包括商业银行、信用社、证券公司、财务公司、保险公司、社保基金、基金公司等。根据中国银行间市场交易商协会发布的《银行间债券市场非金融企业中期票据业务指引》,企业发行中期票据应由已在中国人民银行备案的金融机构承销;发行中期票据应披露企业主体信用评级。目前,中国人民银行和中国银行间市场交易商协会认可可以从事中期票据评级的机构有四家,分别是:中诚信国际信用评级有限责任公司、大公国际资信评估有限公司、联合资信评估有限公司、上海新世纪资信评估投资服务有限公司。

4.1.2 美国的广义公司债

1. 美国企业债

（1）美国企业债发展历程。

美国的企业债主要是指股份有限公司发行的债券，又称公司债。早在 19 世纪末，美国的证券市场就在从事政府证券交易和公共事业公司的股票交易的基础上得到了发展，并逐步建立起完整严格的法律监管体系，公司的融资能够以发行股票和债券的方式在证券市场上迅速完成。自 19 世纪起，美国的采矿及铁路公司就开始通过私人银行家向投资者发售公司债券。至 20 世纪 50 年代中期，利率的逐渐放开及经济的持续增长、金融市场的不断深化使企业更积极地发行债券筹资，发行额每年均稳定地不断增长，及至 20 世纪 70 年代其发行额超过 3 000 亿美元，与国债、股票一起成为美国金融市场上占统治地位的金融工具。

20 世纪 60 年代以后，美国股市不景气，企业纷纷通过发行债券进行融资。1972 年，芝加哥期货交易所开始交易利率衍生产品。这一方面使得债券购买者拥有了对冲利率风险的工具，更加乐意持有债券；另一方面，使承销债券的投资银行能够进行跨期保值，分担了承销风险，因此利率衍生品的出现和普及刺激了公司债的发行。至 80 年代初，美国的债务股权比例达到战后最高点。

和中国不同，垃圾债（即高收益债券）是美国企业债市场的重要组成部分。1982 年美国经济走出衰退后利率不断下降，各种信用级别的公司纷纷发行债券。1983 年，美国证券交易委员会制定"415 规则"（Rule 415），意在通过增加投资银行的证券包销风险促进投资银行做好尽职调查和信息披露，但该规则的出台并没有抑制各类企业发行债券的热潮，反而因为美国企业界大量的杠杆收购而扩大了企业债的发行规模。

20 世纪 90 年代初期，低利率环境使美国企业债的发行依旧旺盛，1992 年至 1993 年间美国企业债市场空前火爆，企业债在债券市场中占据了最大份额。1994 年，美联储为抑制通胀连续上调利率，使公司债和股票一起经历了一段发行萎缩时期,尽管如此,仍有很多大型企业在积极使用债券融资。但这短暂的低迷并不影响美国企业债的繁荣,总体来看,自20世纪60年代以来,美国企业债一直快速发展,融资规模大部分年份都超过股票发行和银行贷款,如今企业债已经成为美国企业最主要的融资方式。

(2)美国企业债种类。

美国的企业债有多种分类方法,最常用的是按照所属行业,将企业债发行主体分为四大类:公用事业类(utilities)、运输行业(transportation)、工业(industrials)、银行与金融机构(bank and financial companies)。每一大类还可继续细分,比如银行和金融类又可分为国内银行、国外银行[国外银行在美国发行的债券被称为扬基债券(Yankee bond)]、投资银行、保险公司、金融公司等。

除行业分类外,也可按照评级分为投资级债券和高收益债券。高收益债券即前文提到的垃圾债,其发行人多为具有高信用风险的企业,因此具有较高的风险补偿,即债券具有较高的收益率。在所有评级公司中,穆迪和标准普尔所涵盖的公司范围最广,认可度也最高。惠誉的规模虽然小于穆迪和标准普尔,但也受到广泛的认可。这三家评级机构各有侧重,在美国评级机构中占据主要地位。

此外,也可按照债券期限将企业债分为短期债(5年以内)和中长期债(5年及以上)。美国企业债不同的分类方法主要是为了方便市场交易,由于美国企业债交易采取做市商制度,做市的交易员可能会选择某一类债券进行交易,比如专注于某一行业,或者专门交易高收益债券,交易的种类由交易员自由选择。

(3)美国企业债发行与交易规则。

美国企业债发行实行注册制,在美国企业债市场中,任何企业只要能披露信息以使投资者可以评估其信用程度,就可以通过发行企业债筹集资金。由此,不同规模、不同信誉的企业都有机会通过发行债券获得资金。信誉好的大公司能以较低的成本发行债券筹集资金,信誉稍差的小公司只能以较高的成本吸引风险偏好型投资者,通过发行收益较高的债券来获得资金。

在美国,联邦法律规定企业发行大规模的债券时,要指派一个专门的受托人,代表企业债所有者参与各种发行事宜。受托人的责任包括监督发行企业的活动,保证发行人的行动与契约条款相符。如果违反契约条款,受托人可以代表债券持有人采取法律手段制裁债券发行企业。受托人制度奠定了美国企业债的诚信基础,反映了美国企业债市场上信用约束机制和投资者保护机制的完善,其作为美国企业债市场制度安排的重要内容之一,有利于降低债券发行风险,对投资者、筹资者、金融中介机构和监管部门都具有重要的意义。

美国企业债的交易市场分为证券交易所和场外交易市场。纽约证券交易所是美国最大的债券集中交易市场,在这一市场中,由自动债券系统(automated bond system,ABS)显示交易数据和实时交易结果,提供债券委托交易等服务。交易所市场实行做市商制和竞价制两种交易方式。

美国大部分公司债都集中在场外交易市场。美国的场外交易市场是通过计算机和电话联系起来的全国性交易市场,主要有全国证券交易商协会自动报价系统(NASDAQ)、场外交易市场公告板(over the counter bulletin board,OTCBB)、粉单市场(pink sheet market)等。场外市场实行做市商制度,满足特定资本充足要求和管理能力要求的金融机构可以申请成为做市商。做市商在场外市场交易中主要承担着保持债券市场的流动性、对中小客户进行零售业务的作用。

2. 中期票据

(1)美国中期票据发展历程。

中期票据(medium-term note,MTN)市场是作为介于短期的商业票据市场和长期借贷的债券市场之间的替代市场而建立起来的,期限多在9个月至30年间。美国公司自20世纪70年代初起发行中期票据,在整个70年代,受《联邦证券法》管制,中期票据的发行成本很高,因此通过发行中期票据进行融资的企业比较少。至1981年为止,未偿付量总计仅有约8亿美元。80年代后,美国证券交易委员会逐步放宽了证券发行限制,才使得中期票据市场获得了飞速发展,逐渐成为主要债务融资渠道。90年代,美国中期票据市场继续壮大,不断吸引着各类型的发行人。

(2)美国中期票据发行与交易规则。

中期票据市场中的发行人多种多样。金融部门公司包括汽车金融公司、银行控股公司、商业与消费者信贷机构以及证券公司;非金融部门公司包括公用事业、制造商、服务性企业以及批发商与零售商。

在美国,绝大多数的中期票据都是不可赎回、无担保且具有优先权的债券,有固定息票利率和投资级信用评级。在 20 世纪 80 年代初期与中期,中期票据大多有利率固定、无担保且期限不超过 5 年的特征,发展至今,期限已不再是中期票据的主要特征。目前,中期票据的形式有很大的灵活性,其利率可能是浮动利率或其他利率,期限也不一定必须是"中期",可以为 9 个月至 30 年甚至更长。中期票据按照 1982 年 3 月美国证券交易委员会"第 415 规则"进行注册,并以储架注册方式发行。

当公司向美国证券交易委员会申请储架注册时,就开始了在公共中期票据市场中筹集资金的过程。一旦美国证券交易委员会宣布注册申请有效,发行人就可以提出介绍中期票据发行计划募股说明书附文。确立发行计划后,发行人就可以连续或间断地进入中期票据市场。注册申请中经常会包括一个投资银行清单,公司安排这些投资银行作为代理商负责将票据分销给投资者。中期票据通常是通过代理商进行出售的,也可以以承销的方式出售,还有许多中期票据发行计划允许发行人绕过金融中介直接将债券出售给投资者。

中期票据的另一特点是投资者可以通过反向询问(reverse inquiry)在发行过程中发挥作用。反向询问的发行方式即一般由投资银行先去征求潜在的投资人对发行价格、期限等条款的意见,投资者通过发行人的代理商向发行人传递询问,如果发行人发现反向询问的条款有足够的吸引力,就有可能同意这笔交易,然后再依据这些潜在投资人的意见发行相应的中期票据。

近年来,越来越多的中期票据以结构化交易的形式发行。在结构化中期票据中,公司在发行中期票据的同时签订一份或几份互换协议以便在必要时转换成现金流,最简单的结构化中期票据包括常见的利率互换协议。通过互换交易,公司能以一个比支付给固定利率票据更低的利率借款。结构化中期票据往往是为了满足一些投资者的特殊要求,特别是那些被禁止从事衍生品交易的投资者。

美国联邦储备委员会负责对美国公司在公共中期票据市场中的借款情况进行调查,几乎所有公司的中期票据都通过美国证券托管与结算公司来清算。

4.1.3　中美广义公司债情况对比

1. 发行量与存量对比

在本节的统计中,广义公司债包含公司债(狭义,下同)、企业债(狭义,下同)、金融债和中期票据。从图 4.1 展示的发行量占比来看,中国广义公司债发行量存在较大的波动。中国公司债起步较晚,2007 年 8 月,中国证监会颁布《公司债券发行试点办法》后,中国才出现由长江电力发行的第一支公司债,2007 年只有三家上市公司成功发行了公司债。受到国际金融危机的影响,2008 年 9 月中国公司债停发,2009 年 7 月才重新开始发行。2010 年,中国证监会核准了 25 家公司债发行,从发行占比来看,2010 年广义公司债发行金额仅占所有债券金额的 20.7%,是 2010 年至 2018 年的最低点。2011 年,中国证监会简化了审核程序,加快了审批速度,公司债发行规模逐渐扩大,这也体现在广义公司债发行总量中,2010 年至 2012 年间中国广义公司债发行占比持续上升。

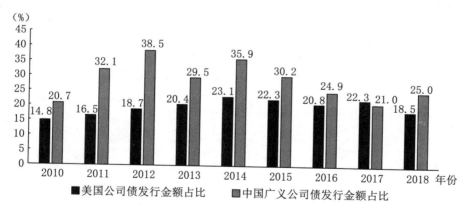

图 4.1　中美广义公司债发行金额占比

资料来源:见表 1.1 资料来源说明。

2013 年中国广义公司债发行占比明显下降,主要有两方面原因:一是监管趋严。2013 年 4 月,债券市场爆出"代持"黑幕①,4 月下旬开始,国务院多部委针对

---

①　参见 http://www.cs.com.cn/sylm/zjyl_1/201701/t20170111_5150949.html。

银行间债市开展联合"打黑"行动,对债券市场进了整顿。2013年11月,中共中央十八届三中全会《关于全面深化改革若干重大问题的决定》提出,"发展并规范债券市场,提高直接融资比重"。债券市场整体规范化发展被纳入中央顶层决策,银行间债券市场监管升级,国家发改委强化对企业债发行的审批检查,对债券发行市场产生了较大冲击。二是流动性偏紧。2013年6月,银行出现"钱荒"现象,市场流动性严重紧张,债券发行成本骤增。2013年下半年,面对较高的融资成本压力,企业更加倾向于滚动发行利率相对较低的短期融资券,中长期债券的发行量明显下降。这些原因都不利于企业债的发行,从发行占比和发行金额上来看,2013年中国各类企业债发行规模大幅减少。

根据图4.2,2014年至2016年间,中国广义公司债存量占比呈下降趋势,对照图4.1发行量占比,可以看出发行总额不降反升。这说明发行比例的下降是由于中国债市总体量(基数)的增加,这期间债券市场中其他券种发行总金额的增加,使得公司债占比下降。2017年无论是占比还是发行金额都较低,从发行构成来看,发行量减少的原因主要是由于广义公司债明显下降。从宏观背景上看,2017年是一个加大去杠杆力度、严格管控风险的金融监管年,在强监管政策下,企业发行债券的成本上升,债券发行量大幅减少。尤其是2016年10月以后,上海证券交易所和深圳证券交易所对房地产公司债券实行分类监管,两大交易所对房企发债采取"基础范围＋综合指标评价"的分类监管标准,这一分类监管标准大幅缩小了符合

图 4.2 中美广义公司债存量占比

资料来源:见表1.1资料来源说明。

发债条件的房地产企业范围,债券发行量大量减少,而满足条件的房企多数为行业中信用品质较好的 AA＋和 AAA 级别企业,这也是导致后文描述的中国公司债券评级偏高现象的一个原因。

美国公司债发行历史悠久,公司债市场较为成熟,自 2010 年以来公司债发行金额占比波动较为平缓,2010 年至 2014 年间公司债占比呈上升趋势,2014 年以后发行金额占比有所波动。2010 年至 2018 年间,美国公司债发行金额最多达到美国债券市场总发行金额的 23.1％,目前美国公司债是美国债券市场的重要组成部分。与中国不同的是,美国公司债中包括大量的高收益债券,由于信用等级低,发行利率高,此类债券具有风险较高同时收益也高的特征。因此在经济平稳的时期,高收益债券由于可以带来更多的现金流,被广泛接受;而在发债公司现金流出现冲击的时期,高收益债券违约风险增加,投资者为了避免承担违约风险卖出高收益债券。2015 年以前,由于美国实行量化宽松政策,美国低风险投资品利率非常低,银行也维持了多年的低利率,美国投资者只能将资金投向高收益债券。在美国高收益债券的发行主体中,石油公司占很大一部分。2015 年后,美国高收益债券低迷,尤其是 2015 年 12 月,石油输出国组织(OPEC)做出维持高产决议,这导致全球石油供应可能继续面临过剩局面,油价低迷使石油公司现金流承压。石油公司随时可能发生违约,这引发了投资者恐慌,并触发了垃圾债的抛售。由图 4.1 可知,2015 年美国公司债发行占比较 2014 年有所下滑。此外,2015 年 12 月的美联储议息会议中,美联储决议将基准联邦基金利率上调 25 个基点,这是继 2008 年全球金融危机之后美国进行的首次加息,此后,美联储在 2016 年 12 月,2017 年 3 月、6月、12 月,2018 年 3 月、6 月、9 月等时间进行了多次加息,无风险利率的提高也会对公司债市场造成一定的影响。从存量数据来看(见图 4.2),美国公司债存量占比一直维持在约 20％,2010 年以来呈平缓上升趋势,2016 年和 2017 年两年达到占比最高值 21.9％,2018 年公司债存量占比略微下降。

对比中美发行量数据,由于美国公司债市场较为完善,发行规模也相对稳定;而中国广义公司债市场尚不成熟,且多受到市场环境和监管政策的影响,发行规模呈现出较为明显的波动性。从存量数据来看,美国公司债存量保持在较为稳定的水平,总体增速缓慢;而中国广义公司债存量在 2010 年至 2014 年间快速增加,在

2014年甚至超过总存量的30％，其增长速度之快引发广泛关注。受债券发行总量变动、经济环境及政策导向的影响，2014年后存量呈现出下降趋势，公司债增长趋势放缓。2014年以来，中美广义公司债券占比差值逐渐缩减，2017年中国广义公司债比重甚至低于美国，中美广义公司债存量占比差值也逐渐缩小。

从发行结构来看，中国2018年公司债发行总金额为4.5万亿元人民币，其中广义企业债占主导地位，自2010年以来，广义企业债占比均超过50％，最高达到83.5％，最低为53.5％。银行债和非银金融机构债所占比例变化较大，在2012年以前，非银金融机构债一直处于弱势地位，2013年非银金融债规模首次超过银行债，此后非银金融债和银行债占比相当。从存量结构看，中国广义公司债存量规模稳步增长，广义企业债存量份额仍占据主导地位，2016年至2018年间增速放缓，银行债和非银金融机构债存量份额持续增长。

而美国2016年至2018年三年发行金额分别约为1.5万亿美元、1.8万亿美元、1.55万亿美元，其中金融业和非金融业公司债占比差别不大，均为50％左右。

对比可知，美国公司债发行和存量结构比较均衡，而中国公司债中非金融企业债占大部分，金融债体量较小，金融业和非金融业债券规模呈现出比较严重的不均衡现象。不过近年来，中国公司债发行结构不均衡的问题有所改善，尤其是2017年和2018年两年金融行业债券发行金额与非金融债基本相当(如图4.3)，但存量规模的结构不均衡依然显著(如图4.4)。

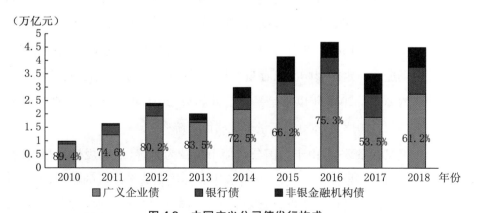

图4.3 中国广义公司债发行构成

资料来源：见表1.1资料来源说明。

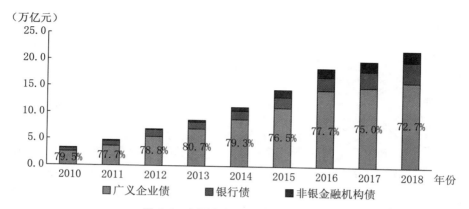

（万亿元）

图 4.4 中国广义公司债存量结构

资料来源：见表 1.1 资料来源说明。

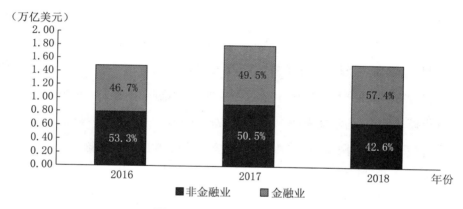

（万亿美元）

图 4.5 美国公司债发行构成

资料来源：https://www.federalreserve.gov/data/corpsecure/current.htm。

由于高收益债券的特殊性，我们将单独对其进行对比。由图 4.6 可知，中国高收益债券发行占比极低，即使在 2011 年顶峰时期也不到 1%，2018 年高收益债券发行比例更是逼近于零。而高收益债券是美国企业的重要融资工具。20 世纪80 年代，美国高收益债券作为杠杆收购的重要资金来源，在企业重组中发挥过重要作用，在全部公司债中占有较大比重，2014 年以前美国高收益债券发行在所有公司债发行总额中的占比超过 20%，2014 年以后高收益债券占呈下滑趋势，至2018 年美国高收益债券比重约为 13%，虽然是 2010 年来的最低占比，但相比中国，美国高收益债券在公司债中仍然占据相当比例。

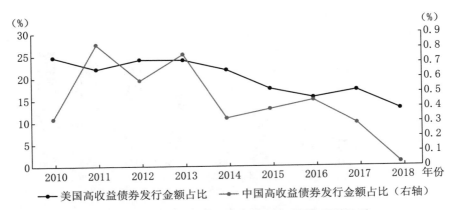

图 4.6　中美高收益债券占全部公司债发行金额的比重

资料来源：见表 1.1 资料来源说明。

成熟的债券市场意味着存在多样化的债券产品来支撑企业的发展，中国企业的融资渠道较为单一，通过银行借贷的间接融资条件较高，无法满足中小企业融资需求，而股权融资门槛较高，企业在发行债券时也面临着诸多利率、规模等方面的限制，高收益债券或许是解决中小企业融资难问题的一条途径。而中国目前高收益债券规模非常小，尚不能发挥其配置资源的作用，合理控制高收益债券风险、调整高收益债券的监管限制不失为完善中国公司债市场的一个方向。

2. 期限结构对比

总体来看，中国广义公司债期限呈下降趋势，尤其是金融债期限缩减较为严重，而美国公司债期限总体呈上升趋势。相较于美国公司债期限，中国广义公司债期限偏低，尤其是 2012 年后平均期限多为 10 年以内，而美国自 2002 年公司债平均期限超过 10 年后，持续保持高位。相较于美国公司债，中国公司债期限较短，尤其是除金融债以外的广义企业债，期限多在 5 年以内。

从图 4.7 中国广义公司债发行期限走势来看，2011 年至 2013 年间各类公司债发行期限均呈明显下降趋势，2012 年至 2013 年间平均期限更是迅速缩短，2013 年银行债发行期限达到历史最低，平均只有 5 年。2013 年期限大幅缩减和当时的市场环境密切相关，2013 年 4 月，债市加强规范，投资者迅速转向谨慎和观望，一时间市场流动性枯竭，收益率大幅上行，其中高收益债券因规范代持业务而遭遇大幅抛售，评级较高的公司债也受到牵连。此外，美联储在当年 5 月暗示其将在年底以前开始缩减量化宽松规模,推高美国国债收益率,也进一步引发了境内市场热钱外流的担忧,国内回购利率逐渐走高,现券收益率也跟随上行。其间中国央行坚持"挤泡沫",维持正回购操作,并坚持发行央票,投资者对流动性的悲观情绪在银行间市场迅速蔓延,回购利率和债券收益率不断跳涨。在"钱荒"时期,投资者更愿意持有流动性更强的短期债券,发行方面对骤增的融资成本,也更愿意通过缩短发债期限降低成本。2013 年是中国银行间债券市场动荡的一年,不确定性的增加导致了 2013 年债券发行期限的骤减。

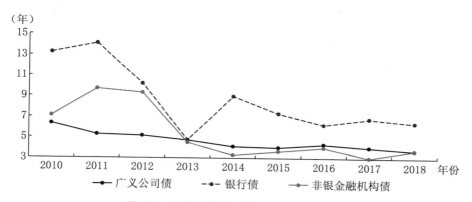

图 4.7　中国各类公司债的平均发行期限

资料来源:见表 1.1 资料来源说明。

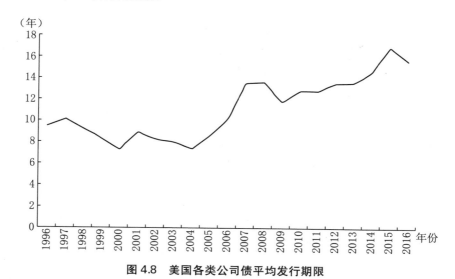

图 4.8　美国各类公司债平均发行期限

资料来源:参见 https://www.indexologyblog.com/2017/10/17/u-s-corporate-debt-issuance-on-pace-for-record-year/。

3. 收益率对比

中国各类公司债到期收益率曲线均随期限增加而增加,期限在 10 年以内的债券的即期收益率对期限变化较为敏感,呈现出较强的波动性。而大于 10 年期的债券到期收益率变化随期限变化较为平缓,平坦化的收益率曲线使得期限溢价减少,对期限较长的债券种类来说,不同期限债券之间的收益率层次更加模糊。对比中国广义公司债市场 2015 年至 2018 年间到期收益率数据,发现无论是银行债、AAA 级企业债还是 AA＋级企业债,都在 2017 年出现明显的收益率上涨。对比 AAA 级债券和 AA＋级债券的即期收益率,近四年 AAA 级债券的即期收益率均小于 AA＋级债券,债券评级更低的发行人承担着更高的发行成本。

票面利率的高低在某种程度上不仅表明了企业债发行人的经济实力和潜力,也是其能否对购买的公众形成足够的吸引力的因素之一。票面利率可以反映出债券的价格,它在发行时即确定,票面利率越高,债券融资成本越高。"资产荒"是 2016 年债券市场的主旋律。在流动性宽松的背景下,利率市场化使银行存款的吸引力下降,负债成本上升;同时,债券市场在理财、委外等带动下迅速扩容,随着需

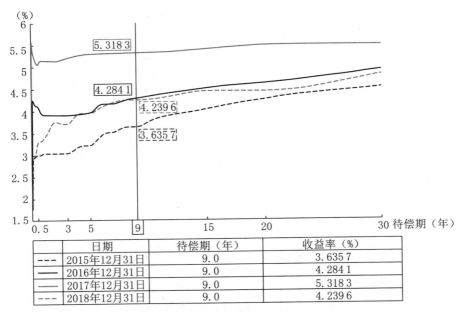

日期	待偿期（年）	收益率（%）
----- 2015年12月31日	9.0	3.635 7
——— 2016年12月31日	9.0	4.284 1
——— 2017年12月31日	9.0	5.318 3
- - - 2018年12月31日	9.0	4.239 6

图 4.9　中债商业银行普通债即期收益率曲线(AAA)

资料来源:中国债券信息网(https://www.chinabond.com.cn/d2s/cbData.html)。

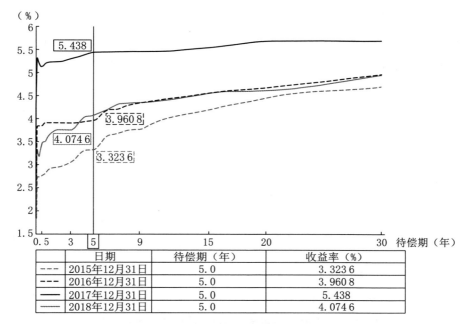

	日期	待偿期（年）	收益率（%）
- - -	2015年12月31日	5.0	3.323 6
- -	2016年12月31日	5.0	3.960 8
——	2017年12月31日	5.0	5.438
——	2018年12月31日	5.0	4.074 6

图 4.10　中债企业债即期收益率曲线（AAA）

资料来源：中国债券信息网（https://www.chinabond.com.cn/d2s/cbData.html）。

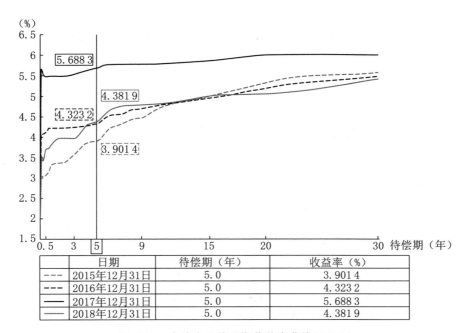

	日期	待偿期（年）	收益率（%）
- - -	2015年12月31日	5.0	3.901 4
- -	2016年12月31日	5.0	4.323 2
——	2017年12月31日	5.0	5.688 3
——	2018年12月31日	5.0	4.381 9

图 4.11　中债企业债即期收益率曲线（AA＋）

资料来源：中国债券信息网（https://www.chinabond.com.cn/d2s/cbData.html）。

求扩张,资产收益越来越低,债券利差均明显压缩。资产端与负债端不匹配倒逼金融机构投资高风险资产换取相对高的收益。根据图 4.12 中国广义公司债的票面利率数据,2016 年票面利率大幅下降,反映出 2016 年中国广义公司债市场融资成本的降低。

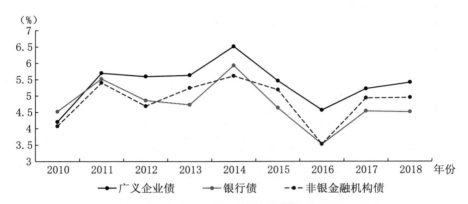

图4.12　中国各类公司债平均票面利率(发行金额加权)

资料来源:见表 1.1 资料来源说明。

图 4.13 是根据美林银行(ICE BofAML)公布的美国公司债收益率数据①,展示了评级为 AAA 级和 AA 级两种公司债的实际收益率。从总体趋势上来看,两

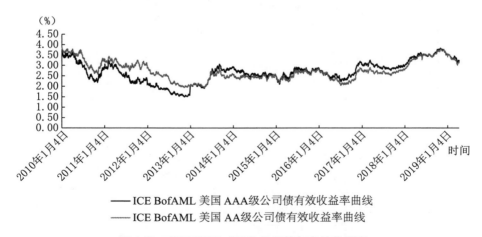

图4.13　美国 ICE BofAML 公司债年有效收益率

资料来源:美林银行(ICE BofAML, https://fred.stlouisfed.org/series/BAMLC0A0CMEY)。

---

① 2017 年 10 月,美国洲际交易所(ICE)收购美林银行(BofAML),后称 ICE BofAML。

种债券走势类似。2013 年以前美国公司债收益率持续下行,2013 年有所上涨,2013 年至 2016 年间稳定在较低的收益率水平,2015 年底美联储开始加息,2015 年至 2018 年间共进行了八次密集加息,推升美国无风险利率,从而抬高了公司债利率。

从信用利差来看,2010 年至 2013 年间 AAA 级和 AA 级公司债利差有扩张趋势,2013 年两类债券利差突然收窄,2013 年上半年间 AAA 级和 AA 级公司债实际收益率曲线几乎重合,下半年收益率出现倒挂,AAA 级债券的收益率比 AA 级债券的收益率一度高出近 50 个基点,之后 AAA 级债券的收益率一直高于 AA 级债券,2018 年以后两条曲线再次重合。不同信用等级债券之间信用利差的收窄和倒挂体现了市场风险偏好和对经济环境预期的变化,不过我们所展示的数据中,两类债券信用等级都比较高,多次出现重合或许与两类公司发行人的信用等级差异较小有关。

图 4.14 为 5 年期和 10 年期美国优质公司债的收益率曲线,总体趋势和图 4.12 类似。从期限利差来看,2010 年至 2018 年间,两类不同期限的债券利差较为稳定,多数年份保持在 100 个基点以上,2017 年以来略有收窄迹象。

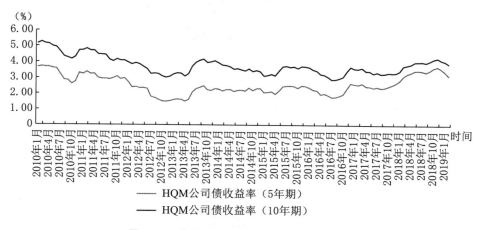

图 4.14　美国 HQM 公司债平价收益率曲线

资料来源:美国财政部网站(https://home.treasury.gov/data), https://home.treasury.gov/data/treasury-coupon-issues-and-corporate-bond-yield-curve/corporate-bond-yield-curve。

4. 评级分布对比

图 4.15 至图 4.21 为中国广义企业债、银行债、非银金融机构债三类公司债评

级分布图。从中国三类公司债评级数据来看,中国的公司债评级均处于国际规定的投资级(BBB)以上,但实际上中国的债券评级存在着严重的虚高现象,在实际交易中,AA 级债券几乎沦为垃圾债。

接下来,我们分别讨论广义企业债、银行债和非银金融机构债三类细分券种。其中,广义企业债评级均在 A＋级以上,按数目统计,AAA 级债券占 60.9％,AA＋级占 24.7％,AA 级占 13.1％,这三类评级的债券总数目占比超过所有广义企业债的 98％。按金额统计,AAA 级债券占总发行金额的 77.7％,AA 级占 16.4％,仅这两类债券就构成了公司债总金额的 90％以上。按金额统计的债券评级比按数目统计更加集中在高信用等级,说明企业在发行高信用等级债券时,不仅发行数量多,单只债券的发行金额也更大。银行债评级均在 A－级别以上,其中按数目统计,AAA 级债券占到 37.2％,AA＋级占 21.5％,AA 级占 16.3％,三类债券占总数目的 64％;相对广义企业债,按数目统计评级等级总体有所下降。按金

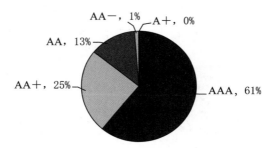

图 4.15　中国广义企业债发行时债项评级分布(2018 年,数目)

资料来源:见表 1.1 资料来源说明。

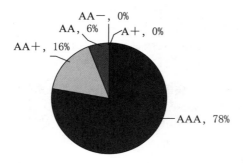

图 4.16　中国广义企业债发行时债项评级分布(2018 年,金额)

资料来源:见表 1.1 资料来源说明。

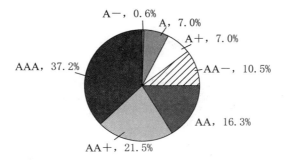

图 4.17　银行债发行时债项评级分布(2018 年,数目)
资料来源:见表 1.1 资料来源说明。

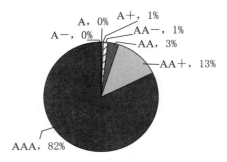

图 4.18　银行债发行时债项评级分布(2018 年,金额)
资料来源:见表 1.1 资料来源说明。

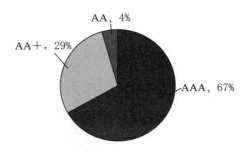

图 4.19　中国非银金融机构债发行时债项评级分布(2018 年,数目)
资料来源:见表 1.1 资料来源说明。

额统计,AAA 级债券占 82.1%,AA+级占 12.9%,两类债券总额占比达到 95%。非银金融机构债评级更加集中,仅有 AAA、AA+、AA 三个等级。

根据图 4.21 标普公司 2016 年对美国公司债的评级情况,有一半以上的债券都分布在 BBB 级以下,这意味着美国只有不到一半的债券被评为投资级债券。其

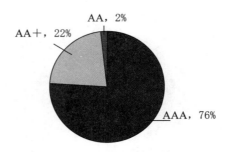

图 4.20 中国非银金融机构债发行时债项评级分布(2018 年,金额)
资料来源:见表 1.1 资料来源说明。

中 B 类债券占比最多,评级为 BBB、BB 和 B 的债券分别占比 23%、18%和 33%,总占比为 70%以上。而评级为 A 类的公司债仅占 21%,其中 AAA 评级债券占比为零。

区分不同类别发行机构,发现非金融债评级同样多分布于 BBB、BB 和 B 评级,分别占比 40%、20%和 22%,A 类及以上评级只占 12%。金融债相比非金融债评级大有提升,AA 级和 A 级债券共占 50%,BBB 评级公司占 29%,投资级债券共占比约为 80%,可见评级公司对金融公司的信用情况较为乐观。

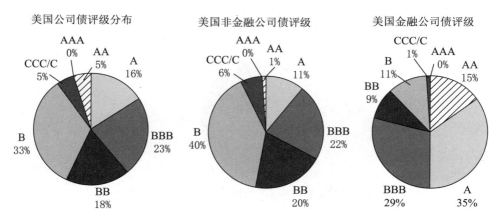

图 4.21 标普 2016 年美国公司债评级分布

资料来源:https://www.spratings.com/documents/20184/1024927/US_Credit_Outlook_1Q2017/13337ee5-fed2-42c6-be1a-14c3f586c21f.

对比中美债券评级分布可知,中国债项评级偏高,尤其是 AAA 级债券所占比例过高,这是由于中国债券市场存在的一系列制度性特征使得评级机构有激励和发行人合谋来做高评级:一方面,与国际债券评级市场一样,国内债券评级市场主要采取"发行人付费"的模式。由于债券发行人也会尽可能选择对自己有利的评级机构进行评级,评级机构为了获得更多的业务,也可能会给出倾向于发行人的评级结果,进而造成评级结果的失真。另一方面,在 2020 年注册制改革以前,公司债和企业债的发行人面临来自监管部门的压力,低于 AA 级的债券可能在发行和流通过程中受到限制。

4.2 资产证券化产品

资产证券化产品是指由一个特定的应收款资产池(asset pool)或其他金融资产池来支持以保证偿付的证券。在本节中,我们将资产证券化产品分为 MBS 和其他 ABS 两大类进行介绍。MBS 指发行人将房地产抵押贷款债权汇成一个资产池,然后以该资产池所产生的现金流为基础所发行的证券。根据房地产的用途,又可将 MBS 分为两类:个人住房抵押贷款支持证券(residential mortgage backed securities,RMBS)和商业抵押贷款支持证券(commercial mortgage backed securities,CMBS)。

其他 ABS 指房地产抵押贷款债券以外的资产发行的证券化产品,我们将它称为广义的 ABS。广义的 ABS 又可以进一步细分为狭义 ABS 和担保债务凭证(collateralized debt obligation,CDO),狭义 ABS 的资产池主要是应收债权,比如汽车贷款债券、企业贷款债券、学生贷款债券、信用卡应收账款以及租赁租金等;CDO 是指以抵押债务信用为基础,基于资产证券化技术,对债券、贷款等进行结构重组,重新分割投资回报和风险,以满足不同投资者需求的证券产品。CDO 的资产池主要是债务工具,比如高收益债券、新兴市场公司债券(emerging market corporate debt)、主权债务(sovereign debt)、银行贷款(bank loans)等。

根据基础资产(underlying asset)的不同,CDO 又可以进一步细分为担保贷款凭证(collateralized loan obligation,CLO)、担保债券凭证(collateralized bond obligation,CBO)、担保合成凭证(collateralized synthetic obligation,CSO)、担保保

险凭证（collateralized insurance obligation，CIO）、结构性金融担保债务凭证（structured finance CDO，SFCDO）、商业不动产 CDO（commercial real estate CDO，CRECDO）、CDO 的平方/CDO 的立方（CDO^2/CDO^3）等，其中 CLO、CBO 是两种较为重要的细分产品种类。下面，我们将按照图 4.22 的结构详细介绍每一类资产证券化产品。

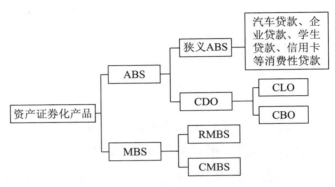

图 4.22　资产证券化产品分类

4.2.1　MBS

1. 中国的 MBS

（1）中国 MBS 的发展历程。

中国 MBS 的发展最早可追溯至 1998 年资产证券化概念的提出，一直到 2005 年 12 月，中国建设银行创新性地发行了中国金融市场上第一只 MBS，这对中国金融工具的发展算是一次创新。就 MBS 的实践来看，与国外成熟的法律制度体系相较之下，中国的 MBS 市场依旧处于探索阶段，相关的证券化产品也较少。中国 MBS 的发展历程如表 4.2 所示。

（2）中国的 MBS 发行与交易规则。

MBS 的发起人为基础资产的原始所有者，通常是金融机构或大型工商企业。根据《信贷资产证券化试点管理办法》，中国的 MBS 是以没有政府担保的特殊目的

表 4.2　中国 MBS 发展历程

时　间	代表性事件
1992 年	海南首推"地产投资券",这是中国住房贷款证券化的首次尝试。进入 20 世纪 90 年代中后期,住房贷款证券化的呼声越来越高
1998 年	中国人民银行牵头组织"住宅抵押贷款证券化研究",表明中央银行已开始关注这项业务
1999 年	由深圳平安保险公司倡导,深圳市住宅局、建行深圳分行、工行深圳分行和联合证券组成联合研究小组,研究住房抵押贷款证券化,并提出住房贷款证券化试点方案
2000 年	中国人民银行正式批准中国建设银行、中国工商银行为住房贷款证券化试点单位。这标志着资产证券化业务可以在中国的商业银行有条件地进行
2002 年	中国建设银行加快了住房贷款证券化业务的准备。建设银行与德国施豪银行签署了合资合同等文件,筹建合资住房储蓄银行;与澳大利亚麦格理银行签订合作协议,准备合作引进住房抵押贷款引荐业务,并在上海成立了麦格理管理咨询(上海)有限公司,开展以二手房市场为重点的住房抵押贷款引荐业务
2003 年	中国人民银行发布《2002 年中国货币政策执行报告》,首次在报告中提出"积极推进住房贷款证券化"。这标志着在中国探索了近 10 年的住房贷款证券化有望进入启动阶段
2005 年	国务院批准中国建设银行和国家开发银行进行证券化试点,标志着中国的资产证券化已进入实质性运作阶段

信托(special purpose trust,SPT)模式实现证券化。中国虽然没有特殊目的载体(special purpose vehicle,SPV)方面的专门立法,但《金融机构信贷资产证券化试点监督管理办法》对 SPT 的市场准入有严格规定。SPT 的设立必须经银监会批准或是依法成立的信托投资公司。SPT 的注册资本不能低于 5 亿元人民币,最近三年年末净资产也不能低于 5 亿元人民币。

在投资者结构上,中国现阶段 MBS 的投资主体仅限于机构投资者,而且只能在银行间债券市场交易。由于中国 MBS 才刚起步,相关金融、法律制度尚不完善,逐步向个人投资者开放 MBS,可以积累经验,保护中小投资者的利益,避免市场非理性行为。另一方面,MBS 是一种全新的金融产品,对风险管理能力要求高,而机构投资者在这一方面比较成熟,能保证 MBS 业务顺利实施。向个人投资者开放 MBS 业务只是时间问题。

在信用增级和担保方面,中国 MBS 的信用增级可采用内部法或外部法。同时,根据《担保法》规定,政府也不能为住房抵押贷款提供信用担保。在中国,MBS

的监管主体为银保监会。

2. 美国的 MBS

（1）美国 MBS 的发展历程。

MBS 起源于美国，与 20 世纪 60 年代美国房地产市场的迅速发展密切相关，由于当时美国政府规定，银行和储蓄机构不允许跨州经营，只能依靠本地区居民存款向个人提供住房抵押贷款，制约了住房金融业的发展。20 世纪 60 年代以后，美国通货膨胀加剧，利率攀升，存款高利率的存在削弱了金融中介的作用，储蓄机构资金不足，面临严重危机。为了获得资金，储蓄机构开始在抵押贷款二级市场上发行收益稳定的固定利率资产。由于住房抵押贷款的违约风险较小，未来现金流可预测性强，且抵押物质量较高，因此住房抵押贷款首先被证券化。1968 年，房利美首次公开发行 MBS，之后的十几年中，金融自由发展为抵押贷款证券化的创新和发展提供了较为宽松的环境，美国的资产证券化经历了一个繁荣时期。自 1985 年至今，美国的抵押贷款证券化业务广泛发展并逐渐国际化，从证券化技术来看，评级体系不断完善，重组技术更为成熟，经过几十年的发展，抵押担保证券产品成为美国资产证券化产品中的主要品种，市场规模巨大。

（2）美国 MBS 交易主体与交易流程。

在房地产抵押市场，主要的参与者有抵押贷款发起人（mortgage originators）、抵押贷款服务商（mortgage services）、抵押贷款承保人（mortgage insurers）以及投资者。

原始贷款人即抵押贷款发起人，包括商业银行、储蓄机构、抵押贷款银行、人寿保险公司和养老基金。其中，商业银行、储蓄机构和抵押贷款银行占主导地位。发放贷款后，抵押贷款发起人可以持有抵押贷款，也可以将抵押贷款出售给投资者，或将该抵押贷款用作发行抵押贷款支持证券的担保品。抵押贷款发起人可以通过多种方式获取收入，比如收取发起费（origination fee）、申请费和手续费等，以及以高于初始成本的价格出售抵押贷款来赚取利润，即二级市场利润（secondary marketing profit）。

抵押贷款服务商主要包括与银行关联的实体、与储蓄机构关联的实体和抵押贷款银行。抵押贷款服务商提供的服务涉及：收取每月偿付额并转交给贷款所有者、向抵押人发出偿付通知、在偿付逾期时提醒抵押人、记录本金余额等、管理用于房地税和保险目的的代管金额、在必要的时候取消抵押赎回权、在适当的时候向抵押人提供税收信息等。服务商按照未偿付抵押贷款余额的一定比例收取服务费。他们在抵押贷款支持证券中起到决定性作用,在对没有政府担保的证券评级时,商业评级公司会对服务商的运作与以评估。

为防范借款人违约,贷款人会要求借款人进行抵押保险,这里的保险主要是对借款人的违约风险进行担保。借款人风险担保的对象主要包括中低收入借款人和高贷款价值比(loan to value, LTV)借款人两类。抵押保险有两种形式:由政府机构提供的保险和由私人抵押保险公司提供的保险。政府机构主要针对中低收入借款人提供保险,以提高这部分人的消费能力。向合格借款人提供保险的政府机构包括联邦住房管理局(Federal Housing Authority,FHA)、退伍军人管理局(Veterans Administration,VA)、农村住宅服务局(Rural Housing Service,RHS)等。而私人抵押保险主要针对高贷款价值比的人群,通常贷款价值比高于80%的贷款都要求投保,私人抵押保险机构包括抵押担保保险公司(Mortgage Guaranty Insurance Corporation,MGIC)、私营抵押贷款保险公司(Private Mortgage Insurance,PMI)等。如果抵押贷款由私人机构汇集成贷款集合并发行债券,该贷款集合通常会获得附加保险来增强证券信用。这是因为主要的商业评级机构要求发行人进行外部增信来获得投资级信用评定,抵押承保人的信用级别也是评级机构考虑的一个重要因素。

除违约风险外,还存在另一种保险对抵押物进行投保,比如当作为抵押物的资产所处地位于自然灾害高发区时,该资产被要求进行抵押保险,这种保险被称为房屋灾害保险(hazard insurance)。

(3)美国 MBS 种类。

美国 MBS 分为个人住房抵押贷款支持证券(RMBS)和商业抵押贷款支持证券(CMBS),两者的含义和区别如下:

第一,RMBS 是由一池子住房抵押贷款支持的债券,RMBS 根据发起人不同分为政府支持 RMBS 和非政府支持 RMBS。政府支持 RMBS 由美国政府及政府支持机构(government sponsored enterprises,GSE)的几个下属机构发行,如房利美、吉利美和房地美。房利美和房地美从大量的原始权益人那里购买整笔贷款,然后在资产池中将其转为证券并发行 RMBS。吉利美不购买抵押贷款,而是为以担保发行人归入资产池的住房抵押贷款为基础资产的 RMBS 提供偿付担保。

非政府支持 RMBS 是由原本的运营者或者第三方原始权益人作为发起人发行的一池子抵押贷款。住房抵押贷款的原始权益人包括如银行、信用合作社和私人抵押贷款公司。RMBS 的发起人如果自身没有抵押贷款,则会从基础资产原始权益人那里购买,银行和发起人一起构建最优的抵押贷款池,以保证其特征满足潜在投资者的需求。

第二,CMBS 是指基于商业地产(包括商业、多户家庭、酒店及移置式住房社区地产)担保的抵押贷款或抵押贷款池发行的债券。与 RMBS 类似,CMBS 以不同的层级或风险等级向投资者出售,从而满足投资者对于风险敞口及预期收益的不同偏好。CMBS 同样也分为政府支持 CMBS 和非政府支持 CMBS。CMBS 交易一般具有两大特征:其一,标准化的投资者回报,如租金和运营的收入;其二,有一类偏好 CMBS 劣后级债券的投资者,在 CMBS 交易中承担最先损失的风险。

表 4.3　RMBS 和 CMBS 对比

	RMBS	**CMBS**
借款人	房屋所有人	商业企业
借款人信用	收入、资产负债、信用历史	企业的信用评级
抵押资产	独立住宅、一到四户的连体住宅、独立产权的公寓或共有产权公寓以及计划当中的单位开发项目	多户连体住宅如住房公寓大楼、办公楼、工业建筑、酒店旅馆
偿债能力	个人收入	租金

资料来源:作者根据公开信息整理所得。

4.2.2　其他 ABS

1. 中国其他 ABS

(1) 中国其他 ABS 的发展历程。

相比较美国等发达国家资产证券化的发展,中国资产证券化的发展起步较晚。

中国在 2005 年首次推行资产证券化,至今已有十几年,经历了起步阶段、试点阶段、重启阶段、发展阶段四个阶段。

第一,起步阶段为 2005 年至 2007 年。2005 年 12 月,为推进金融创新,转移银行承担的信用风险,中国选择国家开发银行和中国建设银行为信贷资产证券化试点单位,先后发行两款信贷资产证券化产品。这两款产品分别为开元信贷资产支持证券(05 开元)和建元个人住房抵押贷款证券化信托优先级资产支持证券(06 建元)。国家开发银行主要是在国内外资本市场上发行债券进行筹资,向国家基础设施和重点项目发放长期贷款,该产品的发行既符合国家开发银行以往的融资方式,又在传统筹资方式上进行了创新;而中国建设银行的信贷资产证券化产品主要由固定资产贷款和住房按揭构成,以实现其资产结构优化。

第二,试点阶段为 2007 年至 2008 年。随后,在 05 开元和 06 建元两款 ABS 的经验上,中国确定了中国人民银行和银监会的双审批制度,加快了信贷资产证券化的试点审批。其间共有包括中国工商银行在内的 11 家金融机构参与试点项目。这些产品丰富了金融市场上抵押产品的多样性。市场上甚至出现了汽车抵押贷款证券化和中小企业贷款证券化等品种,这对于当时的金融市场来说是极大的创新。

随着试点的增加和产品的丰富,中国信贷资产证券化市场进一步拓宽,资产证券化在发展过程中逐渐完善。然而,受美国次贷危机引起的全球金融危机的影响,考虑到中国自身的金融环境特点,2009 年国务院应对国际金融危机小组宣布停止中国信贷资产证券化试点,中国资产证券化市场发展陷入停滞。

第三,重启阶段为 2012 年至 2013 年。2012 年,考虑到中国金融市场的不断发展,金融监管体系的不断完善,中国政府决定继续推行资产证券化产品的试点。经国务院同意,共 6 家金融机构发行了 6 单、总计 228.5 亿元的信贷资产证券化产品。考虑到之前次贷危机的经验,此次重新开闸的资产证券化产品的试点更加谨慎。为避免发生如美国次贷危机这样的悲剧,中国在发行资产证券化产品的同时新增了两大审慎性监管政策:一是风险自留;二是双评级。其中,双评级要求聘请两家具有评级资质的资信评级机构,进行持续信用评级,并在申请发行 ABS 时向金融监管部门提交两家评级机构的评级报告,这样可以避免评级机构恶性竞争,丧失公信力;风险自留要求发起机构应持有不低于发行规模的 5%,而且持有期不低于最低档次证券的存续期限,该政策防范了发起人和证券化机构存在的道德风险,同时在一定程度上降低了金融机构参与信贷产品证券化的积极性。

第四,发展阶段为 2013 年至今。2013 年,中国开始推广第三轮信贷资产证券化产品试点,此次试点规模扩大至 3 000 亿元。中国人民银行和银监会出台"21 号文"对传统风险自留方式进行变更,提出根据实际情况灵活确定风险自留具体方式的监管政策,使得基础资产与风险相匹配,同时大幅增加债务担保凭证发行量。2014 年 11 月,银监会发布《关于信贷资产证券化备案登记工作流程的通知》,对信贷资产证券化产品由"审批制"改为"业务备案制",该手续的简化大大提高了金融机构,特别是股份制商业银行和城商行参与资产证券化的积极性。

(2)中国其他 ABS 的参与主体。

中国其他 ABS 的参与主体主要包括:发起人、特殊目的实体、信用增级机构、信用评级机构、承销商、服务商、受托人等。

资产证券化的发起人是资产证券化的起点,是基础资产的原始权益人,也是基础资产的卖方。发起人的作用首先是发起贷款等基础资产,这是资产证券化的基础和来源;其次在于组建资产池,将其转移给 SPV 并实现破产隔离。因此,发起人可以从两个层面上来理解:一是可以理解为发起贷款等基础资产的发起人,二是可以理解为资产证券化交易的发起人。一般情况下,基础资产的发起人会自己发起证券化交易,那么这两个层面上的发起人是重合的,但是有时候资产的发起人会将资产出售给专门从事资产证券化的载体,这时两个层面上的发起人就是分离的,我们将其分别称为原始权益人和证券化交易发起人。

SPV 是以资产证券化为目的而特别组建的独立法律主体,其资产是发起人转移的基础资产,负债则是发行的 ABS。SPV 介于发起人和投资者之间,是 ABS 的真正发行人。它是一个法律上的实体,可以采取信托、公司或者有限合伙的形式。

(3)中国其他 ABS 的流程。

资产证券化融资的基本流程可以概括为:首先,发起人把证券化资产出售给一家特殊目的的机构或公司,也可以由特殊目的公司自己购买可证券化的基础资产。然后,将这些资产汇集成资产池,在金融市场上发行以该资产池产生的现金流为支撑的有价证券进行融资。最后,利用该资产池产生的现金流来偿还之前所发行的有价证券的本息。

(4) 中国其他 ABS 监管情况。

与成熟的美国市场相比,中国的资产证券化市场处于起步阶段。2012 年重启试点以来,中国推行了一系列监管政策,为资产证券化市场的蓬勃发展提供了契机。目前,中国资产证券化市场形成了四类资产证券化产品——信贷 ABS、企业 ABS、资产支持票据(ABN)和项目资产支持计划,分别由中国人民银行与银保监会、证监会和中国银行间市场交易商协会监管,详细情况见表 4.4。

其中,信贷资产证券化主要是将流动性较差的贷款打包成证券化产品出售给 SPV。其主要发行人为商业银行、政策性银行和一些其他金融机构。经过多年发展,信贷 ABS 产品规模日益扩大,基础资产范围也在逐渐扩大。企业资产证券化(企业 ABS)则是以资产支持专项计划作为 SPV,将企业中流动性较差的资产经过不同组合,使其产生固定的现金流收益,再通过一系列增信手段,将资产的收益转变为可在市场上流通的证券。由于基础资产实行负面清单制,企业资产证券化的发行额得到大幅提升。

表 4.4　资产证券化产品对比

	信贷 ABS	企业 ABS	资产支持票据	资产支持计划
发行人	商业银行、政策性银行和一些其他金融机构	非银行金融机构、非金融企业	非金融企业	未明确规定
监管主体	中国人民银行、银监会	证监会	中国银行间市场交易商协会	银保监会
投资者	银行、保险、证券、投资基金、企业年金、全国社保基金	基金、银行理财、券商资管、保险公司	公开发行面向银行间所有投资者,定向发行面向特定机构投资者	保险机构等合格投资者
受托机构	信托公司	券商或基金公司	未明确规定	保险资管公司
发行方式	公开或定向	公开或非定向	公开或非定向	公开或非定向
交易场所	全国银行间债券市场	证券交易所、新三板、报价系统、柜台市场	银行间交易市场	保险交易所

续表

	信贷 ABS	企业 ABS	资产支持票据	资产支持计划
审核方式	银监会备案制、央行注册制	备案制	注册制	初次申报核准制、同类产品事后报告
基础资产	金融机构信贷资产,如企业个人贷款、不良贷款等	企业应收账款、信贷资产、基础设施费、信托收益权等	企业应收账款、信托收益权、基础设施收费等	能直接产生独立、可持续现金流的财产、财产权利,如保险质押贷款等
登记托管机构	中央国债登记结算有限责任公司	中国证券登记结算有限责任公司	上海清算所	具备保险资金托管资质的托管人

资料来源:作者根据公开信息整理所得。

2. 美国其他 ABS

(1) 美国其他 ABS 的发展历程。

美国的资产证券化发展历程,大致可以分为三个阶段:起源阶段,对应 20 世纪 30 年代经济大萧条时期至 60 年代末期;发展阶段,对应 70 年代初期至 80 年代中期;成熟阶段,对应 80 年代中期至今。70 年代之前,资产证券化在美国并无太大进展,但是住房抵押贷款从中短期气球型贷款向标准化长期贷款的转型和二级市场的成立与发展为 MBS 的发展奠定了基础。70 年代初期至 80 年代中期,是资产证券化在美国孕育成长的时期,作为典型代表的 MBS 逐步完善并初具市场规模,同时新型的 MBS 创新品种陆续出现。80 年代中期之后,资产证券化逐渐走向成熟,开始在各个领域大量运用,各种 ABS 开始不断涌现,同时资产证券化也得到普遍认可,开始在世界范围内运用和发展。

美国的资产证券化发展最为迅速,资产证券化市场也最发达。从 20 世纪 70 年代末最早出现第一只住房按揭支持证券开始,到今天证券化资产已遍及租金、版权专利费、信用卡应收款、高速公路收费等广泛领域。资产证券化市场的规模迅速扩大。1985 年,美国传统资产证券化市场总规模仅为 39 亿美元,2019 年已增至 3 256 亿美元,34 年间增长了 82 倍多,平均每年增长 49.5%。最近几年来,随着可证券化基础资产的扩展和交易结构的推陈出新,美国的资产证券化发展更加迅速。

(2) 美国其他 ABS 的种类。

首先看看狭义 ABS。相较于 MBS 的市场规模,ABS 的市场规模明显较小,主要集中于汽车贷款和信用卡贷款领域。ABS 受益于良好的信用表现、稳健的产品结构，以及持续增长的投资者认可度，总市场发行规模也在不断增长，于 2006 年达到最高。次贷危机爆发后，发行量急速下降，这是由于 2008 年末纽约联邦储备银行宣布即将公布定期资产抵押证券贷款工具(Term Asset-Backed Securities Loan Facility，TALF)计划，使得 ABS 的发行人均持观望态度。2009 年政府公布 TALF 计划的细节，即给合格投资者发放贷款以供其购买新发行的 ABS，使投资者能够充分利用资产杠杆作用，赚取更高的回报。该资产证券化衍生工具的发行对重振美国市场发挥了巨大的作用。在 2010 年初停止使用 TALF 之后，ABS 的发行量开始逐步增加，并在 2014 年达到约为 3 096 亿美元的高峰。此后，ABS 因受到利率波动等非危机因素的影响，发行量有所降低。

汽车抵押贷款支持证券的发行人可以分为两类：一类是汽车制造商附属融资子公司。大多数汽车制造商都有一个附属融资子公司，它们为母公司提供融资服务，以便母公司向零售客户以及经销商客户出售汽车产品。汽车金融公司最主要和最有效的融资方法之一是通过发行 ABS 产品对应收款项进行证券化。另一类是银行和类似的金融机构，相比较汽车金融公司，它们有更多融资选择，包括吸收存款等。因此，在发行 ABS 产品上，它们较为谨慎。

而信用卡 ABS 最早于 1987 年在证券市场上公开发行，如今它变成了 ABS 市场中流动性最强的证券。信用卡 ABS 使专门从事信用卡业务的银行得以进入市场谋求发展。信用卡 ABS 的发行人主要包括四个大类：商业银行、消费者融资机构、独立机构、零售商。

集成信托是信用卡 ABS 市场的主要结构形式，信用卡发行人建立一个单独的信托，该信托可以接受多笔账户的应收账款，也能够发行证券。所有由集成信托发行的证券都得到来自相关应收款现金流的支持。

信用卡 ABS 市场分为两个主要部分：通用卡(general purpose)市场和专用卡(private label)市场，其中通用卡市场较大，是通用信用卡发行人发起的交易。通用信用卡主要由商业银行和消费者融资机构发行，如维萨国际组织(VISA International)、万事达卡国际组织(Master Card International)、发现金融服务公司(Discover Financial Services)、美国运通公司(American Express)等，这些发行人在信用卡 ABS 市场上占据主导地位。

再来看看 CDO。CDO 是债务债券抵押产品,把所有的抵押打包在一起,并且进行重新包装,再以产品的形式投放到市场。

CDO 的参与者与传统的 ABS 大致相似,皆需有创始机构[只有在 CDO 交易中称为发起人(sponsor)]、服务机构、导管机构、信用增强机构、信用评级机构及销售机构。此外,在 CDO 交易中尚有一些较特殊的参与者,包括资产管理人、避险交易对手及信托监察人。

按照资产分类,CDO 衍生出了重要的两个分支:CLO 和 CBO。前者指的是信贷资产的证券化,后者指的是市场流通债券的再证券化,它们被统称为 CDO。虽然 CBO 和 CLO 在本质上有许多相似之处,但两者在产品设计时所采用的技术仍然差异颇大,尤其 CLO 中的银行贷款的诸多特性,使得 CLO 在信用分析、法律程序或现金流量分析上更加复杂。

4.2.3 中美资产证券化产品对比

1. 发行量与存量对比

从图 4.23 展示的资产证券化产品发行总量占比来看,中国资产证券化产品占比较低,2018 年以前均低于 10%,2018 年才达到 11.66%,而美国自 2010 年以来

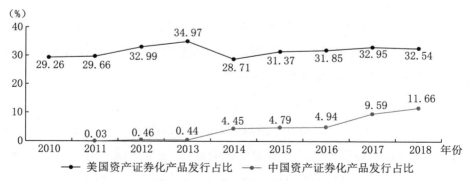

图 4.23　中美资产证券化产品(含 MBS)发行金额比重

资料来源:见表 1.1 资料来源说明。

的资产证券化产品发行量占比均保持在 30% 左右。从发展趋势来看,中国资产证券化产品比例虽然较低,但总体呈上升趋势,尤其是 2016 年至 2018 年间增长速度加快。

从图 4.24 存量占比来看,近年来中美两国资产证券化产品存量占比差值逐渐缩小。2008 年金融危机后美国资产证券化产品存量快速下降,直到 2013 年前后下滑趋势才逐渐消失。中国资产证券化产品存量从 2014 年才开始快速增长,且增速一直保持稳定,到 2018 年,美国资产证券化产品存量占其债券市场总存量的 3.9%,中国的这一数据为 3.17%,两国差值不到 1%。

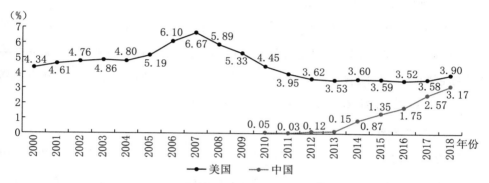

图 4.24　中美资产证券化产品(含 MBS)占债券市场存量比重
资料来源:见表 1.1 资料来源说明。

数据显示,中国资产证券化产品占比在 2014 年、2017 年存在大幅增长。2014 年至 2015 年间,中国银监会、证监会和中国人民银行先后出台相关规定,信贷资产证券化实行注册制、企业资产证券化实行备案制,发行便利程度大幅改善,发行效率提高。在多项政策刺激之下,2014 年中国资产证券化产品发行量出现井喷,2014 年之后资产证券化产品的存量也开始快速上涨。2017 年,随着去杠杆等政策的推进,资产证券化对提高企业资产使用效率、降低企业负债率、助力企业去杠杆等的积极作用得到重视,中国资产证券化的规模也因此迅速扩张。另外,2017 年不良贷款 ABS 产品的发起机构从中国工商银行、中国农业银行、中国银行、中国建设银行、交通银行、招商银行六家首批试点银行成功扩围至中国民生银行、兴业银行、华夏银行、江苏银行、浦发银行和浙商银行,不良资产证券化正在成为商业银行处置不良贷款的重要手段和有效工具。

美国资产证券化产品的发行量在 2014 年有所下滑,这或与美国证券交易委员会对于资产证券化专项法规——Regulation AB 进行修订有关,修订后的 Regulation AB II 提高了资产证券化产品注册发行标准,增加了发行难度,同时更新了资产证券化产品存续期间信息披露要求,旨在通过减少不确定性与风险来增强投资者信心和强化投资者保护。而从存量情况来看,美国资产证券化产品存量占比在 2007 年次贷危机之前迅速增加,危机爆发后存量快速下跌,2013 年资产证券化产品存量仅约为危机前夕的一半,此后存量基本维持在约 3.5% 的水平,比 2005 年之前的稳定水平还要低 1% 以上。

总体来看,相比于美国市场,中国资产证券化产品发行比例较低,但存量水平增长迅速。近年来中国资产证券化发展迅速,除发行量和存量的攀升外,证券种类也不断创新。不过,随着资产证券化创新的提速,制度瓶颈愈加凸显,为顺应创新需求,应尽快完善法律体系、加强信息披露力度、规范信用评级业务运作。

2. 发行结构对比

接下来我们分别对比中美 MBS 和其他 ABS 发行情况。根据图 4.25,中国 MBS 发行金额和数目几乎同步增长。2018 年 MBS 发行金额和数量猛增,2018 年底 MBS 发行金额达 5 800 亿元。从具体发行构成来看,中国的 MBS 中 90% 以上均为 RMBS,总发行量的增加也主要来自 RMBS 的增长。近年来,房地产调控措施不断加码,商业银行个人住房贷款发放量收紧,个人住房贷款余额增速有所下

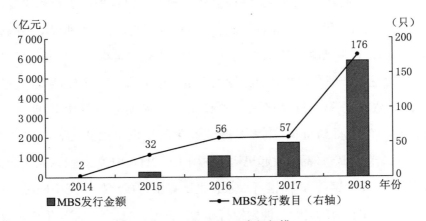

图 4.25 中国 MBS 发行规模

资料来源:见表 1.1 资料来源说明。

滑,但存量巨大的商业银行个人住房贷款为 RMBS 的发展奠定了坚实的基础。

　　美国房贷证券化的历史较长,其 MBS 可分为前文所述的政府支持 MBS 和非政府支持 MBS。从图 4.26 可知,政府支持 MBS 因为有政府的支持,违约风险较低,占所有 MBS 中的大部分,尤其在 2007 年次贷危机后的几年间,非政府支持 MBS 的发行规模急剧下降,直至 2018 年,非政府支持 MBS 的发行仍非常低,不足政府支持 MBS 的五分之一。从发行机构角度来看,美国的政府支持 MBS 占比巨大,政府支持 MBS 的发行机构主要是房利美、房地美、吉利美等政府机构,而中国的 MBS 发行机构主要为大型国有银行,政府对其的隐性担保增强了投资者对 MBS 的信任,在这方面中美两国是可比的。

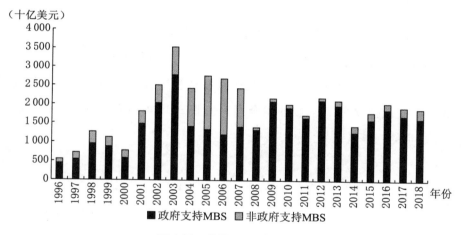

图 4.26　美国 MBS 发行量

资料来源:见表 1.1 资料来源说明。

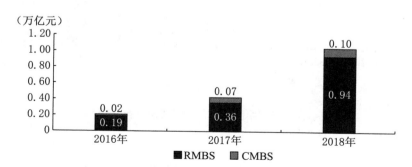

图 4.27　中国 RMBS 与 CMBS 发行规模对比

资料来源:见表 1.1 资料来源说明。

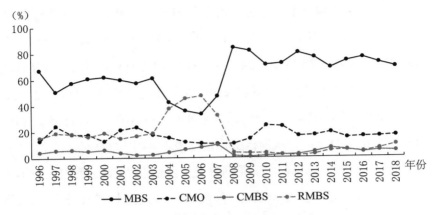

图 4.28 美国不同类型 MBS 发行占比

资料来源:见表 1.1 资料来源说明。

接下来,我们继续对 ABS 进行对比。根据图 4.29,2014 年以后,中国非住房贷款类 ABS 的发行总量快速增长,2018 年超过 1.4 万亿元。中国的 ABS 以企业 ABS 为主,企业 ABS 的底层资产包括融资租赁租金、应收账款、小额贷款公司债权、市政基础设施收费、商业物业租金等。企业 ABS 占所有非住房抵押贷款证券化产品总量的一半以上。

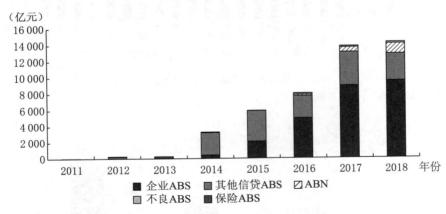

图 4.29 中国 ABS(不含 MBS)发行金额

资料来源:见表 1.1 资料来源说明。

图 4.30 显示,美国 ABS 市场构成在 2008 年金融危机前后差异明显,危机前以 CDO/CLO 等债务工具证券化产品为主,这类产品的占比在 2007 年危机前夕达到

顶峰,仅 CDO/CLO 这一类证券化产品就占到全部 ABS 的一半以上。金融危机后 ABS 总量急剧减少,CDO/CLO 的占比也明显下降。2011 年后 ABS 市场才呈现出较为明显的回升趋势,2018 年 ABS 总量达到 5 000 亿美元,虽然仅相当于金融危机前最高峰时期发行量的 2/3,但已经是危机后几年的 2—3 倍。

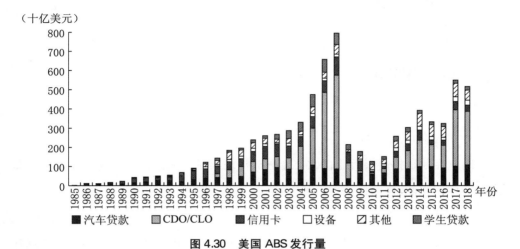

图 4.30　美国 ABS 发行量

资料来源:见表 1.1 资料来源说明。

3. 发行期限对比

　　根据可获得的数据,发现中国资产证券化产品多集中在短期,ABS 平均期限多在 3 年以内,MBS 在 2015 年开始向短期集中,2015 年以后的平均期限均在 10 年

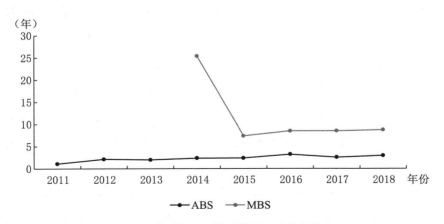

图 4.31　中国资产证券化产品平均发行期限

资料来源:见表 1.1 资料来源说明。

以内。总体上中国资产证券化产品期限较短,多为中长期。由于无法获得美国 ABS 平均期限数据,暂时不能对两国有关情况进行对比。

4.3　货币市场工具

4.3.1　同业存单

1. 中国的同业存单

同业存单是指由银行业存款类金融机构法人在全国银行间市场上发行的记账式定期存款凭证,是一种货币市场工具。

(1)同业存单发展历程。

2013 年 12 月 8 日,中国人民银行发布了《同业存单管理暂行办法》。在同业存单启动阶段,有 10 家银行获得了首批发行资格。同年 12 月 12 日,国家开发银行、中国工商银行、中国建设银行、中国农业银行、中国银行分别发行了首期同业存单,总额为 190 亿元,标志着同业存单的正式问世。交通银行及部分全国性股份制商业银行参与了第二批同业存单的发行,发行规模为 150 亿元,均由上海清算所登记、托管和结算。同业存单的兴起顺应了利率市场化的历史潮流,是利率市场化改革进程中不可或缺的重要环节。

(2)同业存单的发行与交易规则。

同业存单的投资和交易主体限定为银行间同业拆借市场成员、基金公司及基金类产品。发行均采用电子化方式,在银行间市场上公开或定向发行,其发行利率应参考同期限上海银行间同业拆借利率(Shibor),以市场化方式确定,同业存单的出现是中国利率市场化道路上的重要一步。

中国人民银行制定了《同业存单管理暂行办法》旨在规范同业存单业务,拓展银行业存款类金融机构的融资渠道,促进货币市场发展。据此,同业存单具有以下特征:

第一，发行主体。按照中国人民银行《同业存单管理暂行办法》的规定，同业存单由银行业存款类金融机构发行，发行机构必须是市场利率定价自律机制成员单位。其中提到的"市场利率定价自律机制"是由金融机构组成的市场定价自律和协调机制，成立于2013年9月24日。在2013年底同业存单出现之初，上述市场利率定价自律机制成员单位仅有中国工商银行等10家大型银行。此后经过数轮扩大，截至2018年9月，符合条件的自律机制成员机构范围已经扩大至2 051家。[1]

第二，期限和品种。2017年以前，监管机构并未对同业存单的期限进行严格限定。根据《同业存单管理暂行办法》第八条，"固定利率存单期限原则上不超过1年，为1个月、3个月、6个月、9个月和1年，参考同期限上海银行间同业拆借利率定价。浮动利率存单以上海银行间同业拆借利率为浮动利率基准计息，期限原则上在1年以上，包括1年、2年和3年"。

为引导同业存单市场规范有序发展，使同业存单回归其调剂资金空缺的本质属性，与《关于规范金融机构同业业务的通知》（银发〔2014〕127号）中"同业融资业务最长期限不得超过1年"的要求保持一致，中国人民银行公告〔2017〕第12号对同业存单的期限进行了重新限定，对同业存单期限的规定修改为"同业存单期限不超过1年，为1个月、3个月、6个月、9个月和1年，可按固定利率或浮动利率计息，并参考同期限上海银行间同业拆借利率定价"。2017年9月以后，金融机构不得新发行期限超过1年（不含）的同业存单，但之前已发行的1年期（不含）以上同业存单可继续存续至到期。

第三，流动性。公开发行的同业存单可以进行交易流通，并可以作为回购交易的标的物。[2]定向发行的同业存单只能在该只同业存单初始投资人范围内流通转让。可以进行回购质押交易，意味着同业存单具有一定的债券属性。

第四，额度管理。存款类金融机构发行同业存单，应当于每年首只同业存单发行前，向中国人民银行备案年度发行计划。存款类金融机构可以在当年发行备案额度内，自行确定每期同业存单的发行金额、期限，但单期发行金额不得低于5 000万元。发行备案额度实行余额管理，发行人年度内任何时点的同业存单余额

---

[1]　参见 http://www.chinamoney.com.cn/chinese/tycd/。
[2]　参见 http://www.fdi.gov.cn/1800000121_23_71519_0_7.html。

均不得超过当年备案额度。

第五,定价和二级市场交易均市场化。同业存单的发行利率、发行价格等以市场化方式确定。同业存单二级市场建立做市商制度,有利于活跃二级市场交易以及为二级市场定价。

(3) 同业存单投资者类型。

目前,同业存单投资主体涵盖了银行间市场所有的投资者类型,主要包括政策性银行、国有银行、股份制银行、城商行、农商行、信用社、保险公司、财务公司、基金等机构。在同业存单发展初期,投资者主要是商业银行。发行人和投资人类型的高度重合导致当时的同业存单市场活跃度不高,发行余额增长缓慢。2015 年 8月,证监会明确将同业存单纳入货币基金投资范围,并发布了相关会计核算和估值指引,基金公司真正进入同业存单市场。基金的参与带来了大量的新增需求,大大提高了同业存单的市场活跃度,发行余额稳步增长。保险公司在 2016 年 11 月才正式进入同业存单市场,目前其参与度尚不是很高。

2. 美国的存单

(1) 美国存单发展历程。

存单(certificate of deposit,CD)是由银行或储蓄机构发行的一种存款凭证。存单上标有到期日和确定的利率,可以以任何面额发行。银行发行的存单由联邦存款保险公司担保,但担保数额最高为 10 万美元。到期日没有最长期限限制,但根据联邦储备委员会监管的规定,存单的期限不能少于 7 天。

存单最早产生于 20 世纪 60 年代的美国,当时美国政府对银行存款利率实行以"Q 条例"为代表的利率管制。面对市场利率上升和企业存款流失的情况,为了稳定存款和扩大资金来源,纽约第一国民城市银行(现为花旗银行)于 1961 年发行了第一张大额可转让存单。同时,为了保证市场的流动性,由政府证券交易商——纽约贴现公司(the Discount Corporation of New York)对存单进行做市,即由其买入或卖出存单,并在必要的时候持有。随后纽约其他银行也开始发行存单,一些主要政府证券交易商开始对存单做市。

在存单发展早期,货币当局用以影响存单的两个主要手段为利率限制和存款准备金率。1962 年年初,美联储将 6—12 个月的存单利率上限提高至 3.5%,

12个月及以上存单利率上限提高至4％,以此鼓励银行发行期限较长的存单。1963年,3个月以上存单的利率上限固定在4％,同时1—3个月的存单利率上限则特意保持在1％。20世纪60年代末,面对市场利率的上升,存单利率上限提升至5.5％—6.25％,不过其他市场利率很快超过了该上限,致使美国国内存单余额急剧下降,市场转而借助欧洲美元和商业票据市场融资。1970年6月,美联储取消了3个月内存单的利率上限,促使银行重返存单市场,为企业贷款融资。1973年,美联储进一步解除了更长期限存单的利率上限,由此,存单的利率限制完全取消。

（2）存单类别。

存单分为可转让存单和不可转让存单。不可转让存单的储蓄人按规定要等到存单到期日才能拿到资金,如果储蓄方选择在到期日前提取资金,就要支付提前支取罚金。而可转让存单允许储蓄人在公开市场上出售存单。

根据发行银行的不同,可以把存单分为四种类型。第一类是由美国国内银行发行的存单。第二类是在美国以外、以美元发行的存单,称为欧洲美元存单。欧洲美元存单以美元计价发行,主要在伦敦由美国、加拿大、欧洲和日本的银行发行,大型美国银行的分支机构曾是欧洲美元存单的主要发行人。第三类存单是扬基存单,是指美国以外的外国银行的分支机构以美元发行的存单。第四类是由美国储蓄贷款协会和储蓄银行发行的储蓄存单。

（3）存单的发行与交易规则。

美国存单的发行机构包括银行和非银行储蓄机构(储蓄贷款协会、互助储蓄银行、信用合作社),发行对象既包括机构投资者,也包括企业和个人。向机构投资者发行的存单面额最少为10万美元,二级市场上的交易单位为100万美元,向个人投资者发行的面额最少为100美元。美国大部分存单期限在1至12个月,不过也有部分期限长的存单在5年或5年以上。80％的存单为固定利率,小部分为浮动利率。存单在二级市场上具有良好的流动性。在美国,由美国证券托管与结算公司提供存单集中存托管服务。

存单交易以场外交易为主,由交易商和经纪商通过电话达成或交易双方自行达成。在美国,交易商提供买/卖报价,对存单进行做市,提供流动性。美国的存单交易分为交易商间交易和交易商对客户交易。其中,交易商间交易的存单通常为剩余期限在 6 个月及以下的高质量存单,每笔交易规模在 500 万至 1 000 万美元。交易商对客户的交易规模则相对较小。

4.3.2　短期融资券

1. 中国的短期融资券

短期融资券(commercial paper,CP)是指企业在银行间债券市场发行和交易并约定在一年期限内还本付息的有价证券。中国企业的短期债务融资工具包括短期融资券和超短期融资券两种典型的短期融资工具。超短期融资券是指具有法人资格、信用评级较高的非金融企业在银行间债券市场发行的,期限在 270 天以内的短期融资券。短期融资券和超短期融资券之间除了期限的差别外,对企业信用评级的要求也有所不同。

(1) 短期融资券。

短期融资券是由企业发行的无担保短期本票。在中国,短期融资券是指企业依照《银行间债券市场非金融企业债务融资工具管理办法》的条件和程序在银行间债券市场发行和交易并约定在一定期限内还本付息的有价证券,是企业筹措短期(1 年以内)资金的直接融资方式。短期融资券的发行主体基本上是非金融企业。

短期融资券的发展同债券市场的发展紧密相关。早在 20 世纪 80 年代中国就开展了企业债券市场的建设,但是由于对市场的规律不熟悉,出现了很多问题。总体来看,短期融资券的发展可以分为以下几个阶段。

第一阶段是 1984 年至 1992 年。在这一阶段,中国债券市场从无到有,发展十分迅速。1989 年,中国人民银行下发了《关于企业发行短期融资券有关问题的通知》,肯定了各地关于发行短期融资券的管理,并将审批权集中到中国人民银行。但是在 90 年代中期,这一市场出现了大量乱集资的现象,广东更是出现了大量未经中国人民银行批准的债券在市场流通并到期未兑付的情况,这促使国家加强了对债券市场的管理。实际上,自 1997 年以来,中国人民银行没有再审批通过短期融资券的上市,这种短期直接融资方式事实上退出了市场。1997年始,中国人民银行停止了所有银行在证券交易所的债券买卖和回购业务。此后,银行间市场迅速发展,成为债券交易市场的主要场所。随着市场和监管的不断规范,之后的债券直接融资市场发展表现得更加有序。

第二阶段是2005年至今。2005年,短期融资券重新获得批准。同年,中国债券市场也得到快速的发展。2005年短期融资券共发行1437亿元。这说明在债券市场上,监管机构开始逐渐将企业的融资需求纳入银行间市场,同时也说明了银行间债券市场的投资者逐步适应了信用类债券的风险溢价,投资者对含有信用风险债券的定价也不断成熟。

发行与交易规则方面,短期融资券实行注册发行制。在中国银行间市场交易商协会注册,注册有效期为2年;注册有效期内,企业主体信用级别低于注册时信用级别的,发行注册自动失效。在注册有效期内可分期发行或一次发行。短期融资券应在注册后2个月内完成首次发行。如分期发行,后续发行应提前2个工作日向中国银行间市场交易商协会报备。其发行待偿还余额不超过企业净资产的40%。募集资金应用于企业生产经营活动,并在发行文件中明确披露具体资金用途。企业在短期融资券存续期内变更募集资金用途应提前披露。

短期融资券由金融机构承销,监管机构目前规定短期融资券的主承销商只能是商业银行。企业可自主选择主承销商,需要组团的,由主承销商组团。短期融资券在全国银行间债券市场交易。

(2)超短期融资券。

超短期融资券是指具有法人资格、信用评级较高的非金融企业在银行间债券市场发行的,期限在270天以内的短期融资券。作为企业短期直接债务融资产品,超短期融资券属于货币市场工具范畴,产品性质与国外的短期商业票据相似。

2010年12月21日,中国银行间市场交易商协会发布《银行间债券市场非金融企业超短期融资券业务规程(试行)》,正式推出超短期融资券业务品种。产品推出后仅3个月,就有铁道部、中国石油化工股份有限公司、中国石油化工集团公司、中国石油天然气集团公司、中国联合网络通信有限公司等 5 家发行人申请并完成发行注册,注册额度高达 2 700 亿元。

超短期融资券期限最短为 7 天,也可以此类推为 14 天、21 天,最长期限不超过 9 个月。这意味着超短期融资券不同于一般的企业债产品,发行规模将不受净资产 40% 的红线约束。这进一步丰富了市场的利率期限结构、风险结构和流动性结构,有利于形成短、中、长期兼备的市场化收益率曲线。

发行与交易规则方面,超短期融资券并非已有短期融资券的简单复制,在制度和流程上,超短期融资券有很大的简化。根据《银行间债券市场非金融企业超短期融资券业务规程(试行)》,超短期融资券可以一次注册,两年有效,随时分期发行,事后报备,期限最短可按天计算。发行公告时间也大大缩短为 1 天,使发行人可根据市场情况和资金使用需求,灵活安排资金到账时间。在资金用途方面,只要符合法律法规及政策要求,募集资金可用于满足各种流动性资金需求。

超短期融资券一次注册,分次发行,持续发行备案程序十分简便,短期资金获取高效快捷,最快可以当日发行、当日到账,从而实现快速融资。企业可以像调拨内部短期资金头寸一样依赖外部市场进行内部资金管理,可以有效熨平现金流波动。作为发行人,企业可以直接面向银行间债券市场多种机构投资者,并根据市场需要和自身需求灵活设计超短期融资券的结构、期限和利率。

2. 美国的商业票据

美国的短期融资券主要为商业票据,它是由债务人发行的、无保护的短期债券,一般不带息票,而美国商业票据发行人以大企业的财务公司和金融公司为主。在美国,商业票据期限一般在 30 至 50 天,最长一般不超过 70 天。美国《1933 年证券法》规定,如果商业票据期限超过 270 天,就必须向美国证券交易委员会登记。由于这一限制,企业通常通过发行新的商业票据偿还到期的票据,这一过程即滚动负债(rolling over)。因此,一旦新票据发行受阻,企业就可能面临违约,这就是滚动负债风险。为了保护投资者不受滚动负债影响,商业票据常常要求授信额度等作为担保。

美国是世界上商业票据市场的先驱。美国商业票据起源于 18 世纪,该市场的真正繁荣出现在 20 世纪 60 年代以后,各种信用支持票据、资产支持商业票据等创新产品的涌现,使美国保持了短期票据融资市场的领先地位。

20 世纪 20 年代前,美国商业票据市场已经具备相当规模。处于制造业不同环节的企业都在发行商业票据筹集流动资金,为贷款做补充。随着美国金融市场的发展,一些大公司的财务公司和大金融公司开始通过商业票据为自己筹措资金。受 30 年代美国经济大萧条的影响,商业票据市场出现萎缩。但随着二战后美国经济的复苏和发展,商业票据市场又迎来了大发展时期。这时,财务公司和金融公司已经成为商业票据市场上的主要发行主体。

20 世纪 60 年代是美国商业票据市场重要的转折点。首先是由于美国 Q 条例的存在,当时的美国银行难以筹集足够的资金满足客户的贷款需求,其客户转而从商业票据市场上获得资金。其次是当时商业票据市场违约事件较少,市场流动性较为宽松,鼓励了企业从中融资,促进了商业票据市场的发展。而 80 年代,美国经济发展迅速,新的并购交易和衍生品交易刺激了商业票据的发行,美国商业票据市场获得了跨越式的发展。

进入 20 世纪 90 年代后,由于 80 年代末美国经济的衰退和 90 年代一系列违约事件的发生,美国商业票据市场开始重视信用风险。而资产支持商业票据这种规避了大部分信用风险,并给予大量中小企业融资机会的金融产品开始受到美国商业票据市场的欢迎。与此同时,资产支持商业票据也给了很多美国商业银行利用自身资产发行商业票据融资的机会。

发行与交易规则方面,商业票据的公司发行人分为金融公司和非金融公司。公开发售的商业票据大部分是由金融公司发行的。根据发行方式的不同,商业票据又分为直销票据和交易商承销票据。直销票据由发行公司直接出售给投资者,不需要证券交易商作为中介。直销票据的发行人多是金融公司,这些公司要给客户提供贷款,必须要有持续不断的资金来源。若交易商发行票据,发行人则可利用证券公司的服务来销售票据,以这种方式销售的票据被称为交易商承销票据。

商业票据二级市场交易很少,因为持有商业票据的公司常常将其持有至到期。有的企业会用商业票据到银行贴现,而贴现银行可以转让商业票据或向中央银行申请再贴现。

4.3.3 标准化票据

标准化票据为中国特有的标准化债权资产。2019 年 8 月 15 日,上海票据交易所发布了《关于申报创设 2019 年第 1 期标准化票据的公告》,指出标准化票据是指由存托机构归集承兑人等核心信用要素相似、期限相近的票据,组建基础资产池,进行现金流重组后,以入池票据的兑付现金流为偿付支持而创设的面向银行间市场的等分化、可交易的受益凭证。2020 年 2 月 14 日,中国人民银行发布《标准化票据管理办法(征求意见稿)》,明确了标准化票据的两个性质:一个是存托机构归集商业汇票组建基础资产池,以基础资产产生的现金流为偿付支持而创设的受益证券,即实质是 ABS;另一个是货币市场工具。标准化票据在上海清算所登记托管,在票据市场或银行间债券市场交易流通。标准化票据业务的监管机构是中国人民银行,中国人民银行对各参与机构进行监督管理,相关操作规则及标准文本则由上海票据交易所牵头制定,报中国人民银行备案后施行。

1. 标准化票据的特征

根据《标准化债权类资产认定规则(征求意见稿)》及《标准化票据管理办法(征求意见稿)》,标准化票据具有以下特点:

(1) 等分化交易;

(2) 存托机构作为信息披露义务主体,应真实、准确、完整、及时披露对标准化票据投资价值判断有实质性影响的信息,充分提示各类风险;

(3) 存托机构应依照法律法规规定和存托协议约定为每只标准化票据单独记账、独立核算,存托机构应委托票据市场基础设施为基础资产提供登记、托管、清算结算等服务;

(4) 标准化票据的利率、价格等以市场化方式确定;

(5) 标准化票据在银行间债券市场和票据市场交易流通,适用于现券买卖、回购、远期等交易品种;

(6) 作为流通场所之一的上海票据交易所是按照国务院决策部署,由中国人民银行批准设立的全国统一的票据交易平台,属于国务院同意设立的交易市场。

并且,标准化票据可以在票据市场交易流通,上海票据交易所将成为银行间市场、证券交易所市场以外的第三大标准化债权类资产交易场所,对票据交易市场将是有力的补充。此外,金融机构的资产管理产品投资于以票据作为基础资产的标准化票据将属于投资于标准化债权类资产,不再落入投资于商业银行信贷资产范畴。

标准化票据属于货币市场工具,意味着货币基金、商业银行和理财子公司现金管理类产品等也可以直接投资标准化票据产品,并且标准化票据在银行间债券市场流通,也为标准化票据引入了银行间债券市场的投资者,银行、证券公司、保险公司、基金公司等机构以及公募基金、券商集合资管、信托计划、保险资管、合格境外投资者等均可以投资标准化票据产品,为票据市场引入了大量资金。货币市场工具的定位也表明,中国人民银行认可标准化票据具有期限短、流动性高、风险较低的特点。

从发行效率来看,标准化票据的发行为备案制,不需要中国人民银行或其他监管部门的事前审批,与中国其他类型资产证券化业务相比,标准化票据更具有效率优势。在试点期间,首期产品从发布公告到创设成功仅用3天。

从交易场所来看,标准化票据的承销、登记托管、清算结算、交易流通,均适用银行间债券市场的机构准入、基础设施和管理制度,体现了标准化票据产品债的属性,将联通票据市场和债券市场,发挥债券市场的专业投资和定价能力,增强票据融资功能和交易规范性,引入债券市场的投资者。

从产品流动性来看,标准化票据适用于现券买卖、回购、远期等交易品种,为标准化票据进一步创造流动性,丰富流通方式。目前,票据的交易品种比较单一,不能进行远期等交易,而标准化票据可以现券买卖、回购、远期交易,将来债券市场的交易品种均有可能衍生套用到标准化票据上。

2. 标准化票据创设流程

在标准化票据的创设流程中,存托机构由上海票据交易所担任,并且上海票据交易所明确"不承担任何与产品相关的兑付责任、担保责任",即不为基础资产提供增信担保等;标准化票据的委托机构需要持有符合要求的基础资产,并需要完成申报;标准化票据的投资人可以为票据市场和银行间债券市场的参与者,但首期标准化票据明确将投资者限定为了票据市场参与者;法律顾问和财务顾问由符合相应资质的机构担任,首期标准化票据的财务顾问由国泰君安证券股份有限公司担任,法律顾问由锦天城律师事务所担任。根据《标准化票据管理办法(征求意见稿)》及前四期试点产品的发行情况,标准化票据的创设流程及交易结构如图 4.32 所示。其中,各环节主要参与机构及其资质要求、主要职能情况如表 4.5 所示。

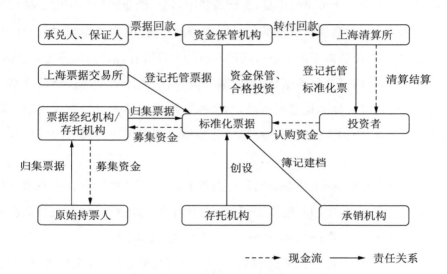

图 4.32 标准化票据创设流程

资料来源:作者根据公开信息整理所得。

表 4.5 标准化票据各参与机构资质要求及主要职能

	资质要求	主要职能
存托机构	(1) 熟悉票据和债券市场业务的商业银行和债券公司 (2) 具有与开展标准化票据存托业务相适应的从业人员、内控制度和业务设施等 (3) 财务状况良好,组织机构健全,内部控制规范,风险管理有效 (4) 信誉良好,最近三年内无重大违法、违规行为 (5) 法律法规和中国人民银行规定的其他条件	(1) 为标准化票据提供基础资产归集、管理、创设及信息服务 (2) 依照法律法规规定和存托协议约定,为每只标准化票据单独记账、独立核算,协助完成标准化票据相关的登记、托管、兑付、信息披露等,督促原始持票人、承兑人、承销商等相关机构履行法律法规及存托协议约定的义务

	资质要求	主要职能
原始持票人	应为以真实、合法、有效方式取得基础资产的持票人	(1) 根据存托协议约定将合法持有的符合要求的商业汇票以背书方式完成存托,不得存在虚假或欺诈性存托 (2) 不得作为投资人认购或变相认购以自己存托的商业汇票为基础资产的标准化票据
票据经纪机构	票据业务活跃、市场信誉良好,有独立的票据经纪部门和完善的内控管理机制,具有专业从业人员和经纪渠道,票据经纪机构的票据经纪业务与票据自营业务应严格隔离	受存托机构委托,负责归集基础资产
资金保管机构	金融机构	对基础资产产生的现金流进行保管和合格投资

资料来源:作者根据公开信息整理所得。

3. 标准化票据与 ABS 比较

由于标准化票据以票据为基础资产,与其模式较为类似的产品为票据收益权 ABS。两者在发行流程上的区别如表 4.6 所示。

表 4.6　标准化债券与 ABS

	标准化票据	票据收益权 ABS
是否使用 SPV	不使用,但设立了标准化票据产品托管账户	使用
资产持有人与存托机构(管理人、受托人)的关系	委托＋票据权利转让	基础资产买卖
投资者与存托机构(管理人、受托人)的关系	委托	委托
产品登记托管、清算结算	上海清算所	中证登
基础资产服务管理	上海票据交易所	一般由原始权益人提供
基础资产登记托管	上海票据交易所	有资金托管
是否可以有结构化安排	否	是

资料来源:作者根据公开信息整理所得。

标准化票据与票据收益权 ABS 最大的不同在于基础资产的差异,以票据收益权为基础资产的票据 ABS 模式中，出卖人以票据收益权为基础资产发起资管计划，同时将票据质押给资管计划作为一种增信方式。票据收益权作为基础资产最大的法律瑕疵在于票据收益权并非票据权利，持票人仍然有票据的所有权和享有票据权利，如果持票人破产，票据也会被计入破产资产，这样的结构设计无疑是背离了 ABS 对于基础资产风险隔离的要求，没有做好破产隔离。相比于以应收账款和票据收益权为基础资产的票据 ABS，标准化票据以票据本身作为基础资产，投资者享有完整的票据权利，在产品设计上很好地避免了风险隔离上的法律瑕疵。

除此之外，标准化票据与票据收益权 ABS 产品相比，具有明显的优势：

（1）标准化票据的交易结构较为简单，操作简便；

（2）票据收益权 ABS 的产品操作周期较长，而标准化票据从发布公告到创设成功最快可在 3 日内完成，发行效率显著提高；

（3）标准化票据现阶段参与机构较少，中介机构成本更低；

（4）标准化票据产品的流通性更好，可在票据交易场所和银行间债券市场流通，并适用现券买卖、回购、远期等交易。

长期来看，由于标准化票据的双重性质，其推出或许会对现存的货币市场工具和 ABS 产品造成影响。一方面，与存单等货币市场工具相比，标准化票据期限在一年以内，根据目前以银行票据为主的票据市场现状，标准化票据的基础资产多来自银行，因此其期限和风险与同业存单存在较大的相似性，未来或许会对同业存单产品造成挤压。另一方面，相比于票据 ABS，标准化票据发行效率更高，流通性更好，对以票据收益权为基础资产的 ABS 产品会有较大的挤压。日后，随着标准化票据的基础资产的不断丰富，或许能够通过对不同质量票据资产的打包分级，根据投资者的风险偏好实现风险的转移，最终盘活企业短期融资渠道，缓解中小企业融资难问题。

4.3.4　中美货币市场工具对比

1. 发行量与存量对比

图 4.33 为自 2010 年以来中国不同类型货币市场工具发行量数据，可以看到，

中国同业存单自 2013 年末推出以来,市场规模不断扩大。截至 2018 年底,同业存单市场发行规模增长至 21 万亿元。同业存单的发行是中国在推进利率市场化上迈出的重要一步,其发行利率、发行价格等以市场化方式确定。同业存单二级市场建立做市商制度,有利于活跃二级市场交易以及为二级市场定价。同业存单流动性强、可质押且收益具有一定的吸引力,是短期融资券等同期限货币市场工具所不能比拟的。另外,同业存单由于背靠银行信用,相比于短期融资券等企业发行的债券,其实质违约风险更低。从图 4.33 和图 4.34 可以发现,同业存单问世以来,其发行量和存量都迅速超过短期融资券、超短期融资券,并且一直保持着良好的发展势头。2017 年 8 月,中国人民银行将同业存单纳入同业负债,由于银监会《关于规范金融机构同业业务的通知》("127 号文")曾规定同业负债不能超总负债的 1/3,因此对同业存单市场造成影响。数据显示,2017 年中国同业存单发行量增速放缓,存量也有所减少,但总体来看这次监管变动没有改变存单市场的扩张状态,2018 年中国同业存单存量已接近 10 万亿元。

美国的存单和中国的同业存单都是利率市场化的产物,同样也推动了利率市场化的发展。根据图 4.35,从货币市场工具存量来看,和美国市场相比,中国货币市场工具体量较大,2018 年中国的货币市场工具存量占比约为美国的六倍。从同业存单发行和存量状况来看,中国货币市场工具市场存量巨大,其中同业存单约占 90%。同业存单不仅为金融行业短期融资提供便利,丰富了投资品种,还扮演着推进利率市场化的重要角色,是中国市场上重要的货币市场工具。

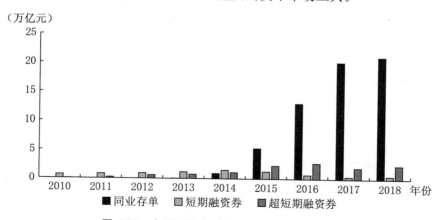

图 4.33 中国不同类型货币市场工具发行量

资料来源:见表 1.1 资料来源说明。

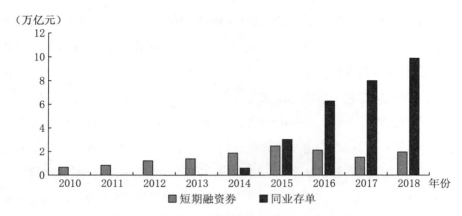

图4.34 中国不同类型货币市场工具存量金额

资料来源:见表1.1资料来源说明。

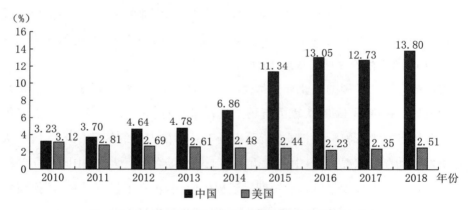

图4.35 中美货币市场工具占债券市场存量比重的对比

资料来源:见表1.1资料来源说明。

2.发行期限对比

从中国货币市场工具发行期限来看,同业存单和短期融资券的期限均在一年以内,但由于监管要求和自身特征,同业存单的期限平均比短期融资券要短一个月左右。

3.投资者结构对比

根据图4.37,2018年末中国同业存单投资者分布①,可以发现同业存单中占

———————————

① 国有商业银行(含中国邮政储蓄银行),其他商业银行包括村镇银行、外资银行和商业银行—其他。

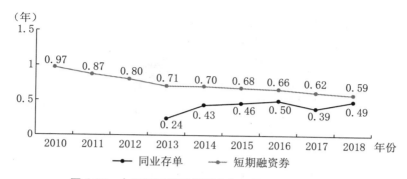

图 4.36 中国不同类型货币市场工具平均发行期限

资料来源：见表 1.1 资料来源说明。

比最大的投资者是非法人机构①，除此之外最主要的金融机构投资人是商业银行，占比超过 38%，其中农商行、农合行及信用社在所有商业银行中占比最大，达 17.7%，国有商业银行、股份制银行和城市商业银行总共占比约为 20%，而非银行金融机构投资者仅占 7.88%。

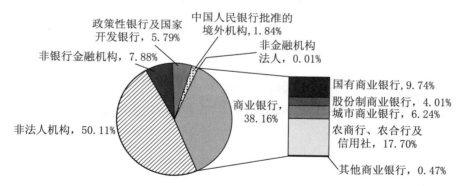

图 4.37 中国同业存单投资者结构（2018 年末）

资料来源：东方财富 Choice 数据。

根据图 4.38 和图 4.39，短期融资券和超短期融资券的投资者构成和同业存单类似，非法人机构以外，商业银行都是最主要的投资者。不同之处在于投资这两类融资券的商业银行中，有一半以上都是国有商业银行，而农商行、农合行及信用社投资者占比明显下降。

----

① 指经工商行政管理机关登记注册，从事营利性生产经营活动，但不具有法人资格的经济组织。企业非法人主要包括个人独资企业、合伙企业、企业的分支机构（分公司、办事处、代表处）等机构。

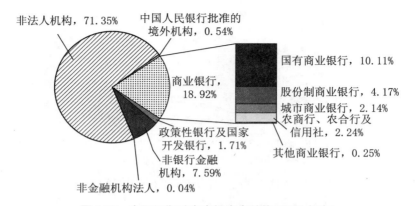

图 4.38　中国短期融资券投资者结构(2018 年末)

资料来源:东方财富 Choice 数据。

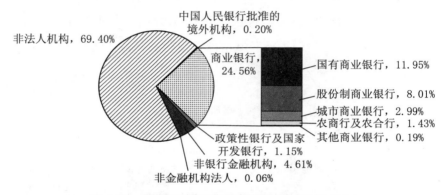

图 4.39　中国超短期融资券投资者结构(2018 年末)

资料来源:东方财富 Choice 数据。

4.4　债券、信用衍生产品

4.4.1　可转换债/可交换债

1. 中国的可转换债/可交换债

(1)可交换债。

可交换债全称为"可交换他公司股票的债券",是指上市公司股份的持有者通过抵押其持有的股票给托管机构进而发行的公司债券，该债券的持有人在将来的某个时期内，能按照债券发行时约定的条件用持有的债券换取发债人抵押的上市公司股权。可交换债是一种内嵌期权的金融衍生品。

先来看看中国可交换债的分类。2014年《公司债券发行与交易管理办法》（以下简称《管理办法》）的出台，进一步明确了可交换公司债券的法律地位，明确了上市公司及股票公开转让的非上市公众公司股东可以发行附可交换成上市公司或非上市公司股票条款的公司债券即可交换债。作为股债结合的创新品种，可交换债的主要特点是以上市公司股票质押的方式为债券增信，并内嵌投资者换股的权利。按发行方式划分，可交换债可以分为公开发行的可交换债（以下简称"公募可交换债"）和非公开发行的可交换债（以下简称"私募可交换债"），公募可交换债又可以按发行对象的不同细分为同时面向公众投资者和合格投资者发行的公募可交换债（以下简称"大公募可交换债"）和仅面向合格投资者发行的私募可交换债（以下简称"小公募可交换债"）。与一般公司债券相比，除了产品设计外，可交换债在发行及上市条件和信息披露义务方面亦有较大不同。

第一类为公募可交换债。除《管理办法》外，公募可交换债适用的规则还包括《上市公司股东发行可交换公司债券试行规定》（以下简称《试行规定》）及交易所《可交换公司债券业务实施细则》（以下简称《实施细则》）、《公司债券上市规则（2015年修订）》（以下简称《上市规则》）等。其中，《管理办法》规定的公开发行公司债券的法定条件是公募可交换债发行的基本条件，《管理办法》对交易与转让、承销管理、信息披露、持有人保护等方面的基本规定也适用于公募可交换债。而《试行规定》进一步明确了公募可交换债的发行人、标的股票、换股期、质押股票数量等应满足的要求，《实施细则》则对公募可交换债的上市申请、信息披露、换股、赎回、回售以及停复牌等作出了具体规定，未作规定的可以参照适用《上市规则》。

根据《管理办法》和《试行规定》，发行公募可交换债应当满足的条件包括净资产条件（不少于人民币3亿元）、负债条件（累计债券余额不超过最近一期净资产的40%）、利润条件（最近三个会计年度实现的年均可分配利润不少于一年利息）、评级条件（债券信用级别良好）等。同时，发行人必须不存在不得发行公司债券的情形，包括不存在最近36个月内公司财务会计文件有虚假记载或其他重大违约行为、对已发行的公司债券或者其他债务有违约或者延迟支付本息的事实且仍处于继续状态等。可见,与一般公司债券相比较,可交换债主要是净资产条件要求高一些。

在发行人要求方面,《试行规定》还规定,公募可交换债的发行总额不得超过预备用于交换的股票按募集说明书公告日前20个交易日均价计算的市值的70%,还应当将预备用于交换的股票设定为担保物。

在标的股票要求方面,根据《试行规定》第三条的规定,预备用于交换的上市公司股票应当符合三个条件:一是该上市公司最近一期末的净资产不低于人民币15亿元或者最近三个会计年度加权平均净资产收益率平均不低于6%。二是用于交换的股票在提出发行申请时应当为无限售条件股份,且股东在约定的换股期间转让该部分股票不违反其对上市公司或者其他股东的承诺。三是用于交换的股票在本次可交换债发行前,不存在被查封、扣押、冻结等财产权利被限制的情形,也不存在权属争议或者依法不得转让或设定担保的其他情形。

第二类为私募可交换债。私募可交换债是一种股债结合型产品,在转让程序、投资者适当性管理及权益保护机制等方面与普通私募债券一致,并允许发行人将所持有的上市公司A股股份用于债券增信,依据约定的条件和期限允许投资者将持有的私募债券与上市公司股份进行交换。因该产品嵌入换股期权、以上市公司股票作质押,故为发行人提供了一种成本更低的融资工具,同时也可满足不同投资者的投资需求。交易所在现有私募品种相关规则的基础上制定了《非公开发行公司债券业务管理暂行办法》(以下简称《管理暂行办法》),不仅发行主体由中小微型企业扩大至所有公司制法人,对非公开发行公司债券(以下简称私募债券)转让程序、投资者适当性管理、信息披露、持有人保护机制等方面也予以规范,形成全面系统的私募债券业务规则。

对于预备用于交换的股票,《管理暂行办法》要求发行前为本次债券办理质押手续且不得存在其他权利瑕疵、换股期内不得存在限售情形且质押股票数量不少于预备用于交换的股票数量;换股期自发行结束之日起六个月后开始、换股价格不低于发行日前一个交易日可交换股票收盘价的90%以及前20个交易日收盘价均价的90%,其他具体换股期限、换股价格及价格调整和修正机制、质押比例、追加担保机制等事项由当事人在募集说明书中协商约定。对于存续期内因预备用于交换的股票发生司法冻结或股票数量不足等导致投资者换股失败的,由发行人承担所有责任。

在换股规则安排上,投资者 T 日转入私募可交换债,T 日可申报换股,换股所得股票 T＋1 日可用,最大化提高私募可交换债的流动性,降低发行人融资成本。

(2)可转换债。

可转换债是债券的一种,它可以转换为债券发行公司的股票,通常具有较低的票面利率。从本质上讲,可转换债是在发行公司债券的基础上,附加了一份期权,并允许购买人在规定的时间范围内将其购买的债券转换成指定公司的股票。

中国可转换债的发展历史大体上可以分为以下三个阶段:

第一,萌芽阶段(1993 年至 1997 年)。可转换债在中国的历史可以追溯到资本市场发展之初,早在 1991 年 8 月,海南新能源股份有限公司(以下简称"琼能源")用可转换债发行了新股,成为中国最早发行可转换债的公司。随后,在 1992 年 11 月,诞生了第一只由上市公司可转换债——深宝安发行的宝安转债,但由于转股失败,直到 1997 年国内都再无可转换债发行,只有少数在境外发行可转换债的尝试。这一时期的可转换债发展表现为公司自主探索,"摸着石头过河",具有极强的试验性质,且尚不存在针对可转换债的监管要求。

第二,试行阶段(1997 年至 2006 年)。1997 年 3 月,国务院证券委员会发布了《可转换公司债券管理暂行办法》,这是中国市场第一个可转换债规范性文件,除了针对上市公司的规定,该文件还允许拟上市的重点国有企业发行可转换债,茂炼转债、丝绸转债、南化转债就属于这一特殊种类。2001 年,证监会接连颁布《上市公司发行可转换公司债券实施办法》《关于做好上市公司可转换公司债券发行工作的通知》,至此,国内转债市场形成了相对完备的监管体系。这一阶段的主要特点体现在监管体系的逐渐完备,可转换债的发行有了指导和约束的框架,但相关规定尚未最终成型,一些条款的细节设置方面,如 ROE 要求等尚需市场验证。

第三,成熟阶段(2006 年至今)。2006 年,证监会颁布《上市公司证券发行管理办法》,前述三个文件同时废止,可转换债与股票的发行规则被合并到同一文件中,相关条款作为可转换债发行的纲要性规定沿用至今。中国的可转换债市场虽然由于种种原因没有出现爆发式增长,但也保持了持续稳定的发行,可以认为已进入成熟阶段。

发行人发行可转换公司债券,应当符合《可转换公司债券管理暂行办法》规定的条件:

① 最近三年连续盈利,且最近三年净资产收益率平均在 10% 以上;属于能源、原材料、基础设施类的公司可以略低,但是不得低于 7%;

② 可转换债券发行后,公司资产负债率不高于 70%;

③ 累计债券余额不超过公司净资产额的 40%;

④ 上市公司发行可转换债券,还应当符合关于公开发行股票的条件。

发行分离交易的可转换公司债券,除符合公开发行债券的一般条件外,还应当符合的规定包括:公司最近一期期末经审计的净资产不低于人民币 15 亿元;最近三个会计年度实现的年均可分配利润不少于公司债券一年的利息;最近三个会计年度经营活动产生的现金流量净额平均不少于公司债券一年的利息;本次发行后累计公司债券余额不超过最近一期期末净资产额的 40%,预计所附认股权全部行权后募集的资金总量不超过拟发行公司债券金额等。分离交易的可转换公司债券募集说明书应当约定,上市公司改变公告的募集资金用途的,赋予债券持有人一次回售的权利。

所附认股权证的行权价格应不低于公告募集说明书日前 20 个交易日公司股票均价和前一个交易日的均价;认股权证的存续期间不超过公司债券的期限,自发行结束之日起不少于 6 个月;募集说明书公告的权证存续期限不得调整;认股权证自发行结束至少已满 6 个月起方可行权,行权期间为存续期限届满前的一段期间,或者是存续期限内的特定交易日。

中国《上市公司证券发行管理办法》规定,可转换公司债券的期限最短为 1 年,最长为 6 年。目前,中国证券市场正在交易的可转换债的期限均为 5 年或者 6 年。中国的可转换债的不可赎回期大多为半年或者一年的硬性规定,没有根据存续期的长短来设定。

另外,由于标的股票价格呈持续走低而无法行使转换权利时,对转股价格进行必要的调整,这就需要特别向下修正条款来赋予发行人修正的权利。中国可转换债的特别向下修正的空间较大,当标的股票价格持续低于转股价格达到一定比例时,发行人可以向下修正转股价格,且向下修正的空间很大,但修正后的转股价格一般不得低于每股净资产。

(3)中国可交换债与可转换债对比。

可转换债和可交换债两者的本质区别在于可交换债是交换原有股份、不新增股份,而可转换债是新增股份,具体情况如表 4.7 所示。

表 4.7 可交换债和可转换债对比

	可交换债	可转换债
发行、偿债主体	上市公司股东	上市公司本身
发行目的	通常不为具体项目融资;可用于补充流动资金,优化资本结构	用于特定项目,不得改变募集资金用途;必须用于公司主营业务
所换股份来源	发行人持有其他公司的股份	发行人本身未来发行的股份
对上市公司的影响	对总股本和每股收益无影响	增大总股本,稀释原股东股权,摊薄每股收益
抵押担保方式	上市公司股东以所持有用于交换的上市公司股票作为质押品;也可在此之外灵活提供担保	第三方担保(最近一期末经审计净资产不低于 15 亿元的公司除外)
转股期限	公募:发行结束日起 12 个月后方可交换私募:发行结束日起 6 个月后方可交换	发行结束日起 6 个月后即可转换

资料来源:作者根据公开信息整理所得。

2. 美国的可转换债

自 1843 年美国纽约 Erie Railway 公司发行世界上第一只可转换债开始,经过 100 多年的不断发展,可转换债作为一种兼具股票与债券性质的金融衍生工具,既可享受股票价格上涨的收益,又可以债券形式规避股价下跌的风险,广受投资者青睐。

就美国可转换债发行主体而言,已从大企业转向高新技术、高成长的中小企业,发行额度小,数量多,反映其对中小企业创新性需求的强力支持。美国采用了公募和私募两种形式发行可转换债,增加了美国资本市场上可转换债的流动性,成为可转换债基金、共同基金、对冲套利基金等关注的投资对象,同时促进了基金业务的快速发展。

美国的可转换债存续期限设置比较灵活,跨度比较大,从半年到 30 年都有,有些小规模的可转换债的存续期小于 1 年,一般而言 5 年、7 年、20 年和 30 年是发行较多的品种,多集中于 3—10 年。美国的赎回条款较为宽松,根据可转换债存续期的长短来决定不可赎回期限的长短。美国可转换债的特别向下修正的情况很少出现,即使修正一般也不会低于初始转股价格的 80%,而且修正的次数受到限制。

3. 中美可交换债/可转换债对比

如表 4.8 所示,中美可转换债在初始溢价率、信用风险、条款设置等方面存在诸多不同。接下来我们通过具体数据分析,对比中美可转换债市场的规模、期限、息票等特征。

表 4.8　中美可转换债市场对比

	美　国	中　国
初始溢价率	高低有分化,普遍偏高	初始溢价率较低,基本为最低设置价格
信用风险	一部分转债无评级,信用风险与公司债类似	都有评级,至今无信用事件发生
条款设置	条款设置多样化	条款设置相对单一
投资者	对冲基金、共同基金、养老金	保险、基金、资管、个人等
票息	分化较大,有浮动票息也有零票息	基本为 1% 附近
转股意愿	普遍不强,部分转债无修正条款	普遍较强,特别是遇到回售的时候
回售条款	通常面值回售,回售价格较低	回售价格通常高于面值

资料来源:Bloomberg、天风证券研究所。

(1) 发行量与存量对比。

根据图 4.40,中美两国可交换债/可转换债发行规模占比呈现出类似的趋势。2010 年以前,中国可转换债和可交换债发行规模占比呈快速下降趋势,美国可转换债发行占比也呈现出减少迹象,两国在 2012 年同时到达发行占比最低点,在 2010 年至 2011 年间,中国可转换债/可交换债发行量均高于美国。2013 年以来,中国可转换债发行规模急速下降,2014 年中国可转换债占比要比美国低 0.1%,而 2014 年以来美国可转换债发行也迎来新一轮下降。2015 年之后两国可转换债发行量回升,中国可转换债在 2017 年再次下降,美国一直保持着上升趋势。2018年,中国可转换债/可交换债发行规模占比约为 0.28%,美国约为 0.52%,中国的可转换债市场还有较大的进步空间。

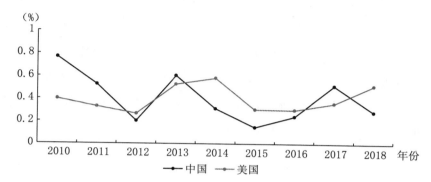

图 4.40　中美可交换债/可转债发行规模比重(中国含可交换债)
资料来源:见表 1.1 资料来源说明。

由图 4.41 进一步对比中国可交换债和可转换债的存量规模可知,在可交换债出现以前,可转换债独自占据市场,存量规模稳步增加。自 2014 年以来,可交换债逐渐发展起来,并在 2015 年超过可转换债发行规模,之后一直保持着快速增长的趋势。

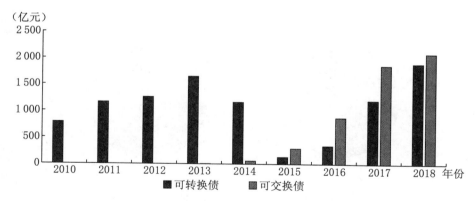

图 4.41　中国可交换/可转换债存量规模
资料来源:见表 1.1 资料来源说明。

(2) 发行期限对比。

根据图 4.42 所示的中国可转换债/可交换债发行期限,可以发现中国可转换

债/可交换债期限集中在 5 年以内,2010—2018 年间期限呈现出缩短趋势。图
4.43 显示,按照债券发行数量统计,若将同一命名按不同规则发行的债券视为同只
债券①,美国可转换债中 40％以上是永久债,37％期限为 5—15 年,另外有 9％是
15—30 年的长期债券,只有 14％的可转换债期限在 5 年以下。若将同一命名按不
同规则发行的债券视为不同只债券分别统计,永久债占比 25％,15—30 年长期债
占比为 36％,5—15 年债券占比为 31％,只有 8％的债券是期限在 5 年以下的债
券。无论采用哪种统计方法,美国可转换债中只有非常少的一部分期限在 5 年以
内,甚至有一半以上的债券是永久债或 15 年以上的长期债,这点和中国可转换债/
可交换债集中在 5 年以内的情况大不相同。

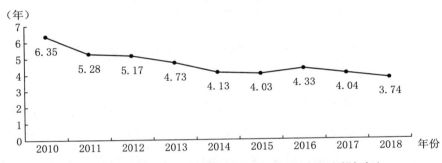

图 4.42　中国可交换/可转换债平均发行期限(发行金额加权)

资料来源:见表 1.1 资料来源说明。

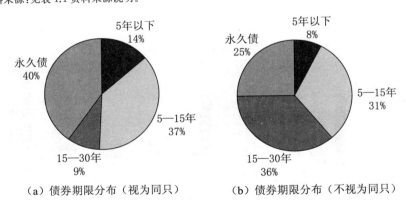

（a）债券期限分布（视为同只）　　　　（b）债券期限分布（不视为同只）

图 4.43　美国可转换债发行期限

资料来源:Bloomberg、天风证券研究所。

---

①　根据彭博分类,在计算各债券比例时,将同一命名按不同规则发行的债券视为同只和不同只
分别计数(下同)。

（3）票面利率对比。

中国可转换债/可交换债的票面利率在 5％ 上下波动，2014 年是 2010—
2018 年间平均票面利率最高的年份，达到 6.51％；2018 年可转换债/可交换债的
票面利率为 5.41％。美国可转换债若将同一命名按不同规则发行的债券视为同只
债券，将近一半的可转换债的票面利率集中在 0—5％，32％的债券居于 5％—
10％，票面利率高于 10％的可转换债占 28％。若将同一命名按不同规则发行的债
券视为不同只债券，占比情况类似。和美国可转换债相比，中国可转换债/可交换
债的票面利率不如美国高，票面利率除反映价格外，和期限也有较大关系，因此，中
国可转换债/可交换债的低票面利率或与短期限有关。

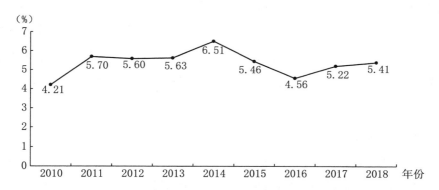

图 4.44　中国可交换/可转换债的平均票面利率（发行金额加权）

资料来源：见表 1.1 资料来源说明。

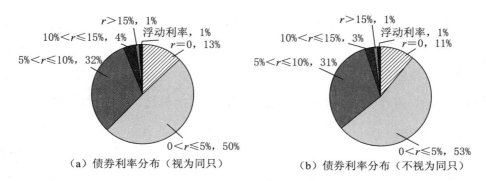

图 4.45　美国可转换债票息

资料来源：Bloomberg、天风证券研究所。

4.4.2　信用衍生工具

信用风险是债券市场面临的主要风险之一,信用衍生工具是用来对冲信用风险的衍生品的总称。信用衍生工具是一种分离信用风险和基础资产、转移信用风险的工具。按照国际互换和衍生品协会(International Swaps and Derivatives Association, ISDA)的定义,信用衍生工具是一种场外交易的金融衍生品,是交易双方通过签署具有法律效力的金融合约,使得信用风险从依附于贷款、债券上的市场风险等众多风险之中分离出来,并从一方转移给另一方,其最大的特点是在不转移标的资产所有权的前提下,将信用风险从其他风险中分离出来并提供转移的机制。信用衍生工具作为投资组合信用风险管理工具受到金融机构的青睐,并被广泛运用于贷款组合风险管理、提升资本收益率、调整贷款组合的风险收益等方面。

1. 中国的信用衍生工具

(1) 中国信用衍生工具发展历程。

近年来,中国债券市场迅速发展,债券品种不断丰富,市场参与者更加多样化。同时由于中国处于增长速度换挡期,市场波动明显,随之而来的是债券违约事件频发,市场越来越需要一种风险管理工具来有效缓解信用风险带来的损失。在这种背景下,信用缓释工具应运而生。

中国的信用衍生品发展较晚,目前仍处于起步阶段。2008 年全球金融危机爆发后,世界各国监管当局加强了对信用衍生产品的审慎性监管,国际信用衍生产品市场的整体规模呈下降趋势。与此同时,中国开始加强对信用衍生品的研究与实践探索。2010 年 7 月中国推出首单信用类衍生产品(可选择信用增进票据)"中债 I 号",该产品由中债信用增进投资股份有限公司、重庆化医控股(集团)公司等市场成员共同开发,是银行间市场发行的首单投资人付费的信用风险缓释产品;"中债 I 号"与参照债务"10 渝化医 MTN1"同时发行,投资人既可以选择纯信用的普通票据,也可以选择由合约与普通票据捆绑形成的信用增进票据。2010 年 11 月中债增信相继推出"中债 II 号""中债 III 号"和"中债 IV 号",中国信用风险缓释工具正式启动。

2010 年 10 月，中国银行间交易商协会发布《银行间市场信用风险缓释工具试点业务指引》及配套文件，将信用风险缓释工具定义为用于管理信用风险的简单的基础性信用衍生产品，并推出了信用风险缓释合约（CRMA）、信用风险缓释凭证（CRMW）两项产品，标志着信用风险衍生产品在中国诞生。

2011 年 11 月 5 日，中国第一笔贷款信用风险缓释合约——中债信用增进投资股份有限公司与中国工商银行签署了贷款信用风险缓释合约交易确认书，达成了以银行贷款为标的"信用风险缓释合约"交易。然而，信用风险缓释工具并没有大规模发展起来，究其原因在于，在中国具备交易资格的交易商数量不多。另外一方面，2010 年至 2013 年债券市场整体仍处于刚性兑付环境，投资人对信用风险缓释工具的需求明显不足。

2016 年 9 月，银行间交易商协会对原有试点业务指引进行修订，发布了《银行间市场信用风险缓释工具试点业务规则》，在 2010 年的基础上新增 CDS 和 CLN 两项产品，同时将债务保护范围由单一参照实体的单一参照债务扩展至多个参照实体的多项参照债务，并适当调整准入门槛，将交易商划分为核心交易商和一般交易商，核心交易商可以与所有参与者进行信用风险缓释工具交易，一般交易商只能与核心交易商进行交易。银行间交易商协会同步推出《信用风险缓释凭证业务指引》《信用风险缓释合约业务指引》《信用违约互换业务指引》《信用联结票据业务指引》，对机构开展信用风险缓释工具交易提出具体操作意见。

2018 年，债券市场违约常态化发生，市场风险偏好下行，民营企业信用环境趋紧，信用风险事件频发，外部融资压力较大。2018 年 10 月，国务院常务会议决定运用市场化方式支持民营企业债券融资，同时，中国人民银行发布公告称将引导设立民营企业债券融资支持工具，由中国人民银行运用再贷款提供部分初始资金，由专业机构进行市场化运作，通过出售信用风险缓释工具、担保增信等多种方式，重点支持暂时遇到困难，但有市场、有前景、技术有竞争力的民营企业债券融资。当前民营企业面临较为恶劣的外部融资环境，投资人通过付出一定的成本锁定损失并转移信用风险，在市场避险情绪明显的背景下，信用风险缓释工具有利于市场风险偏好的重构。

（2）中国信用衍生工具种类。

目前，中国的信用风险缓释工具可分为合约类和凭证类。合约类产品由交易双方签署，相关权利与义务限于合约签署双方，不可转让，主要产品类型包括CRMA、CDS；凭证类产品由凭证创设机构创设并向凭证持有人提供信用保护，可以通过交易系统转让，主要包括CRMW、CLN。其中，凭证类CRM与合约类CRM的主要区别在于凭证类CRM为标准化的可转让的场内产品，而合约类CRM则为一对一签订的合约性非标产品，不可转让。

从产品设计角度看，CRMA、CRMW、CDS的交易结构类似，信用保护的买方在支付保护费的同时转移信用风险，一旦发生信用事件，由信用保护卖方进行赔付。CLN的交易结构近似于由信用保护卖方预支赔付款，若未发生信用事件，信用保护卖方可按期收回预支的赔付款。

第一，CDS。CDS是一种成熟的场外信用衍生工具合约。在一笔CDS交易中，信用保护买方向信用保护卖方支付保护费用（premium），以换取针对参考实体（reference entity）的信用保护。当参考实体发生双方约定的信用事件时，卖方向买方支付一定金额的补偿（protection）。故CDS可以被视为针对参考实体的信用保险。在风险承担上，CDS卖方是信用风险交易市场的多头，CDS买方是信用风险交易市场的空头。CDS的交易双方无需持有参考实体的债务。在CDS交易中，买方每期支付固定费用给卖方，以换取在信用事件发生时，卖方支付的用来弥补买方信用损失的大笔赔付金。

第二，CRMA。CRMA是指交易双方达成的，约定在未来一定期限内，信用保护买方按照约定的标准和方式向信用保护卖方支付信用保护费用，由信用保护卖方就约定的标的债务向信用保护买方提供信用风险保护的金融合约。CRMA是典型的场外金融衍生交易工具，在交易、清算等方面类似于信用CDS，和CDS不同的是，CDS针对的是发债主体整体信用风险，而CRMA针对的是某一张债券或某一笔债务。

第三，CRMW。CRMW是指由标的实体以外的第三方机构创设的，为凭证持有人就标的债务提供信用风险保护，可在二级市场交易流通的有价凭证，相比于CRMA，它是更加标准化的信用衍生产品。

第四,CLN。CLN 是指由创设机构向投资人创设,投资人的投资回报与参考实体信用状况挂钩的附有现金担保的信用衍生产品,属于一种凭证类信用风险缓释工具。作为信用风险衍生品的一种,CLN 的主要功能与 CDS 类似,是为其创设机构转嫁和规避信用风险。但与 CDS 不同的是,CLN 的创设机构为信用保护买方,投资人则为信用保护卖方。投资者购买 CLN,在未发生信用事件时取得本金的利息和 CDS 保费的双重收益,在发生信用事件时则用认购的本金向发行主体进行担保赔付。实际上,CLN 的创设机构除了向投资者支付 CDS 保费外,还就投资者认购的本金支付利息,如果不发生信用违约事件,相当于创设机构获得融资。

在表 4.9 中,我们从创设主体、规模限制、标的债务、交易场所等方面详细对比以上四类信用衍生工具。

表 4.9　四类信用风险缓释工具的特征比较

	合约类产品		凭证类产品	
	CRMA	CDS	CRMW	CLN
创设主体	信用保护卖方	信用保护卖方	信用保护卖方	信用保护买方
创设规模	无明确限制		不得超过该标的债务总余额的500%	无明确限制
创设机构	无明确要求		具备一定条件的核心交易商,净资产40亿元以上	
创设备案	无需银行间交易商协会备案和资格准入		需要银行间交易商协会登记备案	
标的债务	债券、贷款或其他类似债务	金融企业债务、非金融企业债务融资工具	债券、贷款或其他类似债务	金融企业债务、非金融企业债务融资工具
债项类别	单一债项	同一主体多项债	单一债项	同一主体多项债
交易场所	场外	场外	场内	场内
交易关系	一对一	一对多	一对多	一对多
现金担保	无	无	无	有
挂钩对象	具体债务	参考实体	具体债务	参考实体
是否可转让流通	不可转让	不可转让	可转让	可转让

资料来源:作者根据公开信息整理所得。

以上所述四种信用衍生工具均在场外交易,除此之外中国还存在交易所发行的信用衍生工具。交易所市场的信用风险缓释工具被称为信用保护工具,信用保护工具分为信用保护合约和信用保护凭证。2018年11月2日,上海证券交易所和深圳证券交易所推出四单民营企业信用保护合约,交易所市场信用风险缓释工具正式起步。2019年12月17日,上海证券交易所首批信用保护凭证落地,根据公开信息,此批信用保护凭证共四单,合计名义本金1.33亿元,有效支持债券融资44.6亿元。

2. 美国的信用衍生工具

早在20世纪90年代初期,美国CDS就已初现雏形。1993年,美国埃克森公司(1999年后与美孚石油合并更名为埃克森美孚石油公司)因原油泄漏问题而面临50亿美元的罚款,面对巨额罚款,埃克森公司希望通过摩根大通银行获得贷款支持。根据《巴塞尔协议》中对银行资本充足率的要求,这笔贷款将会占用摩根大通银行约4亿美元的资本储备金。因此,摩根大通银行找到欧洲复兴开发银行,希望将这笔贷款的信用风险转移出去,由摩根大通银行向欧洲复兴开发银行支付一定费用,欧洲复兴开发银行来承担这笔贷款的信用风险,这样一来摩根大通银行就可以规避《巴塞尔协议》中关于资本准备金的规定,不必计提资本储备金,这是CDS的首次运用。

2000年,CDS开启了快速发展的时代,国际互换和衍生品协会创立了标准化的CDS合约,加快了CDS的发展。2007年美国的次级抵押贷款的规模增大,更是大大促进了CDS市场的发展。

然而,2008年一场金融危机,将CDS推向风口浪尖——由于其具有的杠杆效应,CDS被认为是引发此次信贷危机的导火索。在此次危机尚未爆发之前,以次级贷款及其资产证券化产品为基础资产的CDS产品规模巨大,如果美国的房价持续走高,这种击鼓传花的游戏还能继续下去。但随着美国的房地产泡沫的破裂,原本信用等级不高的次级贷款人的违约率大大增加,大量CDS产品的信用事件被触发,导致CDS的卖方需要进行大额赔付,甚至因最后不能偿付而面临破产,这类公司作为其他CDS的参考实体,又触发了一系列的CDS合约,第一个多米诺骨牌的倒塌导致其他公司也不能幸免,最终这场危机波及全球。在这次金融危机爆发之后,市场上的参与各方关注到了作为转移信用风险的 CDS 产品也是存在风险的。2009 年,国际互换和衍生品协会出台了相应的改革文件,对 CDS 的交割、信息的透明度等问题进行了更详细的补充规定。金融监管从严,CDS 产品的各合格参与方数量的减少,导致 CDS 合约的规模减少,2015 年末仅为 12.29 万亿美元,甚至不足 2007 年巅峰时期的四分之一。尽管 CDS 合约的总体规模下降了,但是所进行的一系列改革和监管为 CDS 的发展建立了更完善的土壤环境,在金融工具愈加丰富的今天,CDS 的发展前景将越来越广阔。

国际上信用衍生品可以分为以下三类:

(1) 互换产品。如 CDS、总收益互换(TRS)、CLN 等。其中,CDS 合约按照购买目的、结算方式、参照实体数量、参照债务种类以及合同期限等不同标准可以划分为多种类型产品,例如,根据参照实体数量不同,CDS 可以分为单一 CDS 和组合 CDS,单一 CDS 是指参照实体为单一经济实体的 CDS,组合 CDS 是指由一系列参照实体组合而成的 CDS,包括 CDS 指数产品。

(2) 期权类产品,如 CSO(也被称为信用违约互换期权)等。

(3) 组合类产品,即各类 CDO,如现金流 CDO、合成 CDO、资产负债 CDO 和套利 CDO。

以上信用衍生品均可用于信用风险缓释,美国货币监理署(Office of the Comptroller of the Currency,OCC US)所界定的信用风险缓释工具(CRM)包括 CDS、TRS、CLN 和 CSO。在表 4.10 中,我们对这五种主要的信用衍生工具进行了对比。

表 4.10　美国主要信用风险缓释工具

	CDS	TRS	CLN	CSO	CDO
类别	互换类	互换类	互换类	期权类	组合类
保护范围	信用风险	信用风险、汇率风险、利率风险等	信用风险	信用利差损失	信用风险
交易方式	场外交易,存续期限双方约定	场外交易,存续期限双方约定	场外交易,创设期限由创设方确定	场内、场外交易,存续期限双方约定	场内、场外交易,创设期限由创设方确定

资料来源:作者根据公开信息整理所得。

3. 中美信用衍生工具对比

接下来,我们对国内信用缓释工具和国外 CDS 进行详细对比,具体区别如表 4.11 所示。两者在参与者准入要求、标的债务、杠杆要求等方面存在较大差异。

表 4.11　国内信用风险缓释工具与国外 CDS 的区别

对比维度	国内信用风险缓释工具	国外 CDS
参与者准入要求	对参与者实行分层管理,一般交易商、核心交易商及创设机构层层设计、有条有序。所有参与者应加入银行间交易商协会成为会员具备一定条件的核心交易商经备案认可才能成为凭证类 CRM 创设机构。凭证受让方一定要持有标的债券才能购买 CRMW,且购买的保护金额不能超过手中持有的债券的面值核心交易商可与所有参与者进行交易,一般交易商只能与核心交易商进行交易	CDS 参与者也要签署掉期协议,但在 2008 年金融危机前准入要求并不严格投机机构也可以作为风险买方
标的债务	国内合约类工具不能交易,且国内标的债务非常明确,目前仅限银行间交易商协会债务融资工具	金融危机前 CDS 的标的债务可能层层嵌套,比如合成 CDO,难以区分最底层资产
杠杆限制	任何一家参与者对某一标的债务的 CRMW 买入/卖出余额不得超过该标的债务总余额的 100% 针对某一标的债务的 CRMW 创设总规模不得超过该标的债务的 500% 对于一般交易商作为信用风险卖方,任何一家一般交易商的信用风险缓释工具净卖出总余额小于等于其相关产品规模或净资产的 100% 对于核心交易商作为信用风险卖方,任何一家一般交易商的信用风险缓释工具净卖出总额小于等于其净资产的 500%	金融危机前交易 CDS 的杠杆倍数可能达几十倍

资料来源:作者根据公开信息整理所得。

(1) 发行量与存量对比。

目前中国发行的几类信用衍生工具中,标准化程度较高的 CRMW 产品比较具有代表性。2010—2018 年间,中国 CRMW 发行单数共 60 单,其中有 50 单在 2018 年发行,2018 年以前的发行量非常小。从发行金额来看,截至 2018 年底共发行 79.65 亿元,2018 年发行金额为 64.25 亿元,可见 2018 年以前 CRMW 的发行量过低,难以有效对冲市场上的违约风险。参照国际市场 CDS 发行规模,可以发现

表 4.12　中国银行间市场 CRMW 历年发行情况

	单数	发行金额（亿元）	参照实体（家）	参照债务（只）	参照债务规模（亿元）	参照债务类型	凭证期限
2010 年	8	6.9	7	8	455	短融、中票	0.75—3 年
2011 年	1	0.5	1	1	10	短融	1 年以下
2016 年	1	8	1	1	20.62	ABS	5 年
2018 年	50	64.25	35	47	233.2	超短融、短融、中票	0.75—2 年

资料来源：Wind。

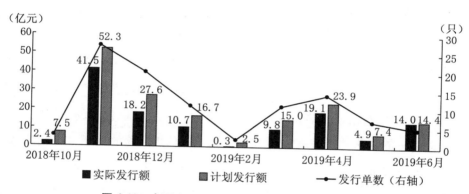

图 4.46　中国 CRMW 发行规模（2018.10—2019.06）

资料来源：Wind。

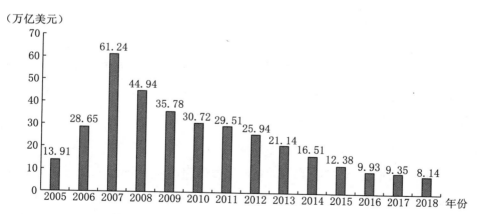

图 4.47　全球 CDS 存量（未平仓名义本金总额）

资料来源：BIS。

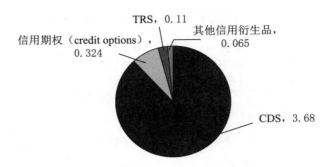

图 4.48　2018 年第二季度美国信用衍生工具存量规模(万亿美元)

资料来源：Call reports，Schedule RC-L。

2008 年金融危机后，全球 CDS 存量(见图 4.47)快速下降，2018 年达到 2005 年来的最低值，为 8.14 万亿元。即便如此，中国的信用衍生工具市场仍然和国际市场市场差距甚远，中国 CRMW 存量甚至不及国际 CDS 存量的千分之一。

与国际成熟信用衍生品相比，中国信用风险缓释工具发展处于初级阶段，产品结构相对简单，二级市场流动性较差，交易尚不活跃。目前已发行的信用风险缓释工具主要受政策驱动，目的为修复市场对民营企业信用风险的判断，以缓解民营企业面临的融资困难，具有明显的政策驱动特征。目前，中国信用风险缓释工具二级市场交易极少，明显异于国际成熟市场中信用衍生品高频率、大规模交易的情况，这导致中国信用风险缓释工具流动性不足，难以实现信用风险价格发现、优化投资组合等功能，中国信用风险缓释工具发展仍较缓慢。

（2）交易主体构成对比。

目前中国信用风险缓释工具的创设交易以银行间市场标准化程度较高的 CRMW 产品为主。银行间市场信用风险缓释工具研究发展起步较早、基础设施建设相对完善，根据银行间交易商协会网站披露的数据，截至 2021 年 5 月，已有 55 家 CRMW 创设机构、51 家 CLN 创设机构、64 家 CRM 核心交易商以及 72 家 CRM 一般交易商完成备案；已有 94 家金融机构、132 款非法人产品签署备案了《中国银行间市场金融衍生品交易主协议(凭证特别版)》。①商业银行和证券公司是中国信用风险缓释工具市场的主要参与主体，六大国有商业银行均已完成

---

① 参见 http://www.nafmii.org.cn/zlgl/xyfx/jgzz/。

CRMW、CLN创设机构以及核心交易商备案,已有基金公司和资管公司通过资管计划等非法人产品完成一般交易商备案,尚未有保险公司参与信用风险缓释工具的创设与交易。

表 4.13　银行间市场已备案信用风险缓释工具创设机构及核心交易商类型

机构类型	核心交易商(家)	CRMW 创设机构(家)	CLN 创设机构(家)
证券公司	15	12	11
股份制商业银行	13	11	11
城市商业银行	12	11	9
国有商业银行	6	6	6
外资银行	3	2	2
政策性银行	2	1	1
信用增进机构	1	1	1
合资银行	1	1	1
投资银行	1	1	1
农村商业银行	4	1	0
合　计	57	47	44

资料来源:中国银行间市场交易商协会。

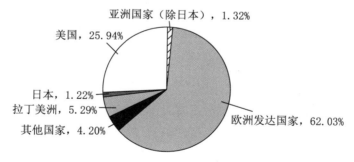

图 4.49　2018 年末 CDS 境外交易对手情况

资料来源:BIS。

　　从国际 CDS 交易主体来看,交易对手主要分布在欧洲、美国等发达地区,除日本以外的亚洲国家仅占国际 CDS 市场的 1.32%。在国际成熟的信用衍生品市场,信用衍生品交易的参与者包括商业银行、保险公司、工商企业、共同基金、养老基金、增信机构、投资银行和对冲基金等多类主体,为信用衍生品市场提供多样化的风险偏好。其中,对冲基金、投资银行通过买入、卖出信用衍生品赚取收益,是风险偏好型的投机者,也是信用衍生品市场的主要参与者。

中国信用风险缓释工具市场的参与主体单一,参与者主要为商业银行、大型证券公司和增信机构,这些参与者的风险偏好都相对保守,承担风险的意愿较低,提供信用风险保护的动力不足,这使得中国信用风险缓释工具的创设数量较少、流动性不足。

未来,中国信用风险缓释工具市场可借鉴国际经验,引入基金、保险等机构,尤其是对冲基金、投资银行等投机者,为市场提供多样化的风险偏好,促进信用风险缓释工具的创设与流动,实现信用风险的分散与转移。

5 中美债券市场不同券种的比较分析（Ⅲ）

5.1 中国信用债市场的进一步讨论

5.1.1 中国信用债市场细分券种介绍

和美国相比，中国的信用债种类更加丰富，不同细分种类之间存在比较明显的差异。为了更好地展示中国信用债市场情况，理解各类信用债在债券市场上发挥的作用，我们将针对中国信用债市场，对各类细分债券种类进一步展开介绍。中国信用债细分券种主要包括金融机构债①、企业债、公司债、中期票据、短期融资券、定向工具、ABS 等。进一步细分，金融机构债包括商业银行债、商业银行次级债、保险公司债、证券公司债②、证券公司短期融资券以及其他金融机构债；企业债包括一般企业债和集合企业债；公司债包含一般公司债和私募债；中期票据可分为一般中期票据和集合票据；短期融资券包括一般短期融资券和超短期融资券；根据主管机构的不同，ABS 可进一步划分为银行间市场交易商协会 ABN、银保监会主管 ABS 和证监会主管 ABS。接下来，本部分将依据上述分类方法，进一步对信用债细分券种进行讨论。

---

① 由于政策性银行债属于利率债，在关于金融机构债的统计中，我们未将政策性银行债包含在内。
② 我们在进行金融机构债的统计时将证券公司发行的债券包含在内。

　　各类债券发行量和存量情况见图 5.1、图 5.2。信用债发行量呈逐年递增趋势，2019 年信用债发行量约为 14.5 万亿元，约占债券市场总发行量的 32%，其中，短期融资券发行量占所有信用债发行量的比例最高，其次为金融机构债，再次为公司债。2019 年信用债市场存量约为 30.6 万亿元。

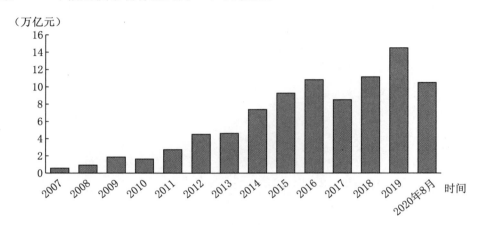

图 5.1　信用债发行量

资料来源：Wind。

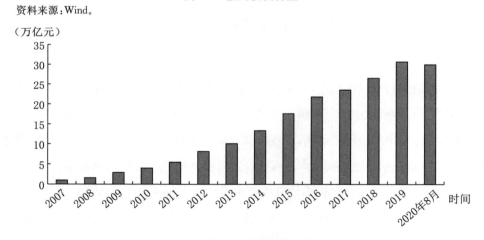

图 5.2　信用债存量

资料来源：Wind。

1. 企业债

　　企业债受到国家发改委监管，以注册制方式发行，发行过程中中债登、银行间交易商协会为受理、审核机构。企业债从申报到发行需要经过齐备性受理、材料审核、注册司务会、注册通知等流程，原则上从项目受理到上报注册司务会不超过

15 个工作日,批文有效期为两年,首期发行应在一年内完成。根据监管规定①,企业债发行人应当具备健全且运行良好的组织机构,最近三年平均可分配利润足以支付企业债券一年的利息,应当具有合理的资产负债结构和正常的现金流量,鼓励发行企业债券的募集资金投向符合国家宏观调控政策和产业政策的项目建设。企业债的发行人多为地方政府融资平台公司和产业类公司。地方政府融资平台公司发行的企业债一般也称为城投债;产业类公司为一般生产经营性企业,如主营能源、水利、贸易、制造业等的企业,这类公司发行的企业债也称为产业债。

从发行用途来看,企业债可分为一般企业债、专项债和项目收益债。一般企业债的发行主体为境内具有法人资格的企业;专项债是为了筹集资金建设某专项具体工程而发行的债券,依据其发行用途,又可进一步细分为城市地下综合管廊建设专项债、战略性新兴产业专项债、城市停车场建设专项债、养老产业专项债、双创孵化专项债券、配电网建设改造专项债、银行债权转股权专项债、社会领域产业专项债、农村产业融合发展专项债等。2020 年 6 月,国家发改委发布《县城新型城镇化建设专项企业债券发行指引(征求意见稿)》,向社会公开征求意见,拟新增县城新型城镇化建设专项企业债券这一专项债种类。县城新型城镇化建设专项企业债是由市场化运营的公司法人主体发行、募集资金主要用于县城(含县级市城区)建设项目的企业债。项目收益债则是由项目实施主体或其实际控制人发行的,与特定项目相联系的,债券募集资金用于特定项的投资与建设,债券的本息偿还资金完全或主要来源于项目建成后运营收益的企业债。

(1)企业债规模。

除单个企业发行的一般企业债外,还存在着由多个中小企业共同发行的集合企业债。中小企业集合债是指通过牵头人组织,以多个中小企业构成的集合为发行主体,发行企业各自决定发行额度,分别负债,使用统一的债券名称,统收统付,向投资人发行的约定到期还本付息的一种企业债形式。开创国内捆绑式发行企业债先河的是 2003 年中国高新技术产业开发区债券,当时国内不同高新区的 12 家

---

① 2020 年 3 月,国家发改委发布《国家发展改革委关于企业债券发行实施注册制有关事项的通知》(发改财金〔2020〕298 号文),删去此前"股份有限公司的净资产不低于人民币 3 000 万,有限责任公司的净资产不低于人民币 6 000 万""累计债券余额不超过公司净资产的 40%"的规定。

企业采用"统一冠名、分别负债、分别担保、捆绑发行"的方式发债。集合企业债的发行可以使成长性良好的中小企业募集到发展所需的资金。

根据图 5.3 和图 5.4，2012 年至 2014 年间，企业债发行量增长迅速，2014 年企

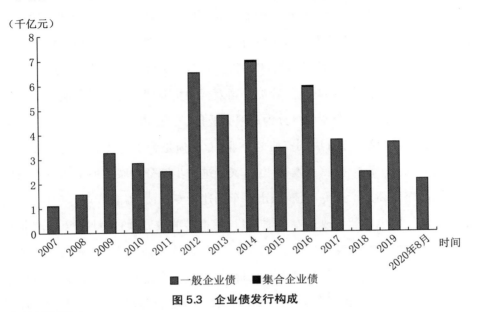

图 5.3 企业债发行构成

资料来源：Wind。

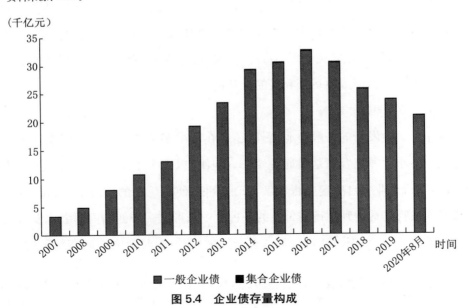

图 5.4 企业债存量构成

资料来源：Wind。

业债发行量达到最高点,为 0.7 万亿元。企业债存量也随之快速增长,2016 年企业债存量达 3.2 万亿元。2016 年至 2018 年间,企业债发行量呈下降趋势,存量也逐渐回落。2019 年企业债发行量约为 0.4 万亿元,存量为 2.1 万亿元。从企业债构成来看,绝大部分企业债是一般企业债,只有很少的一部分为集合企业债。

（2）企业债期限变化。

图 5.5 为企业债平均期限变化。从图中我们可以看出,2007 年后,企业债平均期限大幅下降,这或许与企业债发行方式有关。2007 年企业债发行变审核制为核准制,且取消了对企业债发行额度的审批,可由发债主体根据自身需求和市场实际情况自行确定。而之前企业债的发行额度最终须由国务院进行审批,企业为了减少审批麻烦,发行的债券期限长达 10 年、20 年。审批流程的简化使企业避免发行高成本的长期债,有助于降低企业融资成本。

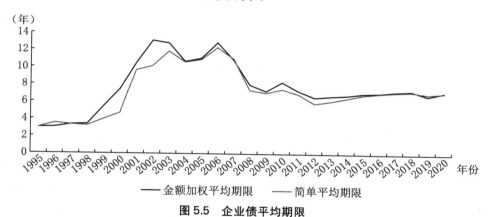

图 5.5 企业债平均期限

资料来源:Wind。

（3）企业债担保情况。

图 5.6 为有担保的企业债占比变化,2007 年开始企业担保比例急速下降。在 2007 年之前,企业债发行的增信方式主要是由商业银行向债券持有人出具担保函,承诺对本期债券的到期兑付提供全额无条件不可撤销的连带责任保证担保。2007 年 10 月,银监会颁布《关于有效防范企业债担保风险的意见》(银监发〔2007〕75 号),规定"即日起要一律停止对以项目债为主的企业债进行担保,对其他用途的企业债券、公司债券、信托计划、保险公司收益计划、券商专项资产管理计划等其他融资性项目原则上不再出具银行担保;已经办理担保的,要采取逐步退出措施,

及时追加必要的资产保全措施"。

1960 年至 2017 年美国有担保债券发行量占其所有债券发行量的比例在不断下降。1960 年,有担保债券占比为 59.4%,到 2017 年,这一份额下降到 6.0%。1960 年至 2017 年间有担保债券所占份额下降的线性趋势(每年 0.9 个百分点)比 1900 年至 1944 年间的下降速度(每年 0.6 个百分点)更快(Efraim et al.,2020)。

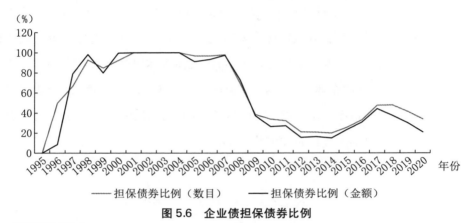

图 5.6　企业债担保债券比例

资料来源:Wind。

2. 金融机构债

金融债券,是指依法在中华人民共和国境内设立的金融机构法人在全国银行间债券市场发行的、按约定还本付息的有价证券。金融债券采取核准制的发行方式,监管机构为中国人民银行和银保监会。金融机构债的发行机构包括政策性银行、商业银行、保险公司、证券公司[①]、企业集团财务公司、金融租赁公司、汽车金融公司、消费金融公司等。由于政策性银行债属于利率债,我们关于金融机构债的讨论不包括政策性银行债。商业银行、政策性银行、财务公司、金融租赁公司、汽车金融公司、消费金融公司发行金融债券需要银保监会和中国人民银行的双重审批,发行人应在中国人民银行核准金融机构债发行之日起 60 个工作日内开始发行金融债券,并在规定期限内完成发行。证券公司发行金融债券除需获得证监会监管意见外,还需进一步获得中国人民银行批准。

---

① 2019 年 6 月,中信证券等七家券商陆续公告表示收到中国证监会的监管意见书,对本公司申请发行金融债券无异议,这表明券商有资格在银行间市场发行金融债。

除了金融债券,二级资本债/次级债也是金融机构债的重要形式。二级资本债/次级债主要是指商业银行发行的二级资本债和保险公司发行的次级债、资本补充债券。商业银行发行二级资本债需要银保监会和中国人民银行的双重审批;保险公司发行次级债需要银保监会审批;保险公司发行资本补充债券需要银保监会和中国人民银行的双重审批。

(1)金融机构债规模及构成。

根据发行人的不同,金融机构债可划分为商业银行债、商业银行次级债券、保险公司债、证券公司债、证券公司短期融资券和其他金融机构债。图 5.7 为金融机构债的发行量情况。2019 年,金融机构债发行量为 2.9 万亿元,其中商业银行次级债占比最多,为 1.2 万亿元;其次为证券公司债,发行量约为 0.6 万亿元。[①]商业银行发行的商业银行债和商业银行次级债券占金融机构债总发行量的一半以上。

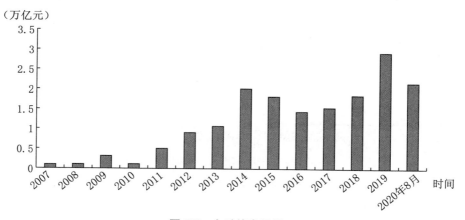

图 5.7　金融债发行量

资料来源:Wind。

图 5.8 为金融机构债的存量情况。2019 年,金融机构债的存量为 7.1 万亿元,其中商业银行次级债比重最多,发行量为 3.1 万亿元,其次为商业银行债和证券公司债,商业银行发行的金融机构债存量共计 4.7 万亿元,占所有金融机构债存量的 66% 左右。[②]

(2)金融机构债期限变化。

图 5.9 为金融机构债平均发行期限,可以发现金融机构债平均期限多在 5——

---

①② 　资料来源:Wind。

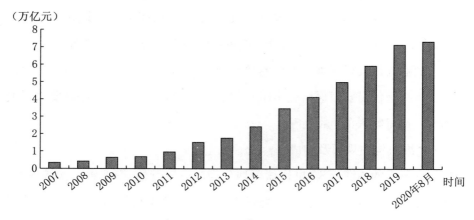

图 5.8　金融债存量

资料来源：Wind。

图 5.9　金融债平均发行期限

资料来源：Wind。

8 年间波动，2010 年后存在下降趋势。

3. 非金融企业债务融资工具

非金融企业债务融资工具是指具有法人资格的非金融企业在银行间债券市场发行的，约定在一定期限内还本付息的有价证券。非金融企业债务融资工具的监管机构为中国人民银行，采用注册制的方式发行，审批机构为中国银行间交易商协会。非金融企业债务融资工具主要包括短期融资券、超短期融资券、中期票据、资产支持票据、项目收益票据、非公开定向债务融资工具等。各类非金融企业债务融资工具的发行条件见表 5.1。

表 5.1 非金融企业债务融资工具发行条件

类 别	发行条件	相关政策
超短期融资券	期限在 270 天以内;应披露企业主体信用评级	《非金融企业超短期融资券业务指引》
短期融资券	期限在 1 年内;应披露企业主体信用评级和当期融资券的债项评级	《非金融企业短期融资券业务指引》
中票	应披露企业主体信用评级和当期中期票据的债项评级	《非金融企业中期票据业务指引》
资产支持票据	基础资产为符合法律法规规定,权属明确,能够产生可预测现金流的财产、财产权利或财产和财产权利的组合;基础资产不得附带抵押、质押等担保负担或其他权利限制;公开发行资产支持票据,应聘请具有评级资质的信用评级机构对资产支持票据进行信用评级;采用分层结构发行资产支持票据的,其最低档次票据可不进行信用评级	《非金融企业资产支持票据指引》
项目收益票据	募集资金用于项目建设且以项目产生的经营性现金流为主要偿债来源;项目收益票据发行期限可涵盖项目建设、运营与收益整个生命周期	《银行间市场非金融企业项目收益票据业务指引》
非公开定向债务融资工具	采用非公开发行,面向银行间债券市场专项机构投资人或特定机构投资人发行,只在专项机构投资人和特定机构投资人范围内流通转让;定向发行非金融企业债务融资工具时,企业和主承销商应当在报送注册文件前确定定向投资人范围。企业和主承销商可遴选增加定向投资人	《非金融企业债务融资工具定向发行注册工作规程(2020 版)》

非金融企业债务融资工具的发行方式可分为公开发行和定向发行两类。对于公开发行的非金融企业债务融资工具,根据《非金融企业债务融资工具公开发行注册工作规程(2020 版)》(银行间市场交易商协会公告〔2020〕5 号),企业公开发行债务融资工具实行分层分类注册发行管理,具体分层方式见表 5.2。

成熟层企业可就公开发行超短期融资券、短期融资券、中期票据、永续票据、资产支持票据、绿色债务融资工具等产品编制同一注册文件,进行统一注册,也可就公开发行各品种债务融资工具编制相应注册文件,按产品分别进行注册。基础层企业应就公开发行各品种债务融资工具编制相应注册文件,按产品分别进行注册。

表 5.2　企业公开发行债务融资工具分层管理情况

成熟层企业	基础层企业
（一）生产经营符合国家宏观调控政策和产业政策,市场认可度高,行业地位显著,公司治理完善	
（二）经营财务状况稳健,企业规模、资本结构、盈利能力满足相应要求	
（三）公开发行信息披露成熟。最近 36 个月内,累计公开发行债务融资工具等公司信用类债券不少于 3 期,公开发行规模不少于 100 亿元	
（四）最近 36 个月内,企业无债务融资工具等公司信用类债券或其他重大债务违约或者延迟支付本息的事实;控股股东、控股子公司无债务融资工具等公司信用类债券违约或者延迟支付本息的事实	不符合成熟层企业相关条件的为基础层企业
（五）最近 36 个月内,企业无重大违法违规行为,不存在国家法律或政策规定的限制直接债务融资的情形,未受到银行间市场交易商协会警告及以上自律处分;实际控制人不存在因涉嫌违法违规被有权机关调查或者受到重大行政、刑事处罚的情形	
（六）银行间市场交易商协会根据投资者保护需要规定的其他条件	

第一类企业	第二类企业	第三类企业	第四类企业
（一）资产规模超过 3 000 亿元、资产负债率低于 75％、总资产报酬率高于 3％	成熟层企业中,不符合以上条件的为第二类企业	完成债务融资工具首次公开发行注册满两年,且有公开发行记录的企业	完成债务融资工具首次公开发行注册不满两年,或者没有公开发行记录的企业
（二）最近 36 个月内,债务融资工具公开发行规模不少于 500 亿元			
（三）资产规模超过 8 000 亿元,在国民经济关键领域中发挥重要作用			

　　成熟层企业统一注册多品种债务融资工具,或第一类、第二类、第三类企业分别注册超短期融资券、短期融资券、中期票据、永续票据等产品的,可在注册有效期内自主发行。第四类企业注册超短期融资券的,可在注册有效期内自主发行;注册短期融资券、中期票据、永续票据等产品的,在完成注册 12 个月后发行,应事前先向银行间市场交易商协会备案。

　　对于定向发行的非金融企业债务融资工具,根据《非金融企业债务融资工具公开发行注册工作规程（2020 版）》（银行间市场交易商协会公告〔2020〕16 号）与非金融企业债务融资工具公开发行实行分层/类管理安排不同,定向债务融资在注册和发行环节均实行统一注册和自主发行。

（1）非金融企业债务融资工具规模及构成。

图 5.10 为非金融企业债务融资工具的发行量。2015 年之前,非金融企业债务融资工具的发行量快速增加;受债券市场管控强度影响,2016 年至 2017 年间非金融企业债务融资工具发行量有所下降,2018 年后恢复增长趋势。2019 年非金融企业债务融资工具发行金额超过 65 万亿元,其中超短期融资券发行金额占比最多,约为 3.1 万亿元,其次为中期票据,约为 2.0 万亿元。①图 5.11 为非金融企业债务融

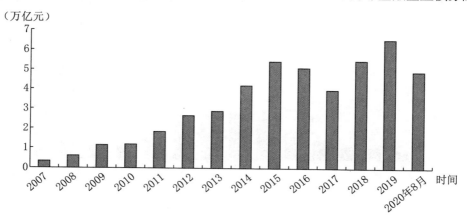

图 5.10　非金融企业债务融资工具发行量

资料来源:Wind。

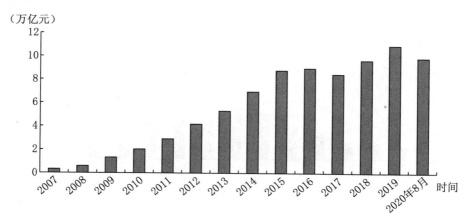

图 5.11　非金融企业债务融资工具存量

资料来源:Wind。

---

①　资料来源:Wind。

资工具的存量。2019 年金融企业债务融资工具存量约为 11 万亿元,占信用债市场的三分之一左右。其中,中期票据所占比重最大,存量金额约为 6.6 万亿元,占所有非金融企业债务融资工具总存量的 70% 左右。①

（2）短期融资券发行规模及构成。

中期票据和短期融资券是非金融企业债务融资工具中规模最大的两种债券,下面简要分析这两类债券的发行量和存量数据。图 5.12 和图 5.13 分别为短期融资券的发行量和存量数据。自 2010 年超短期融资券问世以来,其发行量快速增

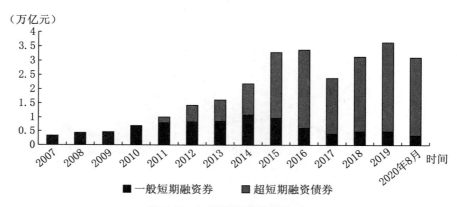

图 5.12　短期融资券发行构成

资料来源:Wind。

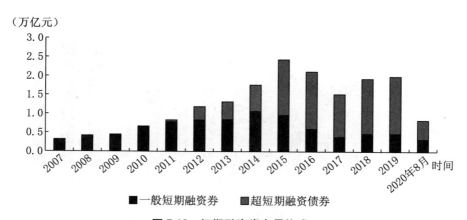

图 5.13　短期融资券存量构成

资料来源:Wind。

---

①　资料来源:Wind。

长,在 2014 年就超过了一般短期融资券的发行量。2019 年,短期融资券的发行量为 3.6 万亿元,其中超短期融资券为 3.1 万亿,一般短期融资券为 0.5 万亿,超短期融资券发行金额为一般短期融资券的 6 倍以上。从存量来看,超短期融资券和一般短期融资券之间的差异没有发行量差异那么明显,这和超短期融资券期限较短这一特征有关。

（3）中期票据发行规模及构成。

图 5.14 和图 5.15 分别为中期票据的发行量和存量数据。集合票据为中期票据中一类比较特殊的票据,集合票据指 2 个以上、10 个以下具有法人资格的中小企业债务融资工具,集合发行能够解决单个企业独立发行规模小、流动性不足等问题。无论从发行量还是存量来看,集合票据比重都非常小。中期票据是重要的银行间市场信用债品种,2019 年中期票据发行量约为 2.0 万亿元,存量为 6.6 万亿元。

4. 公司债

交易所公司债分为面向公众投资者公开发行的"大公募"、面向合格投资者公开发行的"小公募"、面向特定投资者非公开发行的私募公司债三种。①公开发行公

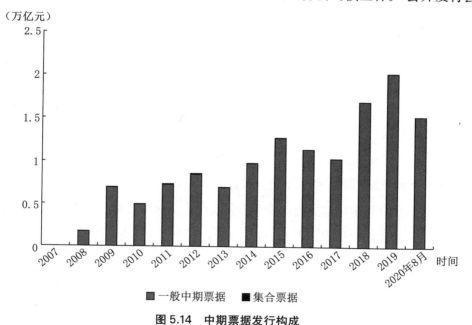

图 5.14　中期票据发行构成

资料来源：Wind。

---

①　证监会关于大公募、小公募、私募公司债区别的解释见 http://www.csrc.gov.cn/hunan/xxfw/tzzsyd/jjtz/201612/t20161214_307776.htm。

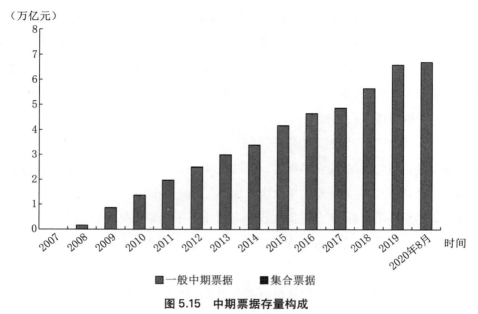

（万亿元）

一般中期票据　■集合票据

图 5.15　中期票据存量构成

资料来源：Wind。

司债的发行主体为除地方政府融资平台公司以外的所有公司制法人。

　　根据 2015 年发布的《公司债券发行与交易管理办法》（证监会令第 113 号），公开发行公司债券，应当符合《证券法》《公司法》的相关规定，经中国证监会核准。资信状况符合以下标准的公司债券可以向公众投资者公开发行，也可以自主选择仅面向合格投资者公开发行：①发行人最近三年无债务违约或者迟延支付本息的事实；②发行人最近三个会计年度实现的年均可分配利润不少于债券一年利息的 1.5 倍；③债券信用评级达到 AAA 级；④中国证监会根据投资者保护的需要规定的其他条件。

　　未达到前款规定标准的公司债券公开发行应当面向合格投资者。非公开发行的公司债券应当向合格投资者发行，不得采用广告、公开劝诱和变相公开方式，每次发行对象不得超过二百人。

　　2020 年 8 月，证监会发布《公司债券发行与交易管理办法（征求意见稿）》，拟对《公司债券发行与交易管理办法》进行修订，根据征求意见稿，公开发行公司债券应当符合下列条件：①具备健全且运行良好的组织机构；②最近三年平均可分配利润足以支付公司债券一年的利息；③具有合理的资产负债结构和正常的现金流量；④国务院规定的其他条件。

公开发行公司债券,由证券交易所负责受理、审核,并报中国证监会注册。

资信状况符合以下标准的公开发行公司债券,专业投资者和普通投资者可以参与认购:①发行人最近三年无债务违约或者延迟支付本息的事实;②发行人最近三年平均可分配利润不少于债券一年利息的 1.5 倍;③发行人净资产规模不少于 250 亿元;④发行人最近 36 个月内累计公开发行债券不少于 3 期,发行规模不少于 100 亿元;⑤中国证监会根据投资者保护的需要规定的其他条件。

未达到前款规定标准的公开发行公司债券,仅限于专业投资者参与认购。非公开发行的公司债券应当向专业投资者发行,不得采用广告、公开劝诱和变相公开方式,每次发行对象不得超过 200 人。

(1)公司债发行规模及构成。

图 5.16 和图 5.17 为公司债发行量、存量数据。根据图 5.16,公司债发行量在 2015 年出现一次大幅增加,2016 年为 2007—2019 年间发行量最多的一年,发行量约为 2.8 万亿元。2017 年公司债发行量急剧下降,2017 年后有回升趋势。2019 年公司债发行金额为 2.5 万亿元,其中公募债约为 1.1 万亿元,私募债约为 1.4 万亿元,私募公司债发行规模大于公募债。根据图 5.17,2019 年公司债存量约为6.9万亿元,占所有信用债的 20% 左右,其中私募债约为 4.1 万亿元,公募债为 3.7 万亿元。

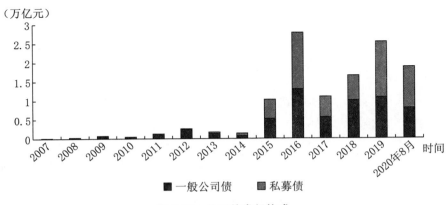

图 5.16 公司债发行构成

资料来源:Wind。

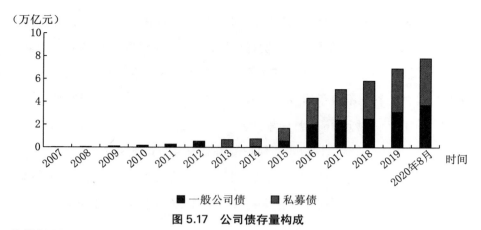

图 5.17 公司债存量构成

资料来源：Wind。

（2）公司债发行期限变化。

如图 5.18 所示，公司债平均发行期限也存在缩短趋势。2010 年之后，公司债平均期限缩短现象较为明显。2019 年公司债平均期限约为 5 年，相比于 2007 年的 10 年左右，公司债的平均期限缩短了将近一半。公司债发行期限缩短可能存在两方面的原因，一方面是供给端，发债人发行较长期限的债券可以优化发债人的债务结构，但长期债务融资成本较高。2010 年后，证监会多次简化公司债发行流程①，发行人倾向于选择更适合于自身情况的、相对较短的发行期限。另一方面，在需求端，长期债务对发行人的经营稳定性具有较高的要求，发债平均期限逐年缩短，反

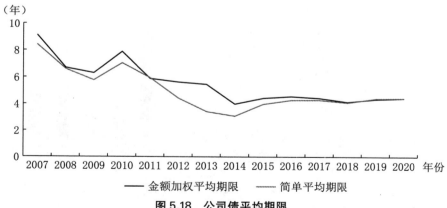

图 5.18 公司债平均期限

资料来源：Wind。

---

① 参见 https://www.yicai.com/news/579839.html。

映出民营企业发行中长期债券融资难度逐年增大,进而转向短期融资,这也在一定程度上说明市场对公司的长期经营稳定性和偿债能力的认可度逐年降低。

（3）公司债担保情况。

图5.19为公司债担保比例变化,2014年后,担保债券数量占比快速下降,2019年有担保的债券仅占6％左右。担保比例的下降可能与市场对公司债的接受程度逐渐增加有关。

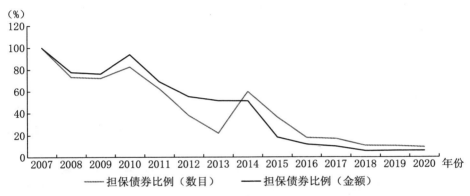

图5.19　公司债担保债券占比

资料来源:Wind。

5. ABS

根据主管机构划分,中国的ABS产品主要包括银保监会主管的信贷ABS、证监会主管的企业ABS、银行间市场交易商协会主管的ABN。信贷ABS主要由银行业金融机构发起,以各类信贷、租赁资产为基础资产,以信托为特殊目的载体,由中国人民银行注册,银保监会备案;企业ABS由企业发起,基础资产实行负面清单制,主要由各项企业债权和收益权构成,由券商专项资管计划或基金子公司专项资管计划为特殊目的载体,由交易所出具无异议函并由中国证券投资基金业协会备案;ABN的发起人及基础资产与证监会主管的企业ABS类似,不过特殊目的载体主要为信托公司,由银行间市场交易商协会注册。

信贷ABS的基础资产主要是各类贷款,除企业贷款外,还包括汽车贷款、个人住房抵押贷款等。企业ABS产品的基础资产种类非常多,比较常见的有小额贷款、应收账款、租赁资金、信托受益权等。ABN的基础资产主要为租赁债权、票据收益和应收债权。

图 5.20 为 ABS 的发行量构成。2014 年之后，ABS 市场发行量快速增加。2019 年 ABS 发行总量约为 2.4 万亿元，其中证监会主管的 ABS 占比最高，发行金额约为 1.1 万亿元；银保监会主管的 ABS 次之，发行金额约为 1.0 万亿元，银行间市场交易商协会主管的 ABN 发行量约为 0.3 万亿元。根据图 5.21，2019 年 ABS 存量金额为 3.6 万亿元，其中证监会主管的 ABS 存量为 1.8 万亿元，银保监会主管的 ABS 存量为 1.3 万亿元，银行间市场交易商协会主管的 ABN 存量为 0.4 万亿元。

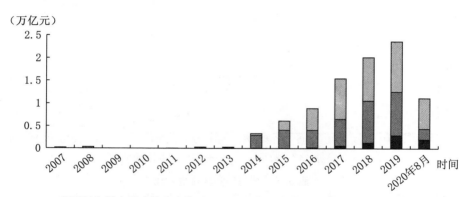

图 5.20　ABS 发行构成

资料来源：Wind。

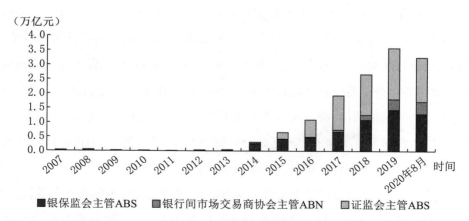

图 5.21　ABS 存量构成

资料来源：Wind。

5.1.2 中国的信用债违约情况

1. 违约债券总览

随着债券市场发行主体的扩容和债券规模的日趋庞大,信用债风险兑付事件日益增多,债券违约问题成为投资者关注的焦点。图 5.22 为中国信用债市场违约率数据,自 2014 年首只违约债券("11 超日债")出现以来,信用债违约率整体呈现出上升趋势。2017 年作为"史上最严"金融监管年,受当时监管环境的影响,当年债券市场违约率出现暂时性下降。2017 年后,债市违约率快速增长,2019 年违约率约为 0.6%。相比于国际债券市场,中国信用债违约率仍非常低。图 5.23 和图 5.24 为全球公司债违约率,2019 年全球信用债平均违约率为 1.3%,其中美国和"避税天堂"地区① 2019 年违约率为 3.1%,欧洲地区为 2.2%,新兴市场违约率为 1.8%。

图 5.22　中国信用债违约率

资料来源:Wind。

图 5.25、图 5.26 为违约债券数量和金额,2019 年违约债券共 183 只,违约债券金额为 1 483 亿元。根据图 5.27,2019 年全球违约公司债总量约为 1 900 亿美元,其中美国占比最多,约为 1 500 亿美元。

---

① "美国和避税天堂"地区具体包括美国、百慕大和开曼群岛。

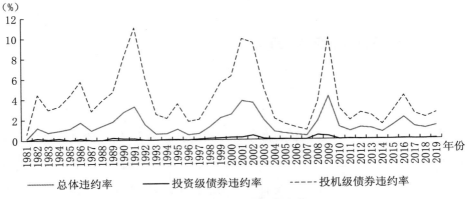

图 5.23　全球公司债违约率

资料来源：S&P Global Ratings Research 和 S&P Global Market Intelligence's CreditPro。

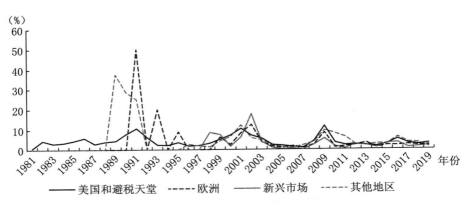

图 5.24　全球各地区投机级债券违约率

资料来源：S&P Global Ratings Research 和 S&P Global Market Intelligence's CreditPro。

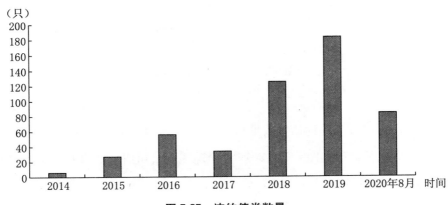

图 5.25　违约债券数量

资料来源：Wind。

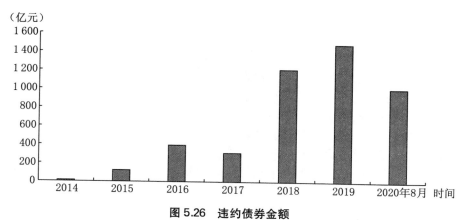

图 5.26 违约债券金额

资料来源：Wind。

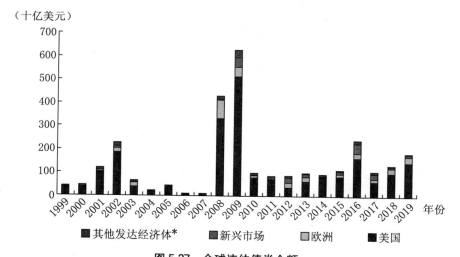

图 5.27 全球违约债券金额

注：*指澳大利亚、加拿大、日本和新西兰。

资料来源：S&P Global Ratings Research 和 S&P Global Market Intelligence's CreditPro。

2. 违约债券特征

（1）违约企业性质。

图 5.28 统计区间为 2014 年至 2020 年 8 月中国发生违约的所有债券。从违约企业性质来看，民营企业占比最高，占所有违约企业的 75%。违约企业中，中央国有企业占比 8%，地方国有企业占比 8%。违约民企数量为国企的 4.5 倍左右。根据图 5.29，违约企业中非上市公司占比较大，占所有公司的 74%，上市公司占 26%。

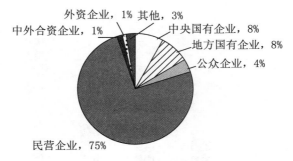

图 5.28   违约企业性质

资料来源：Wind。

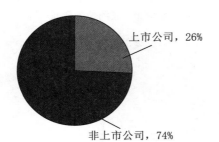

图 5.29   违约企业上市情况

资料来源：Wind。

（2）违约债券类型。

图 5.30 为 2014 年至 2020 年 8 月间违约债券的类型统计。其中，占比最大的违约债券类型为私募公司债，占所有违约债券的 24%。其次为中期票据和公募公司债，占比均为 20%。短期融资券和超短期融资券违约加总占比为 15%。

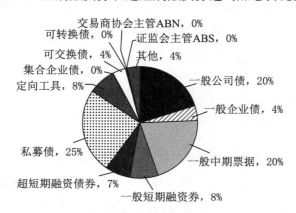

图 5.30   违约债券类型

资料来源：Wind。

（3）债券违约方式。

图 5.31 统计了 2014 年至 2020 年 8 月间违约债券的违约方式。发生未按时兑付本息的违约债券占比最多，为所有违约债券的 35％。以未按时兑付利息方式违约的债券占 18％，未按时兑付回收款和利息的违约方式占 14％。

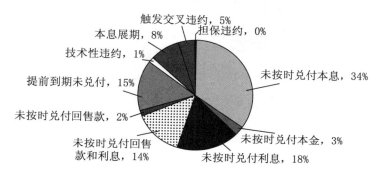

图 5.31 违约方式

资料来源：Wind。

（4）违约债券信用分析。

图 5.32 和图 5.33 展示了 2014 年至 2020 年 8 月间违约债券的债项评级和主体评级。违约债券债项评级主要集中在 C 等级，C 评级违约债券占所有违约券的 30％左右，另外无评级债券也占据了违约债券的 30％左右。值得注意的是，根据图 5.34，全球 AAA 级、AA 级公司债长期保持几乎为零的违约率，而目前中国 AA＋评级违约债券占所有违约债券的 2％左右，AA 级债券占 6％，评级为 AAA

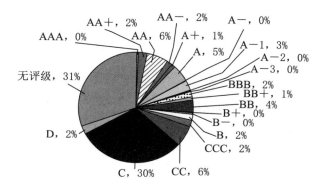

图 5.32 违约前债项评级

资料来源：Wind。

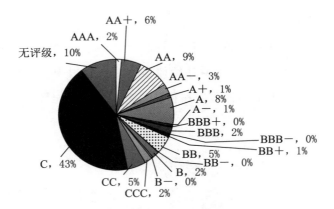

图 5.33　违约前主体评级

资料来源：Wind。

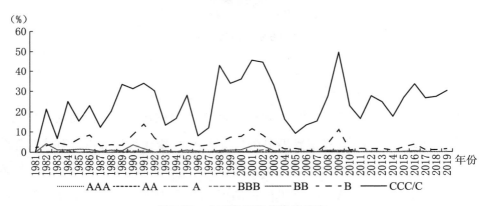

图 5.34　全球各评级债券违约率

资料来源：S&P Global Ratings Research 和 S&P Global Market Intelligence's CreditPro。

的债券也出现了违约情况。这在一定程度上表明中国债券违约逐渐常态化，债市刚兑不复存在，同时也反映出评级机构对评级的调整不够及时。

从图 5.35 违约债券担保情况来看，违约债券中有担保的债券占比较小，约为 15%。这一方面与债券总体担保比例较低有关。

3. 违约债券行业分布

图 5.36 至图 5.40 为违约债券行业分布情况。从违约债券数量和违约债券余额来看，制造业都是违约风险最集中的行业。2014 年至 2020 年 8 月间，制造业企业违约债券数量为 126 只，违约债券余额为 759 亿元，违约发行人有 51 个。从违

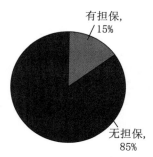

资料来源:Wind。

图 5.35 违约债券担保情况

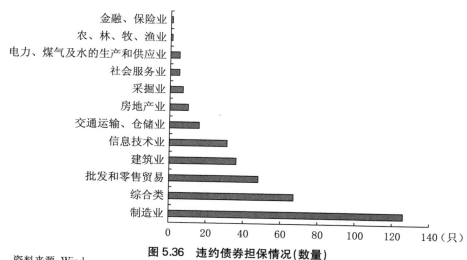

资料来源:Wind。

图 5.36 违约债券担保情况(数量)

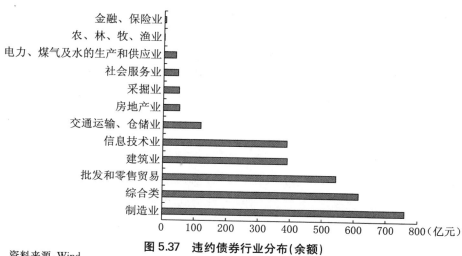

资料来源:Wind。

图 5.37 违约债券行业分布(余额)

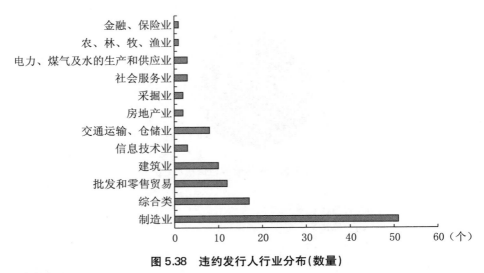

图 5.38 违约发行人行业分布(数量)

资料来源:Wind。

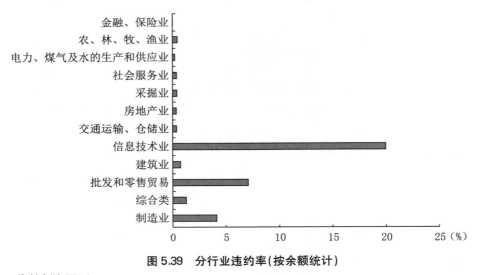

图 5.39 分行业违约率(按余额统计)

资料来源:Wind。

约率来看,余额违约率最高的是信息技术业,余额违约率高达 20.0%;制造业余额违约率为 4.1%。发行人违约率最高的仍为制造业,违约率为 14.2%。综合余额违约率和发行人违约率来看,制造业、批发零售业和信息技术业的违约风险高。

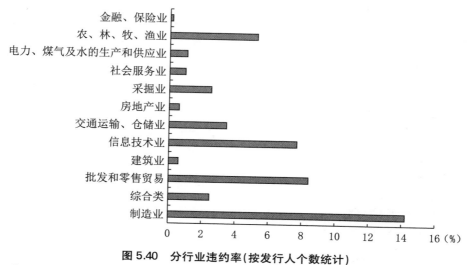

图5.40 分行业违约率(按发行人个数统计)

资料来源:Wind。

4. 违约债券地域分布

图 5.41 至图 5.44 为 2014 年至 2020 年 8 月间违约债券地域分布情况。从违

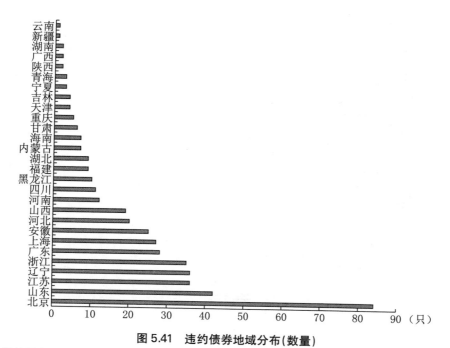

图5.41 违约债券地域分布(数量)

资料来源:Wind。

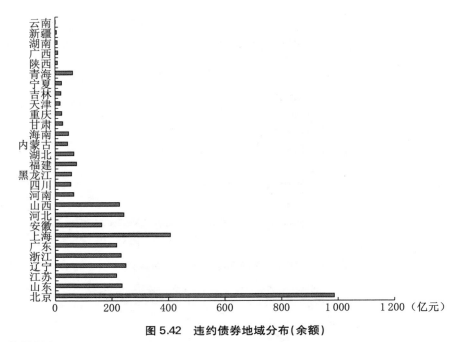

图 5.42　违约债券地域分布（余额）

资料来源：Wind。

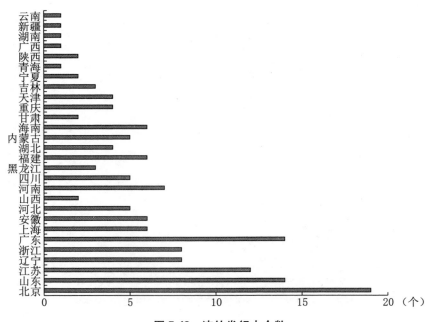

图 5.43　违约发行人个数

资料来源：Wind。

约债券数量来看,北京排在首位,共有违约债券 84 只;其次是山东,共有违约债券 42 只。从违约债券余额来看,北京为违约余额最多的地区,违约债券余额 986.3 亿元;其次为上海,违约债券余额 407.1 亿元。从图 5.43 违约发行人个数来看,违约发行人最多的仍为北京,共有 19 个违约发行人,其次为广东,共有 14 个违约发行人。

从余额违约率来看,青海为余额违约率最高的省份,高达 12.8%;其次为宁夏,余额违约率为 6.9%。其余余额违约率在 5% 以上的地区有辽宁和黑龙江,余额违约率分别为 6.1%、5.9%。从发行人违约率来看,海南违约发行人占比最高,为 27.3%。其次为宁夏,发行人违约率为 10.5%。其余发行人违约率在 5% 以上的地区有内蒙古(9.6%)、黑龙江(7.8%)、辽宁(7.6%)、吉林(5.7%)、甘肃(5.3%)。

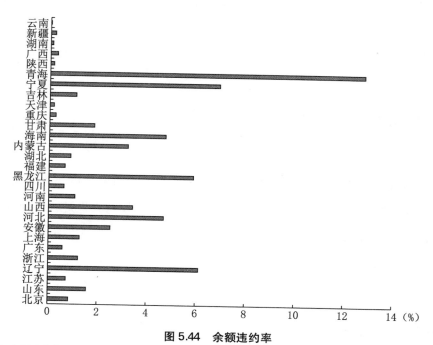

图 5.44　余额违约率

注:余额违约率=违约债券余额/信用债存量。
资料来源:Wind。

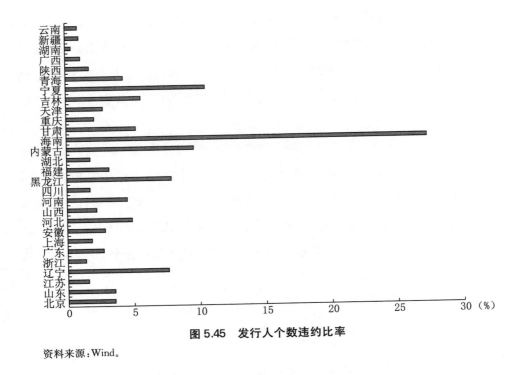

图 5.45　发行人个数违约比率

资料来源：Wind。

5.2　熊猫债和境外债券

　　本书的其他部分主要针对境内债券进行分析，随着对外开放的不断深化，越来越多的国际投资者购买人民币债券或中资美元债，国际发行人也进入国内债券市场发行债券。熊猫债、离岸人民币债券和中资美元债等债券类型也值得关注，本部分将对这三类债券的发行情况进行介绍。

5.2.1　熊猫债

　　熊猫债，是境外机构在华发行的以人民币等货币计价的债券。根据中国人民银行和财政部 2018 年发布的《全国银行间债券市场境外机构债券发行管理暂行办法》,境外金融机构法人在全国银行间债券市场发行债券应经中国人民银行核准。外国政府类机构、国际开发机构等在全国银行间债券市场发行相关债券以及境外非金融企业法人在全国银行间债券市场发行非金融企业债务融资工具应向中国银行间市场交易商协会申请注册。

境外金融机构法人发行债券应具备以下条件:(1)实际缴纳资本不低于 100 亿元人民币或等值货币;(2)具有良好的公司治理机制和完善的风险管理体系;(3)财务稳健、资信良好、最近三年连续盈利;(4)具备债券发行经验和良好的债务偿付能力;(5)受到所在国家或地区金融监管当局的有效监管,主要风险监管指标符合金融监管当局规定。

境外机构发行债券可采用一次足额发行或在限额内分期发行的方式。

根据银行间市场交易商协会 2019 年发布的《境外非金融企业债务融资工具业务指引(试行)》,境外非金融企业发行债务融资工具应在银行间市场交易商协会注册。境外非金融企业发行债务融资工具的,可在接受注册后 12 个月(含)内自主发行,12 个月后发行的应事先向银行间市场交易商协会备案。境外非金融企业定向发行债务融资工具的,可在注册有效期内自主定向发行。境外非金融企业在接受注册后 12 个月内(含)未发行的,12 个月后首期发行应事先向银行间市场交易商协会备案。

熊猫债的发行最早可追溯至 2005 年 10 月,国际金融公司和亚洲开发银行获准在中国银行间债券市场分别发行 11.3 亿元和 10 亿元人民币债券。这是中国债券市场首次引入国际多边金融机构发行主体,标志着熊猫债的诞生。

1. 熊猫债发行规模

图 5.46 和图 5.47 为 2005 年以来熊猫债发行金额和数量情况。熊猫债在诞生之初,发展较为缓慢。这主要是因为中国刚刚加入世界贸易组织,跨境交往能力和需求有限,且银行间债券市场处于起步阶段,尚不足以支撑熊猫债的大规模发展。此外,在 2008 年全球金融危机之后,欧美等国家采取量化宽松政策,中国利率水平相对较高,境外机构发债意愿较弱。

随着中国经济的持续快速发展,人民币国际化需求日益增多,同期中国债券市场不断发展壮大,这些都为熊猫债市场的快速发展奠定了基础。2014—2016 年,

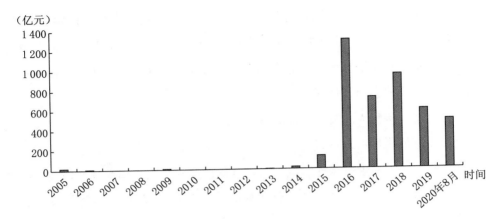

图 5.46　熊猫债发行金额

资料来源：Wind。

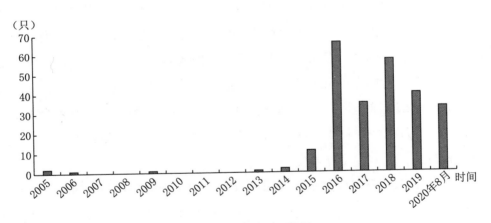

图 5.47　熊猫债发行数量

资料来源：Wind。

中国银行间债券市场熊猫债发行量呈现飞速增长态势，由 20 亿元增至 1 300.4 亿元，2018 年后熊猫债发行量有所回落，但仍保持着较高的发行量，2019 年熊猫债发行量为 600 亿元，这体现出中国债券市场的吸引力的提升。

2. 熊猫债发行人构成

根据图 5.48，在熊猫债发行人中，具有中资背景的发行人占大多数，其发行量占比约为 70％。在所有发行人中，中央国有企业占比最多，为 26％；其次为外商独资企业，占比 21％。在非中资背景的非金融企业发行人中，戴姆勒的熊猫债发行量占比高达 84%。2014 年 3 月,在熊猫债尚未普及时,戴姆勒发行了市场首单非金融企业熊猫债,发行规模为 5 亿元,票面利率为 5.2%。这只债券的成功发行,可以看作是中国债券市场扩大开放的有益尝试。

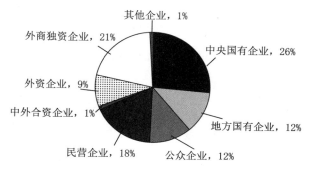

图 5.48　熊猫债发行人构成

资料来源:Wind。

3. 熊猫债评级分布

图 5.49 为熊猫债发行评级情况,均为 AA 级及以上的投资级债券,其中 AAA 级债券占比 57%,AA+级债券占比 5%。

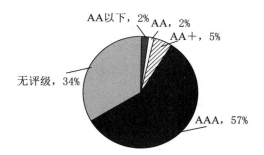

图 5.49　熊猫债债项评级分布

资料来源:Wind。

5.2.2　离岸人民币债券

随着中国改革开放的不断深化,鼓励有实力的企业走出国门,国内企业“走出去"的步伐不断加快。境外发行债券是企业走出去融资的重要途径,与境内发行债券相比,具有吸引外国投资、建立国际信誉等重要作用。

根据国家发改委于 2015 年 9 月 14 日发布的《关于推进企业发行外债备案登记制管理改革的通知》,境外债券被定义为:"境内企业及其控制的境外企业或分支机构向境外举借的、以本币或外币计价、按约定还本付息的 1 年期以上债务工具。"目前发行的境外债券一般多为美元债券、欧元债券和人民币债券,具体发行的债券类型由发行企业根据需求来决定。

离岸人民币债券的上市地点主要集中在中国香港、中国台湾和新加坡。在中国香港上市的离岸人民币债券占 67%,其中有 38% 在香港债务工具中央结算系统上市,29% 在香港联交所上市。此外,还有 19% 在中国台湾 OTC 市场上市,14% 在新加坡证券交易所上市(见图 5.50)。

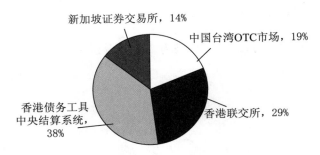

图 5.50 离岸人民币债券上市地点

资料来源:Wind。

1. 离岸人民币债券发行规模

如图 5.51 和图 5.52 所示,随着离岸人民币债券发行监管政策的鼓励,离岸人民币债券发行规模从 2007 年的 100 亿元增加至 2014 年最高的 2 289.7 亿元,发行数量也由 5 只增加至 176 只。然而,2015 年 8 月启动新一轮汇改之后,人民币币值趋于稳定,并伴有小幅下滑,导致国际投资者对于离岸人民币债券投资意愿降低,离岸人民币债券发行的热潮也开始逐步褪去,2015 年后发行规模连年萎缩,2016 年发行规模为 537.9 亿元,达到了低谷。后离岸人民币债券市场有所回暖,2019 年离岸人民币债券发行规模 1 889.7 亿元,发行数量 51 只。

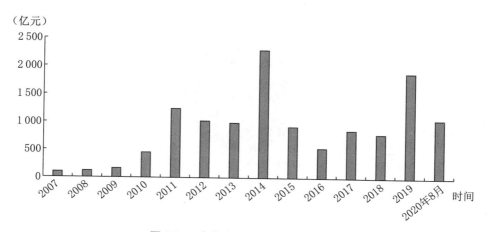

图 5.51 离岸人民币债券发行规模

资料来源：Wind。

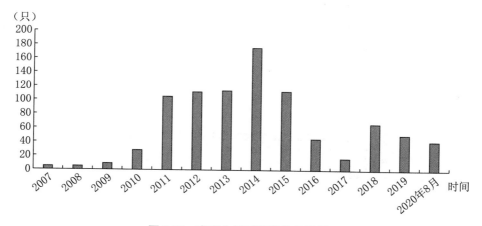

图 5.52 离岸人民币债券发行数量

资料来源：Wind。

2. 离岸人民币债券类型

从离岸人民币债券发行数量来看，金融债比例最大，占比 54%；企业债次之，占比 34%；而外汇基金票据和可转换债发行量极少（见图 5.53）。

3. 离岸人民币债券发行人构成

从 2007 年至今，离岸人民币债券的发行主体日趋多元化。根据图 5.54，股份制商业银行发行的离岸债券数量最多，其他企业次之，国际机构、其他金融机构和财政部也在发行市场上占有重要地位。

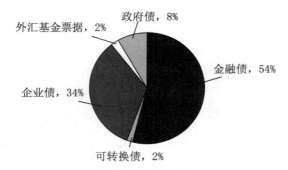

图 5.53　各类境外人民币债券发行数量分布

资料来源：Wind。

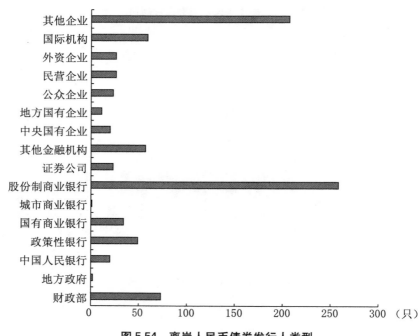

图 5.54　离岸人民币债券发行人类型

资料来源：Wind。

4. 离岸人民币债券评级分布

图 5.55 为 2007 年至 2020 年 8 月间发行的有评级的离岸人民币债券的评级分布情况，从投资级到投机级均有分布，多集中在 Aa2—A2/AA——A—。值得注意的是，2007 年至 2020 年 8 月间，离岸人民币债券共发行 890 只，其中有 770 只没有评级，占总发行数量的 86.5%。早期发行人资质较好，发行的离岸人民币债券全部

为投资级或无评级,没有投机级。这期间发行的债券即使无评级,例如中国进出口银行、国家开发银行、中国电力当时均未有国际三大信用评级机构的评级。当时由于人民币的升值预期,离岸债券的发行是比较容易的,加之很多发行人本身资质就很好,因此发行人和相关机构都没有动力为离岸人民币债券提供国际评级。随着市场扩容,发行主体范围扩大,投机级企业开始发行离岸人民币债券,离岸人民币债券的评级也逐渐多样化。

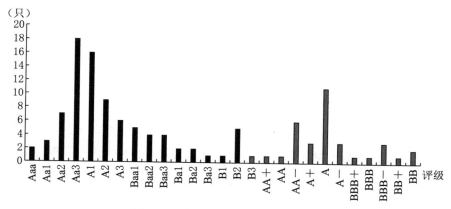

图 5.55　离岸人民币债券评级分布

注:黑色为穆迪评级,灰色为标普评级。
资料来源:Wind。

5.2.3　中资美元债

中资美元债即由中国的经济主体发行的,以美元计价的债券,最后以美元还本付息,类属于美元资产。发行中资美元债需要在国家发改委备案登记。中资美元债主要在中国香港和新加坡上市,这两个地区上市的中资美元债占所有中资美元债的 80% 左右(图 5.56)。中资美元债不强制评级,由于国际评级耗时长、境外机构不熟悉中资企业等原因可能导致评级相对低于预期,目前中资美元债大都无评级。

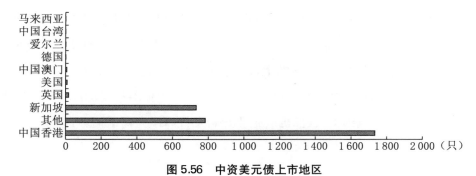

图 5.56　中资美元债上市地区

资料来源：Wind。

1. 中资美元债发行规模

图 5.57 和图 5.58 为中资美元债发行金额和发行数量数据。自 2015 年 9 月国家发改委发布 2044 号文实施企业外债备案登记以来，2015—2017 年间企业发行外债规模和发行数量明显提升，2017 年美元债发行量为 2 409.1 亿元，发行数量为 524 只。而随着房地产、地方政府融资平台外债规模的不断扩大，一些问题也随之显露，如发行主体质量参差不齐、发债规模与自身偿债实力不匹配等。2018 年以来为防范企业外债风险，国家外管局、国家发改委同时下发规定予以应对，外管局新闻发言人在 2018 年 4 月国新办发布会上表示，除有特殊规定外，房地产企业、地方政府融资平台不得借用外债。国家发改委则于 2018 年 5 月公布 706 号文，规范了企业境外融资，其中对于房地产境外发债的规定为募集资金用途主要用于偿还

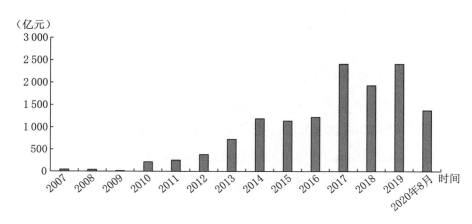

图 5.57　中资美元债发行金额

资料来源：Wind。

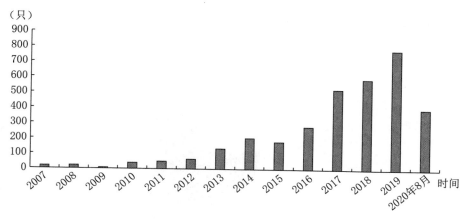

图 5.58　中资美元债发行数量

资料来源：Wind。

到期债务,限制外资资金投资境内外房地产项目、补充运营资金等。2018 年美元债发行金额有所回落,降至 1 932.2 亿元。2019 年 6 月,国家发改委对于融资平台的发债限制为仅限于偿还未来一年内到期的中长期外债。2019 年 7 月,对房地产境外发债亦进行同样限制。

2. 中资美元债券类型

根据图 5.59,中资美元债主要由企业债、金融债、可转换债构成,其中企业债占比最高,为 64％,其次为金融债,占比 29％。

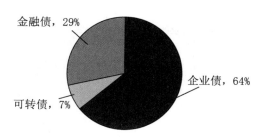

图 5.59　中资美元债债券类型

资料来源：Wind。

3. 中资美元债发行人构成

中资美元债的发行主体较为多样化,以企业为主,71％的中资美元债由企业发行,15％由其他金融机构发行,9％由股份制商业银行发行。国有商业银行、城市商业银行和证券公司发行人占比较小（见图 5.60）。

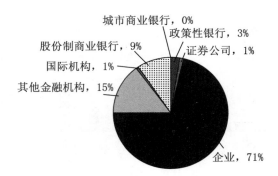

图 5.60　中资美元债发行人类型

资料来源：Wind。

从发行人所在地区来看（见图 5.61），除中国以外，大量的发行人位于开曼群岛、英属维尔京群岛、百慕大等"避税天堂"。此外，发行人在新加坡、加拿大等国家和地区也有分布。

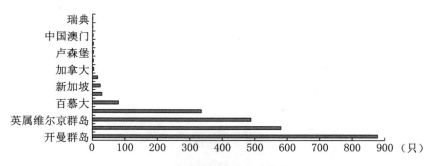

图 5.61　中资美元债发行人所在地区

资料来源：Wind。

6 中美现券交易市场结构

第 3 章至第 5 章中我们对各类债券的现券交易情况进行了介绍,并将其与美国债券市场的情况进行了对比。总的来说,中国债券市场的现券交易不如美国债券市场的活跃,成交量与换手率更低。这反映了总体上债券市场流动性较差。金融市场的活跃程度、定价效率不仅与金融市场中的投资者情况、证券类型和质量有关,更与市场的组织结构紧密相连。在之前的章节中,我们对于中美债券市场的各类主体、交易市场、债券类型进行了详细的对比分析。在本章中,我们将更近一步探讨中美债券市场的组织形式,比较在两国债券市场中各类交易主体间的交易网络与联动关系,以及两国债券市场中的交易方式,从而实现对中美债券市场中的价格发现机制的比较。价格发现的过程是搜集与整合信息的过程,而市场透明度决定了投资者所能获取的公开信息的数量与质量,在本章中,我们还将对中美现券市场中的交易信息披露情况进行分析。

6.1 中美现券交易市场结构与交易方式

首先,我们将对中美现券交易市场中的结构与交易方式进行分析。常见的交易方式为点击成交、请求报价(RFQ)、询价交易等。债券市场的结构与组织形式,决定了其中所适用的交易方式,而交易方式的不同对金融市场的定价效率、流动性强弱有一定影响。对比中美现券市场中的交易方式能够帮助我们更好地理解市场中的定价机制。

6.1.1 中国现券交易市场结构与交易方式

在第 2 章中,我们已经介绍过,中国现券交易市场被行政划分为三个部分:银行间市场、交易所市场与商业银行柜台市场。由于三个市场的性质有本质区别,因此其价格的形成机制也有明显差异。交易所市场为场内市场,债券按照"价格优先、时间优先"的原则竞价成交,对于交易金额或单笔交易数量满足一定要求的交易可采用大宗交易方式成交,采用协议交易或盘后定价。商业银行柜台市场中一般由承办银行进行连续双边报价。但是,中国债券市场中 95% 以上的现券交易均发生于银行间债券市场,而银行间债券市场的结构与交易方式相比于其他两市均更为复杂。因此,在此我们将着重分析银行间现券市场的结构与交易方式。目前,银行间现券市场交易方式可根据其依托的中介或系统分为四类:(1)依托做市商,如点击成交、请求报价;(2)依托经纪商,如经纪商报价;(3)依托银行间现券匿名点击业务(X-Bond)系统,如匿名点击成交;(4)交易者自行寻找对手方,如询价交易。以下我们将对每一类分别展开介绍。

1. 做市商制度

国际上现券市场多采用做市商制度。做市商一般为具有一定实力或信誉的金融机构,通过不断提供买卖报价并按其报价与投资者成交,向市场提供流动性。相应地,通过设定卖价与买价之间的价差,做市商可以在保护自身利益的基础上,获得一定利润。中国银行间债券市场自 2001 年开始实施做市商制度,但成效非常有限。在推行的最初几年,做市商一度丧失报价积极性,即使是坚持提供报价的做市商,少报、迟报的情况也很普遍。其后随着各项配套制度的落地与相关规则的出台,做市商制度也渐有起色,不过依然影响有限。据目前公开的截至 2011 年的数据来看,2009 年,做市商报价共点击成交 19 488 笔,成交金额达 1.32 万亿元,当年银行间市场现券交易总成交为 46.3 万亿元。但 2009 年是做市商制度的顶峰时期,2010 年做市成交笔数相比于 2009 年增加 54.2%,但总成交金额下降 51.7%。2011 年做市成交金额继续下降 39.4%,总额仅 0.36 万亿元,当年银行间市场现券交易总金额为 62.8 万亿元。其后银行间债券市场不再披露相关数据,不过就业界反应来看,目前银行间债券市场做市商制度的影响依然非常有限,据估计目前通过做市报价点击成交的金额大概在银行间市场现券交易总金额的 0.5%左右。

截至 2020 年 4 月,中国银行间债券市场有正式做市商共 30 家,尝试综合做市机构 47 家,尝试专项做市机构 7 家。①尝试做市机构暂时还不是正式做市商,但是可以提供报价服务。若表现良好,交易中心可向中国人民银行推荐其成为正式做市商。交易中心对做市机构的表现会考核,考核结果与报价量、买卖差价等有关。做市商一方面要完成一定数量的报价,控制买卖差价,以满足考核要求,另一方面又要控制风险,为兼顾两者,做市商有可能选择"倒量"成交,即与其对手方约定好,按其报价交易完成后,做市商再按照同样的价格将同样数量的债券从对手方手中购回。"倒量"业务没有实现实质上的券款交换,但是帮助做市商满足了报价任务,同时避免了成交风险。"倒量"业务属于虚假交易,银行间市场与外汇交易中心在处理其数据时,甚至要专门把"倒量"业务筛查出来,这给监管者也带来了不必要的阻碍,对于实际市场流动性的提升没有帮助。而对"量"没有太大需求,但又不得不承担报价义务的做市商,还会采取拉开买卖差价、提供低质量报价的办法防止成交发生。现券市场中流动性强的利率债的报价质量较高,但即使如此,依然会有买卖价差超过 100 个基点的情况出现。

目前中国银行间债券市场做市商积极性不高可能与其权利和义务不相匹配有关。做市商的义务是提供报价并按照报价向市场提供流动性,相应地,做市商需要承担做市风险、存货成本等。中国银行间债券市场投资者结构较为单一、市场判断容易同质化,在一定市场环境下,做市商要承受被逼仓的风险。而在市场判断同质化的情况下,容易出现一边倒地买入或者卖出的情况,这对于做市商存货管理具有较高要求。而中国目前配套的缓解做市商风险的制度安排,如自动融资融券、国债期货交易等,尚未落地。因此,做市商承担了较大的风险,但进行风险管理的工具

---

① 参见 http://www.nafmii.org.cn/zlgl/scjy/jyszz/201707/t20170712_62860.html。

很有限。

为补偿其承担的风险,做市商也享有一定的优惠。中国银行间债券市场做市商的权利共六项:第一,获得在一级市场购买债券的便利;第二,优先成为国债、政府类开发金融机构债券承销团成员和公开市场业务一级交易商;第三,获得债券借贷便利;第四,获得在银行间债券市场进行产品创新的政策支持;第五,通过做市业务达成的现券交易和债券借贷交易享受交易手续费和结算手续费优惠;第六,获取中国外汇交易中心实时提供的报价数据、成交数据等信息便利。事实上,这六项权利给做市商带来的益处非常有限。就前两项权利而言,在国债、政府类开发金融机构债券承销方面,做市商没有明显优势。对于第三项权利而言,债券借贷业务规模很小。在成熟市场中,托管结算机构可以给做市商提供自动融资融券,但这一业务在中国未能获准开展。其余几条对于做市商的吸引力也相对有限。

2016年9月30日财政部与中国人民银行联合发布通知①,建立国债做市支持制度,开展随买随卖操作,这一定程度上对于做市商的存货风险起到了缓解作用。因承担报价义务,做市商很有可能在市场行情不利时被迫接手大量债券,而预期行情上行时被迫卖出。随买操作指的是当某只关键期限国债在二级市场上供过于求时,财政部从做市商手中购回。相反情形下则为随卖操作。财政部推出的随买随卖操作缓解了做市商做市的流动性问题,可以对做市商制度起到支撑作用。

总体而言,中国债券市场正在积极推进做市商制度,但目前来说,通过做市商成交的现券交易规模仍然较小。

2. 货币经纪业务

中国银行间债券市场做市商制度不健全,做市商积极性不强,因此由做市商主动报价达成的点击成交业务,以及非做市机构主动向做市机构请求报价的业务规模均较为有限。而银行间现券交易市场每个交易日有2000多个参与成员达成交易,如何才能快速高效地找到合适的对手方呢?除交易员自身的关系网络外,货币经纪业务在其中也起到了一定作用。货币经纪公司承担着为交易员寻找对手方的职能,并从中收取一定佣金。在现券交易市场中,货币经纪公司的业务流程大致分

① 参见 http://www.gov.cn/xinwen/2016-09/30/content_5114366.htm。

为以下几步：

（1）有交易意向的客户向货币经纪公司提出交易需求，如数量、债券代码等；

（2）根据客户要求，经纪公司在其内部系统寻找最符合客户需求的交易对手方，并经过筛选向客户提供最优报价；

（3）客户收到货币经纪公司报价后决定是否执行交易；若认可，经纪公司可将对手方名称提供给客户；

（4）交易双方通过声讯、电子平台或其他方式确认成交后，即表示该笔交易成功；

由以上业务流程可知，经纪商与做市商的一大明显区别是经纪商不直接参与到交易中，而是发挥类似信息中介的功能，促成交易需求相匹配的对手方达成交易。促成交易后，经纪商从中收取一定的佣金。因其业务不要求经纪商本身暴露在市场风险下，经纪商所承担的风险小于做市商风险。由于数据可得限制，通过经纪商业务达成交易的金额占比未见披露。目前唯一可得的数据为，截至 2014 年第三季度，货币经纪公司累计撮合成交现券交易业务总金额为 3.82 万亿元，当年全年银行间市场现券成交金额为 38.82 万亿元。从 2015 年 7 月货币经纪公司联合声明中可知，2014 年通过货币经纪业务撮合成交的现券交易金额略小于银行间市场现券交易总额的 15％。近年来，随着银行间 X-Bond 系统的推出，通过货币经纪业务撮合成交的现券交易金额可能会受到一定影响。但相对而言，货币经纪商在银行间债券市场中比做市商影响更大。

中国银行间货币经纪商业务始于 2005 年。2005 年 8 月，《货币经纪公司试点管理办法》颁布①，自当年 9 月 1 日起施行。根据该文件，设立货币经纪公司需经中国银监会批准。截至目前，中国共有五家货币经纪商，分别为：上海国利货币经纪有限公司、上海国际货币经纪有限责任公司、平安利顺国际货币经纪有限责任公司、中诚宝捷思货币经纪有限公司、天津信唐货币经纪有限责任公司。

此前，投资者若需获取货币经纪公司报价，需与和本公司有业务往来的货币经纪公司联系，才能得知报价情况。2013 年 7 月 17 日，森浦资讯推出 Qeubee 平台，

---

① 参见 http://www.cbirc.gov.cn/cn/view/pages/ItemDetail.html?docId=1530&itemId=928&generaltype=0。

为国内唯一展示全部五家货币经纪公司报价的信息终端。交易方可以通过该平台快速得知全部货币经纪公司的报价情况,并可看到市场实时行情。Qeubee 平台的推出整合了货币经纪公司的报价信息,使得货币经纪公司报价更易于获取,在一定程度上对于现券市场的货币经纪业务起到了促进作用。

3. X-Bond 系统

通过做市商、经纪商完成的现券交易规模都较为有限,为提升市场流动性与交易效率,中国外汇交易中心于 2016 年 9 月推出了 X-Bond 系统,X-Bond报价行情类似于交易所模式,包含集中报价、集中成交、连续报价成交,几乎涵盖所有券种的现券交易。X-Bond 的特点如下:

(1) X-Bond 与此前的双边报价点击成交的突出区别在于匿名。对于需要大量买卖的机构而言,匿名成交可以提供一定的保护。类似请求报价,X-Bond 中可以实现匿名意向报价。询价主体保持匿名,向 X-Bond 下所有交易对手方进行询价,并在回复的报价中点击成交。X-Bond 参与机构在匿名报价后,买卖报价先进行自动匹配,未匹配报价可供其他参与机构点击成交。同时,基于场外市场特点,参与机构可设置无授信关系对手方机构名单,与名单内的机构之间不可达成交易。

(2) X-Bond 支持拆量交易。例如,若有 1 亿元卖单,可以只成交一部分,如 2 000 万元。拆量成交有助于提振现券市场流动性、加速交易达成。此外,X-Bond 还可展示多档行情。

(3) X-Bond 系统中展示市场的逐笔成交信息,并优先展示活跃债券报价成交行情,提高了现券市场价格透明度和基准性。

X-Bond 交易机制灵活,从推出以来就受到市场欢迎。2019 年 1 月—11 月,X-Bond交易参与机构共计 500 多家,日均交易量达 1 600 亿元,占现券交易市场的比例达 20%,部分活跃券如 10 年期国开债和国债的交易笔数合计占超 50%。[1]截至 2020 年 4 月 30 日,共有 2 822 家机构(含法人机构 553 家,产品 2 269 家)开通了 X-Bond 交易权限。[2]

---

[1]　来自《中国货币市场》2019 年第 12 期。
[2]　来自全国银行间同业拆借中心发布的现券匿名点击业务(X-Bond)名单。

4. 询价交易

询价交易目前仍是银行间现券交易的主要成交方式。由于交易数据难以获得,我们采用现有数据对询价交易比例进行估计。按照做市商成交额占比0.5%[1],货币经纪业务成交额占比15%[2],X-Bond匿名点击成交额占比20%计算,询价交易成交额占比在65%左右。询价交易为一对一协商定价,交易方与其白名单内的对手方通过一对一协商,最终确定交易要素。

总的来说,银行间现券交易目前以询价交易为主,货币经纪商报价与X-Bond匿名点击成交为辅助,做市商制度下的点击成交与请求报价规模很小。

6.1.2 美国现券交易市场结构与交易方式

美国现券交易市场目前仍是场外市场为主,而其市场结构为债券交易商联络网,交易商和交易商经纪商在其中起到了关键的支撑作用。我们可将美国债券场外市场的参与群体分为三大类:(1)客户,即有债券交易需求的投资者;(2)交易商,提供报价,满足客户流动性需求;(3)交易商经纪商,辅助交易商之间交易的达成。

美国债券市场的层级结构较为明显,可以分为上下两层。底层为交易商对客户的交易,上层为交易商之间的交易。客户群体仅在底层,交易商经纪商仅在顶层市场,而交易商从底层市场承接流动性需求,在顶层市场通过与其他交易商交易平衡自身资产组合、调整头寸。以流动性最强、交易最活跃的美国国债市场为例,底层市场与顶层市场规模相当。

交易商内部亦有进一步分层。核心交易商与边缘交易商在整体市场网络中所处的位置不同,为投资者提供的成交价格可能也会相应有所区别。Li和Schurhoff(2019)通过研究美国市政债券市场中的顶层市场,即交易商之间的交易市场的网

---

[1] 2011年第三季度后,银行间市场交易商协会不再公布做市商数据,按当期数据估计,2011年做市商成交量约为0.5%。2011年第三季度做市商数据详见 http://www.nafmii.org.cn/zlgl/scjy/zsspj/qktb/201202/t20120226_2485.html。

[2] 参见 https://finance.sina.cn/forex/hsxw/2015-07-23/detail-ifxfhxmk6519120.d.html?from=wap。

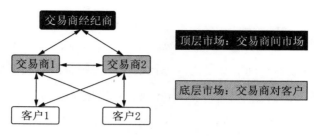

图 6.1　美国传统场外市场结构

络结构,发现该市场网络结构中分布有 10—30 个核心交易商及约 2 000 家边缘交易商,债券的主要流向为从边缘交易商流向核心交易商,部分再由核心交易商回流至边缘交易商。核心交易商向客户收取更高的价差,但能够提供更迅捷的成交。因此,投资者在选择交易商时,需要在成交速度与价格之间作出权衡。Maggio 等(2016)与 Schultz 和 Song(2019)分别对公司债与 TBA 抵押贷款支持证券市场的网络结构进行了分析,在这两个市场中也存在核心交易商与边缘交易商的分层。

除了按照所处网络结构中的位置分层之外,交易商按其是否有报价义务,还可分为一级交易商与一般交易商。一级交易商是义务做市商,承担对债券市场的做市义务。一般做市商为自愿做市商,可自愿选择券种做市。

交易商内部达成的交易主要通过经纪商进行,另外为做市商之间直接达成交易。经纪商或电子撮合网络向会员匿名公布其他成员的报价和数量,会员可以通过经纪商与其他做市商进行交易。美国债券市场主要有五家经纪机构,如 ICAP、Garban-Intercapital 和 Cantor-Fitzgerald 等。做市商之间的直接交易主要通过询价方式进行。而交易商与客户之间的交易方式主要为请求报价。

近年来,电子通信网络(electronic communication network,ECN)的涌现正在逐渐改变美国债券市场结构。在顶层市场中,出现了专为交易商之间的交易服务的 ECN。这类平台组织形式类似于场内市场,为订单驱动的市场,多采用中央限价订单簿(central limit order book,CLOB)的交易方式,自动对买单与卖单进行匹配。目前新发行国债的交易商间市场几乎已实现百分百电子化。CLOB 的交易方式使用自动交易(automated trading/algorithm trading,AT),订单与交易指令的下达由计算机自动完成。高频交易(high frequency trading,HFT)也属于自动交易的一种。采用自动交易策略的通常为自营交易公司(principal trading firms, PTF)。许多交易商间交易平台均对 PTF 开放,PTF 通过计算机算法下达指令,完成交易。自动交易通常在本身流动性就较强的市场中能够得到较好的执行,而 PTF 的接入为市场进一步提供了流动性支持。据统计,PTF 的交易额占比在美国国债交易商间交易平台中超过 50%[US Joint Staff Report(JSR),2015]。①但对其他一些流动性较差的券种,例如公司债,因本身市场流动性不强,CLOB 应用较为有限,交易形式仍以请求报价为主,自动交易的使用则受到更大的约束。

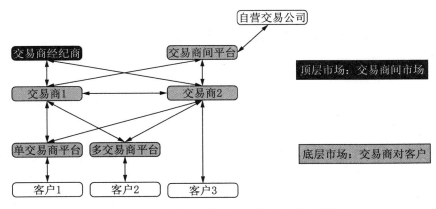

图 6.2 美国债券市场结构——引入电子交易平台

资料来源:作者根据资料整理得到。

底层市场中的电子化主要有两种形式,单交易商平台与多交易商平台。单交易商平台中只有一家交易商做市,因此可以视为交易商与客户交易的电子化版本。而在多交易商平台中,客户无需轮流向各交易商请求报价,可以通过平台向多个交易商发送报价请求。多交易商平台的典型例子为 Tradeweb,据其官网透露,2019 年,在 Tradeweb 上有超过 50 家交易商提供报价。交易商对客户的电子交易平台主要交易形式为请求报价。在请求报价的交易形式下,因交易速度更慢,自动交易的应用较为有限,一般仅限于自动报价与执行交易。据估计,在美国国债旧券的交易商对客户市场中,超过 50%的交易在请求报价平台上达成。

---

① 参见 https://www.treasury.gov/press-center/press-releases/Documents/Joint_Staff_Report_Treasury_10-15-2015.pdf。

总结来说,美国现券交易市场主要采取做市商制度,市场可划分为交易商间市场与交易商对客户市场。其中,传统美国现券交易商间市场的主要交易形式为询价,但近年来,在流动性较好的市场,如新发国债现券市场,交易商间市场完全转移至电子交易平台中,采用订单驱动竞价交易模式,且其中有超过五成的交易由自动交易策略执行。而交易商对客户市场一般为请求报价交易,近年来的主流趋势是单交易商平台与多交易商平台的电子化交易方式的兴起,但电子化交易方式只是改变了客户与交易商接触的方式,并未改变请求报价的交易形式。

6.1.3　中美现券交易市场结构与交易方式对比

中美现券交易市场的组织结构有很大差异,而市场结构的差异导致了两市主流交易方式亦有所不同。主要的区别可以归纳为以下几点:

（1）中国债券市场结构扁平化,美国债券市场层级结构明显。中国债券市场虽引入了做市商制度,但其在市场中发挥的作用较为有限,做市交易规模占比仅5％左右,市场主流交易方式仍为对话议价,交易商自行寻找交易对手方达成交易。而美国的现券交易市场依赖于做市商制度,市场也因此分为两层:交易商间市场与交易商对客户市场。交易商向客户零售债券,满足客户小规模交易需求,并在交易商间批发市场调整头寸。做市商制度保证了市场的流动性水平,而发达的交易商间市场又为交易商更好地服务于客户提供了稳固支撑。相比之下,中国债券市场中没有形成明显的层级结构,这可能一定程度上解释了中国债券市场的低流动性。

（2）中国债券市场的交易方式以询价为主,美国活跃券交易商间市场的主流交易方式为竞价交易,不活跃券交易商间市场的交易方式为询价交易,交易商对客户市场的交易方式则以请求报价为主。中国债券市场中做市商制度失灵,使得依赖于做市商制度的点击成交、请求报价等交易方式无法得到广泛应用。因此,市场参与者只得采用询价方式达成交易。而美国现券市场中做市商制度完善,客户的交易需求可通过向交易商请求报价得到满足。而交易商之间的交易方式则视券种类别而有所不同。中国外汇交易中心 2016 年推出的 X-Bond,也是中国债券市场向竞价交易制度靠拢的一次尝试,因其制度安排的灵活性,在国债等活跃券交易中得到了市场参与者的欢迎。

（3）电子化交易的兴起。自 20 世纪 90 年代以来,电子化交易方式在美国现券市场交易中得到了大量应用,在交易商间市场出现了交易商间交易平台,而针对交易商对客户的交易,亦有单交易商平台与多交易商平台。电子化交易有助于交易效率的提升。中国外汇交易中心推出的 X-Bond 平台符合全球交易电子化的大趋势,但总体规模还有待进一步发展。

（4）自动交易策略的应用。在高度活跃的批发市场,如新发国债交易商间市场,美国已有相当数量的交易为自动交易。这也与美国债券市场的市场化导向有关。中国债券市场的自动交易还未见应用。

6.2　中美现券交易市场的交易信息披露

金融市场的关键作用之一为信息加总。信息加总的效率直接影响到市场的定价效率。现券交易市场以场外交易为主,场外市场相比于场内市场而言更不透明,交易者可得的市场信息较为有限。但中美两国的债券市场中均有一定的制度安排保证一定程度的交易信息披露。在这一部分中,我们将对两市交易信息披露情况进行比较。

6.2.1　中国现券市场交易信息披露

我们可将市场交易信息分为两类,即报价信息与行情信息。报价信息指的是交易者在交易发生前,可以看到有关其他交易者提供的公开报价信息,其中可包括做市商提供的双边报价数据、货币经纪商提供的报价信息等,报价信息可以帮助交易者判断当前市场状态,获取有关债券的当前行情信息,以此判断是否要执行交易。Benos 等（2020）研究发现,提高事前信息透明度可以有效地提高市场流动性。

而行情信息为实时或最近一段时期内的成交明细,例如逐笔成交信息、债券最新一笔成交明细等,行情信息有助于投资者对于当前债券的成交情况作出合理判断。结合行情信息,投资者可以更好地对报价信息进行分析,判断当前报价是否合理。

1. 报价信息

中国银行间债券市场投资者共有三大渠道获得公开报价信息。首先,做市商会提供双边报价,若价格适宜,投资者可选择点击成交。但鉴于中国债券市场中做市商制度尚不健全,做市商与尝试做市机构提供的报价信息,未必能够作为当前现券市场情况的优质参考。为了满足报价量的要求以应对交易中心的审核,做市商可能会在提供报价后与其他机构串谋成交,再按原价与数量反向交易熨平。这种情况下的报价可能不具有太大的市场参考价值。而不在乎量的做市商,为了保护自身,防止成交的发生,可能会提供差价极大、没有吸引力的报价,这些报价也不能反映当前的市场状况。总的来说,做市商双边报价信息价值较为有限。

其次,森浦资讯的 Qeubee 平台整合了中国五家货币经纪商的报价信息。投资者可通过 Qeubee 平台,得到当前货币经纪商提供的最新报价情况。货币经纪商的报价来自其客户。当前约有 15% 的现券交易通过货币经纪商达成,因此 Qeubee 中的报价信息具有一定的参考价值。

最后,在中国外汇交易中心推出的 X-Bond 平台中,投资者可以看到当前系统中的报价情况,并选择是否点击成交。买卖方均可以进行匿名报价,并选择合适的报价进行点击成交。只有在交易完成之后,才可以通过成交单得知交易对手方信息。因在系统中提供的报价被点击后必须进入交易阶段,对报价方的约束力较强,因此,X-Bond 系统中的报价信息可参考性较强。

2. 历史行情信息

中国银行间债券市场的历史行情信息披露主要来自外汇交易中心、Qeubee 平台与 X-Bond。Qeubee 平台的经纪商现券板块中"实时成交"模块可供查看债券实时成交价格信息,"成交统计"功能支持查询五大货币经纪商近期成交情况以及逐笔成交信息。但值得注意的是,Qeubee 平台所提供的行情信息只有价格信息,交易量的信息最多细化到成交笔数,没有具体的成交金额信息。此外,Qeubee 平台所展示的实时成交与历史行情信息,仅覆盖通过五家货币经纪商完成的现券交易信息,不包括其他形式下完成的交易信息。

X-Bond 系统中也提供成交行情信息,可以快速查看是国债、政策性金融债、企业债、中期票据和短期融资债五大类债券的最新一笔交易细节,当日所有逐笔成交情况,以及对应债券的成交 K 线图,交易细节包括成交价格、数量等。相比于 Qeubee 平台,X-Bond 系统的行情信息维度更丰富,但同样也只包括在 X-Bond 系统中的交易信息,不覆盖通过其他方式完成的交易信息。

6.2.2　美国现券市场交易信息披露

从报价信息来看,在交易商间市场中,若通过电子交易平台达成的交易,因多采用 CLOB 形式,订单簿公开,透明度较高。若通过交易商经纪商达成的交易,则仅限于经纪商报价。在交易商对客户市场中,交易商可提供双边报价,但主流成交当为请求报价。

在历史行情信息方面,为提升固定收益市场的透明度,美国金融业监管局于 2002 年开始推行"交易报告与法规遵行引擎"(Trade Reporting and Compliance Engine,TRACE),要求其会员公司在公司债交易完成后 15 分钟内,将交易信息上报至 TRACE。TRACE 向投资者公布公司债场外市场百分百的逐笔交易信息,包括交易执行时间、价格、收益率与成交量。之后,TRACE 的要求上报证券范围逐渐扩大。目前,在 TRACE 上报要求范围内的债券包括公司债、政府支持机构债券、证券化产品与国债。

6.2.3　中美现券市场交易信息披露比较

中国现券市场交易信息披露在历史行情信息方面,距离美国还有一定差距。目前中国现券市场历史行情披露仅包括通过货币经纪公司或者 X-Bond 系统达成的交易,交易金额占比约为债市现券交易总量的 33%,剩余约 70% 的现券交易历史行情信息并不公开。而美国的 TRACE 披露了全部公司债、政府支持机构债券、证券化产品与国债的交易信息。从发行量和存量来看,TRACE 披露的券种金额占比均为 80% 左右,其中国债是交易最活跃的券种。因此,我们可以说 TRACE 披露了美国现券交易市场的大部分成交信息。Schultz 和 Song(2019)发现,在抵押贷款资产支持证券市场引入 TRACE 后,客户与边缘交易商成交的交易成本,相比于其与核心交易商的交易成本,有更为显著的下降。市场的不透明度保护了低效率的交易商,而在引入事后交易信息公开机制后,市场透明度上升,低效率交易商难以再向客户收取高价差。Goldstein 等(2007)、Edwards 等(2007)、Bessembinder 等(2006)与 O'Hara 等(2018)均证实了事后行情信息的披露有助于提高市场流动性,降低交易成本。因此,市场的透明度与交易成本相关联,目前中国债券市场相较美国市场透明度过低,这可能提高了交易成本。

另外,需要注意的是,中国现券市场交易信息的披露多来自系统自动记录的成交信息。而美国 TRACE 系统为交易方主动上报的交易信息。此外,通过货币经纪商达成的交易信息披露中没有交易量的信息。

6.3　中美现券交易市场清算结算机制

市场结构与交易方式、交易信息的披露影响了交易的达成,但这仅仅是完成交易的第一步,发生在交易场所中,是交易的前台部分。一旦交易执行,接下来就需要转入后台,由清算托管机构负责完成券款清算、结算与转移过户。根据上海清算所《银行间市场集中清算业务指南(第六版)》中给出的广义清算的定义,清算是指交易后处理过程,即交易匹配确认、支付或交割权利义务等的计算、结算指令的发送、债权债务的清讫和到账确认。而结算是最后环节,指完成交易双方债权债务的清讫和到账确认的过程。

在开始介绍两市清算结算机制之前,我们需要先对清算结算的术语进行介绍,以便理解。按照清算头寸是否轧差分,清算方式可分为全额清算与净额清算。全额清算下交易双方需根据交易的实际金额进行券款划付,而净额清算下,由于交易方之间的部分债务可抵消,交易双方只需根据轧差之后的债务净额进行划付。

按照券款交收的关系与顺序划分,交收方式可分为券款对付(deliver versus payment,DVP)、纯券过户(free of payment,FOP)、见券付款(payment after delivery,PAD)与见款付券(delivery after payment,DAP)。券款对付指的是债券交割与资金支付同步进行且互为条件的结算方式,这也是当前国际市场上主流的结算方式。纯券过户指的是交易双方只要求清算托管机构协助办理债券交割,由交易方之间自行完成资金结算。见券付款指的是收券方确认收券后,再办理资金结算。而见款付券则相反,由付券方确认收款后,再办理债券过户。

清算方式的不同决定了交易方的资金、债券使用效率,影响到市场的流动性强弱。而结算则影响到交易方面临的对手方风险的大小。因此,清算、结算方式对于券款使用效率与交易安全性有重要影响。在本节中,我们将对中美现券市场的清算结算机制进行分析与比较。

6.3.1 中国现券市场清算结算机制

在第 2 章对于中美债券交易市场与参与主体的介绍中,我们已经提到中国债券市场有三大清算托管机构。银行间市场的利率债与部分信用债由中债登进行登记托管结算,银行间市场的短期融资券、中期票据、同业存单、资产支持票据等信用债与部分金融债由上海清算所进行登记托管结算工作。而上海证券交易所和深圳证券交易所承担的全部证券登记结算业务划归中证登承担。不同清算托管机构所采取的清算机制也有所不同。中证登现券交易可采用全额或净额结算,但以净额结算为主。因银行间市场为债券主要交易场所,在此我们将对银行间市场进行展开讨论。

中债登对于现券交易业务提供实时逐笔全额结算,即对每笔交易进行实时结算,交易双方按照实际交易金额进行券款划付。而上海清算所则提供逐笔全额清算与多边净额清算两种清算方式供交易者选择,其中后者为中央对手方集中清算。上海清算所为场外市场唯一有中国人民银行认证的专业化中央对手方清算机构。

中央对手方清算方式下,上海清算所作为中央对手方介入交易的对手方之间,成为买方的卖方与卖方的买方。上海清算所作为中央对手方,对市场参与者达成的现券交易,按照多边净额的方式,轧差计算每个市场参与者当天应收或应付的资金和债券,于日终统一完成券款交割的一种清算处理方式。在中央对手方的清算模式下,交易者只需进行轧差清算,资金使用效率得到提升。同时,交易对手方被替换为中央对手方,对手方风险得到有效控制。但正因为这种制度安排下,风险被集中在了清算所中,因此上海清算所对于其清算会员资质也有较为严格的要求,如交易量、申请机构的财务状况与资本充足率、同业间信用评价等都需达到一定水平。

图 6.3 为银行间市场现券交易清算情况,折线为中债登现券清算面额占银行间现券交易总清算面额的情况。自 2018 年 8 月至 2019 年 8 月,中债登现券清算面额占比从 52.49%上升至 70.22%。柱状图为上海清算所中央对手方净额清算面额占银行间市场总清算面额比重,由图可知,中国银行间债券市场净额清算面额占比约为 10%。为进一步分析中国银行间债券市场的净额清算业务,表 6.1 为上海清算所债券净额业务统计。注意,债券净额业务包括现券交易与回购业务,现券交易单独统计数据不可得,2019 年 3 月前的数据也未见公布。银行间债券市场中参

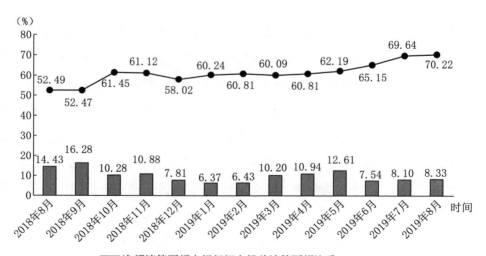

图 6.3 银行间现券市场清算情况

资料来源:上海清算所。

表 6.1　上海清算所债券净额业务统计(2019 年 3 月—2019 年 9 月)

	2019 年 3 月	2019 年 4 月	2019 年 5 月	2019 年 6 月	2019 年 7 月	2019 年 8 月	2019 年 9 月
清算笔数(笔)	5 133	5 658	7 187	4 053	4 770	5 039	3 448
清算面额(亿元)	18 306.97	19 482.36	24 298.59	12 322.21	16 181.45	17 204.72	10 471.78
结算金额(亿元)	1 114.88	893.7	1 525.38	857.27	1 099.15	1 256.33	1 060.62
债券轧差率(%)	94.00	95.07	93.30	88.70	94.10	91.70	89.70
资金轧差率(%)	89.48	95.44	93.90	93.30	93.40	92.80	90.10
参与机构数(家)	45	50	51	53	43	52	47
涉及证券数(只)	228	258	147	185	153	209	165

资料来源:上海清算所。

与债券净额业务的机构数目约 50 家,由于中央对手方业务会导致风险集中,净额清算业务对于会员资质有较高要求,因此满足条件的机构数目有限。涉及的证券数目约 200 只,债券与资金的轧差率均在 90% 上下,可见多边净额清算业务的确能够实现资金的高效利用。

从交收方式与时间上来看,目前中国债券现券市场结算主要以券款对付为主。银行间债券结算和资金清算的时间采用 T+0 或 T+1 的方式,交易成员双方自行决定债券结算和资金清算的时间,T+0 是指交易成员于债券交易成交日进行债券结算和资金清算,T+1 是指交易成员于债券交易成交日之后的第一个营业日进行债券结算和资金清算。

6.3.2　美国现券市场清算结算机制

美国债券市场由美国证券托管与结算公司(DTCC)进行集中统一托管,结算方式为券款对付,结算周期通常为 T+1。DTCC 旗下拥有多家中央对手方机构,其中提供与债券有关的清算服务的包括:全国证券清算公司(National Securities Clearing Corporation,NSCC),提供股票、公司债与市政债券的中央对手方清算服务;固定收益清算公司(Fixed Income Clearing Corporation,FICC),提供美国国债与政府支持机构债券的中央对手方清算服务;ICE 信用清算公司(ICE Clear

Credit，ICC)，提供 CDS 中央对手方清算服务。

在债券场外市场中，投资者可以进行双边全额清算或者中央对手方集中清算，具体选择的清算方式与交易双方类型有关。以美国国债市场为例，在底层交易商对客户市场中，因客户一般不是合格中央对手方清算会员（CCP 会员），无法进行中央对手方清算，因此底层市场清算方式以双边全额清算为主。在顶层市场中，若为交易商间直接进行的交易，因交易商通常都是 CCP 会员，因此这种类型的交易通常为中央对手方清算。若为通过交易商经纪商或交易商间交易平台（此处统称为"IDB"）开展的交易，这笔交易会被拆分成两笔，IDB 在交易双方的中间，为其互相充当买方与卖方。若交易双方均为 CCP 会员，而 IDB 通常也是 CCP 会员，那么这两笔交易均为中央对手方清算。但若有一方不是 CCP 会员，那么 IDB 与是 CCP 会员的交易方之间的交易将通过中央对手方清算，而其与非 CCP 会员交易方之间的交易则通过双边清算的形式进行。若交易双方均非 CCP 会员，则两笔交易均为双边清算。在美国国债现券市场中，自营交易公司日渐活跃，而自营交易公司通常不是 CCP 会员，这一定程度上会导致双边清算比重的上升。清算方式与交易双方的关系可总结如图 6.4 所示。

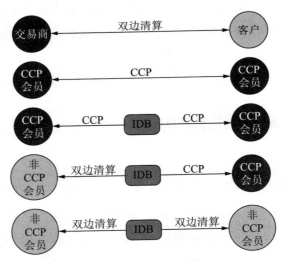

图 6.4　美国现券市场清算方式与交易方类型图

资料来源：作者根据公开资料整理得到。

表6.2为美国国债现券市场各交易方式金额占比估算值。由表可知,美国国债现券市场中,双边清算所占金额比重约为77.6%,通过中央对手方达成的交易金额占比约为22.4%。而双边清算交易中的主要部分来自交易商对客户的交易,通过中央对手方清算的主要顶层交易商间市场中的交易。

表6.2　美国国债现券市场清算方式占比(估算)

交易方式	交易金额 (十亿美元)	无 IDB 交易 占比(%)	有 IDB 交易 占比(%)	总金额 占比(%)
无 IDB,双边清算	289	95	—	54.30
无 IDB,CCP	15	5	—	2.90
有 IDB,CCP	52	—	22.90	9.80
有 IDB,双边清算与 CCP	103	—	45.30	19.40
有 IDB,双边清算	73	—	31.90	13.60

注:表中数据与基于2017年上半年市场实际数据与一定假设条件估算而来。
资料来源:https://www.newyorkfed.org/medialibrary/Microsites/tmpg/files/CS-DraftPaper-071218.pdf。

6.3.3　中美现券市场清算结算机制对比

相比于其他层面,中美债券现券市场的清算结算机制差异相对较小。两市交易方式均采用券款对付方式,清算方法均为双边全额清算与中央对手方清算并行。值得注意的有如下两点:

(1) 美国债券场外市场多个中央对手方并行,但其覆盖券种有所不同。Duffie和Zhu(2011)分析了衍生品市场中中央对手方数目对清算效率的影响。中央对手方清算可以有效降低对手方风险,但随着中央对手方数目的增加,交易方所承受的对手方风险也将随之上升。多家中央对手方的存在降低了净额清算与轧差的效率,对交易方而言反而不利。这可以解释美国 DTCC 旗下的中央对手方所覆盖的债券品种并不交叉的现象。而中国场外市场中仅上海清算所一家中央对手方,因此可以有效地利用其中央对手方的地位,进行债券与资金轧差,帮助交易方提高资源使用效率。目前,中国银行间债券市场中央对手方清算金额占比相较美国的情况更低,有巨大发展潜力。

（2）美国现券市场中,国债、政府支持机构债券、公司债、市政债券等均可进行中央对手方清算。中国现券市场中,中债登托管的利率债仅支持双边全额清算。利率债由于其低风险的属性,是现券市场中交易相对活跃的品种。银行间债券市场中,国债的交易额占比约为 20%。双边全额清算机制对于交易者的资源使用效率会造成一定制约,对于利率债等交易活跃的品种,或可尝试开放中央对手方清算机制。

7 中美债券市场其他交易类型比较

在第 3 章至第 6 章中,我们已对中美债券市场的现券交易情况、交易前后端处理机制等进行了比较详尽的刻画。现券交易是债券市场中最为直接的交易类型,但与债券市场有所关联的其他交易类型,如回购交易等,对于整体金融系统稳定、资金的传导具有关键作用。因此,在本章中,我们将介绍与债券相关的其他几种交易类型,并对中美市场的情况进行比较。

7.1 债券回购交易

债券回购交易是指债券持有人(正回购方,即资金融入方)在卖出一笔债券、融入资金的同时,与买方(逆回购方,即资金融出方)协议约定于某一到期日再以事先约定的价格将该笔债券购回的交易方式。债券回购交易的实质为有抵押借贷,一笔回购交易涉及两次券款的交换。债券回购交易对金融机构而言是重要的短期资金融通渠道,同时也是重要的货币政策工具。由于涉及债券与资金的交换,债券回购交易同时与货币市场及债券市场相关联。债券回购利率也是金融市场中的关键参考利率之一。中国债券回购交易的形式、参与者类型与美国均有所区别,以下我们将分别进行介绍。

7.1.1 中国债券回购交易

中国债券回购交易在银行间市场与交易所市场均可进行,但其制度安排有所不同。图 7.1 为 2000 年至 2018 年中国债券回购交易分市场交易额情况。在 21 世纪初期,由于银行间市场刚成立不久,其中机构数目也比较有限,银行间市场与交易所市场回购交易比重相当。其后,随着银行间市场逐渐发展壮大,以及市场制度安排的不断完善,2000 年至 2019 年间,银行间市场回购交易占全部回购交易的比重约为 80%,占据市场主导地位。目前中国债券回购月度总交易金额在 70 万亿至 90 万亿元,作为比较,中国股票市场总市值约为 55 万亿元,而中国债券市场 2018 年末总存量约为 86 万亿元,中国债券现券市场月度总交易金额约为 10 万亿元。相比之下,债券回购市场体量巨大。同样作为资金融通渠道之一的同业拆借,月均成交额约为 10 万亿元。对比可知,中国机构间短期资金融通的主要渠道为回购交易。银行间市场与交易所市场的回购交易制度安排有所不同,以下我们将分别进行介绍。

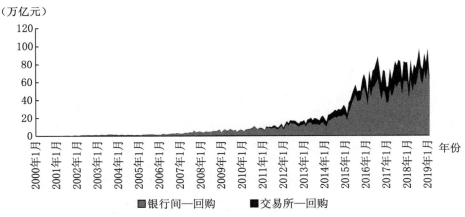

图 7.1 2000—2018 年中国债券回购交易分市场交易额情况

资料来源:见表 1.1 资料来源说明。

1. 中国银行间市场债券回购交易

银行间市场的债券回购交易主要为双边回购。因场外市场的制度安排,交易方一般自行寻找对手方,商定交易条款。其交易结构如图 7.2 所示。正回购方与逆回购方协定交易金额、利率、期限、所用质押物(单一券种或组合)以及质押物折扣率后,由上海清算所或中债登完成券款清算以及质押物管理。

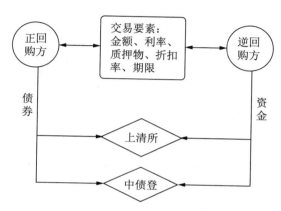

图 7.2 中国银行间市场债券回购交易一般形式
资料来源:作者根据资料整理得到。

　　银行间债券市场推出的主要回购交易方式为质押式回购与买断式回购。在质押式回购下,一旦交易发生,正回购方所提供的质押物就进入锁定状态,交易双方均不得使用质押物。因此,质押物并不会从正回购方的资产负债表中挪出,也不会出现在逆回购方的资产负债表上。但若是买断式回购交易,则会出现质押物归属权的转移,质押物会从正回购方的资产负债表转移至逆回购方的资产负债表中,在回购期间,逆回购方可以使用质押物。买断式回购的最长期限为 365 天。从交易的处理上,买断式回购可看作两笔现券交易业务。买断式回购还可实现债券做空,逆回购方获得债券后,若看空未来行情,可将债券卖出,合约到期时再按市价购回。但是由于买断式回购发展较晚,且存在会计处理方式不明确等问题,市场成员参与积极性较低,目前银行间债券市场的债券回购业务仍以质押式回购为主,买断式回购月均成交金额不足 1 万亿元。因此,以下分析将以质押式回购为主。

　　银行间市场债券回购交易的主要风险为质押物贬值与对手方违约的风险。一般来说,质押物的质量对于回购交易的影响更大,机构内部风险控制会对可接受的质押物范围进行规定。以高等级债券如国债、政策性金融债等作为质押物,因其安

表 7.1　银行间债券市场质押式回购质押物种类占比

	2013 年	2014 年	2015 年	2016 年	2017 年	2018 年	2019 年第一季度
国债①	41.8%	38.4%	34.7%	30.7%	31.7%	29.9%	31.6%
政策性金融债	36.0%	40.7%	42.1%	42.0%	39.9%	40.1%	39.2%
广义企业债②	13.5%	10.9%	9.1%	9.3%	8.9%	8.6%	8.3%
短期融资券	3.4%	5.3%	6.1%	4.5%	2.7%	2.6%	2.7%
同业存单	0.0%	0.1%	3.2%	8.6%	12.1%	13.1%	12.2%
地方政府债	0.9%	1.0%	1.7%	2.3%	2.3%	2.2%	2.3%
政府支持机构债券	2.6%	2.3%	2.0%	1.2%	0.9%	0.9%	0.8%
其他	1.8%	1.3%	1.1%	1.4%	1.7%	2.6%	3.0%
总金额(万亿元)	156.9	210.6	429.7	563.6	581.3	707.6	394.7

注:①包含央行票据。
　　②中期票据等被包含在内。
资料来源:作者根据相关资料整理得到。

全性较高,通常会被收取更低的折扣率。由表 7.1 可知,目前银行间债券市场质押式回购质押券以利率债(国债、政策性金融债、地方政府债)为主,2019 年第一季度,国债与政策性金融债所占比重为 70.8%,排名第二的为同业存单,其次为包含中期票据等在内的广义企业债。回购交易的利率一般随行就市,但是质押物的质量也会有一定的影响。同时,应注意的是,银行间债券市场质押式回购交易质押物的质量未严格执行逐日盯市制度,因此机构需要对质押物设定折扣率,以为未来可能出现的质押物贬值预留一定的安全缓冲。利率债的折算率为 95% 至 100%,广义企业债与同业存单的折算率可能在 90% 及以下。

表 7.2　银行间债券市场质押式回购各期限交易金额占比

期限种类	2013 年	2014 年	2015 年	2016 年	2017 年	2018 年	2019 年第一季度
R001	79.0%	78.5%	85.6%	85.5%	80.7%	81.6%	84.9%
R007	13.0%	14.2%	10.7%	10.9%	13.0%	12.1%	9.5%
R014	4.3%	4.5%	2.6%	2.4%	4.0%	3.4%	3.1%
R021	0.9%	0.8%	0.3%	0.4%	1.0%	1.8%	1.4%
R1M	1.6%	1.1%	0.4%	0.4%	0.6%	0.6%	0.6%
R2M	0.5%	0.3%	0.1%	0.1%	0.5%	0.3%	0.0%

续表

期限种类	2013 年	2014 年	2015 年	2016 年	2017 年	2018 年	2019 年第一季度
R3M	0.5%	0.5%	0.2%	0.2%	0.1%	0.1%	0.3%
R4M	0.0%	0.1%	0.0%	0.0%	0.1%	0.0%	0.1%
R6M	0.1%	0.1%	0.0%	0.0%	0.0%	0.0%	0.0%
R9M	0.0%	0.0%	0.0%	0.0%	0.0%	0.0%	0.0%
R1Y	0.0%	0.0%	0.0%	0.0%	0.0%	0.0%	0.0%

资料来源：中国货币网（https://www.chinamoney.com.cn/chinese/index.html）。

除质押物之外，在银行间债券市场中，对手方风险也十分关键。因逆回购方没有对质押物在质押期间的使用权，不存在逆回购方不能还券的风险，因此质押式回购的对手方风险主要为正回购方不能及时提供资金购回质押物。机构会进行严格的内部风险审查，设定允许进行质押式回购交易的机构白名单，一般情况下将只与名单内的机构进行交易。在同等条件下，资质较差的非银机构等，需支付更高利率或提供更优质的抵押品，才有可能获取融资。目前质押式回购市场中以银行内部成交为主，资金流向为从政策性银行、大型国有商业银行流向股份制银行、城商行，继而分流至农商行与非银机构。

从回购期限上说，质押式回购以 7 天及以下的品种为主。表 7.2 统计了各期限质押式回购交易金额所占比重。其中，隔夜回购（R001）金额占比在 80% 左右，7 天回购（R007）金额占比在 10% 上下，7 天及以下的品种总交易金额占比超过 90%。

在 2019 年 6 月之前，质押式回购在违约处置机制上没有落实到具体细则，虽有说明违约处置机制，但不适宜实际操作。2019 年 6 月的包商银行事件打破了同业机构间的刚性兑付预期，引发了银行间市场对于中小机构的信用重估，机构在交易中对对手方风险的关注有所提升。在此背景下，上海清算所、全国银行间同业拆借中心与中债登均于当年 6 月 17 日公布与债券回购或债券担保违约有关的试行处置细则，以规范银行间市场回购或担保品违约的处置流程，提升处置效率，其中规定了债券的处置可采取协议折价、拍卖和变卖等三种方案，并支持守约方单方申请处置。违约处置细则的出台，明确了违约情况下质押物的处理办法，相对提高了质押物在违约情况下对于逆回购方的价值，一定程度上减缓了对手方风险。

除传统的质押式回购与买断式回购外,外汇交易中心还于 2015 年 8 月 3 日正式推出质押式回购匿名点击业务(X-Repo)系统。X-Repo 适用于隔夜、7 天和 14 天三个期限,且以利率债为质押券的回购交易。在 X-Repo 系统中,参与机构通过全国银行间同业拆借中心的交易系统发送匿名的正回购或逆回购限价报价。交易系统根据参与机构设置的双边授信条件,按照"价格优先、时间优先"的原则进行自动匹配,匹配成交后正回购方按照全国银行间同业拆借中心设定的统一折算率提交质押券,完成交易。X-Repo 下机构只需注明金额与利率,简化了机构间对于质押券与折算率的商讨流程。但目前 X-Repo 发展规模非常有限,2018 年 X-Repo 的市场占比仅 3.6%。

不论是质押式回购与买断式回购,都属于双边回购,仅牵涉到交易双方,由交易双方自行商定质押物、质押物折算率等,并对质押物的风险和价值进行持续评估。但部分机构本身进行风险评估的能力较弱,对抵押品不能进行很好的估值,在双边回购中处于劣势地位,因此参与回购交易的动力不强。2018 年 10 月 16 日,银行间市场宣布推出三方回购交易。与双边回购相比,在三方回购中,由第三方进行担保品的管理,对质押券进行风险评估与估值;在违约发生时,也由第三方按照与双方的回购协议,对违约的担保品进行处置。第三方机构的存在可以有效消减交易方对于担保品估值的顾虑,提高回购交易的效率。上海清算所与全国银行间同业拆借中心于 2019 年 7 月 31 日推出有关通用质押式回购交易清算业务的安排,指明由上海清算所作为中央对手方提供担保品管理与集中清算服务。目前,银行间市场的三方回购交易依然处于起步阶段。

2. 交易所市场债券回购交易

除银行间市场外,在交易所市场(上海证券交易所、深圳证券交易所)中,投资者也可开展回购交易。在交易所中作为正回购方融入资金的主要为非银机构,如基金等。①个人投资者也可参与回购交易,但只能作为逆回购方参与,且能接受的

---

① 中国人民银行发布《关于银行在证券交易所参与债券交易有关问题的通知》(证监发〔2019〕81 号),扩大在交易所参与债券交易的银行范围,包括政策性银行和国家开发银行、国有大型商业银行、股份制商业银行、城市商业银行、在华外资银行、境内上市的其他银行,这些银行在证券交易所参与债券现券的竞价交易。但该文件未提及回购市场。

质押券范围更窄。据上证债券信息网①，上海交易所正回购方以券商自营（22.6％）、基金（19.6％）、保险（16.7％）与一般法人（12.2％）为主，而逆回购方以自然人（44.5％）、一般法人（17.4％）、信托（10.4％）、基金（9.9％）为主。

相对银行间市场债券回购交易而言，交易所市场所提供的质押式回购交易更为标准化。不同于银行间交易方协商决定质押物折算率，在交易所市场中，可适用的质押券范围与债券的折算率由交易所与中证登统一制定并每日公布。交易所与中证登根据不同债券品种的信用与流动性差异，对其设定不同的折算比例，按此比例将债券折算为标准券后，按标准券面额进行融资交易。目前，交易所市场中可质押券包括国债、地方债、政策性金融债，若为信用债，则对于债项评级与主体评级设有一定标准，具体为：对于 2017 年 4 月 7 日前已上市或是未上市但已公布募集说明书的信用债，需满足债项和主体评级均为 AA 级（含）以上要求，对于 2017 年4 月 7 日（不含）后公布募集说明书的信用债，需满足债项评级为 AAA 级、主体评级为 AA 级（含）以上要求。其中，主体评级为 AA 级的，其评级展望应当为正面或稳定。②

交易所市场共提供 1 天、2 天、3 天、4 天、7 天、14 天、28 天、91 天、182 天等共9 个交易品种。与银行间市场情况类似，以 1 天与 7 天的品种成交最为活跃，隔夜品种交易量占比约 82％，期限在 7 天以下（含）的品种占交易量的 99％以上。交易所按照"价格优先、时间优先"的原则进行竞价撮合成交。且中证登在交易所质押式回购协议中充当中央对手方，提供集中清算服务，轧差清算的办法有效提高了资金使用效率。此外，中证登对于质押券进行逐日盯市。从制度安排上说，中央对手方清算、标准券折算、逐日盯市等制度使得交易所市场的回购交易相比于银行间市场的回购交易风险更低。

除标准质押式回购业务外，交易所也提供债券质押式协议回购业务。协议回购与质押式回购的主要区别在于，协议回购中交易要素由交易双方商议协定，质押

①　参见 http://bond.sse.com.cn/data/。
②　2017 年 4 月 7 日《质押式回购资格准入标准及标准券折扣系数取值业务指引（2017 年修订版）》发布前，债项评级为 AA＋和 AA 的信用债也可作为质押式回购的质押券入库。相关链接：2016 年修订版，http://www.chinaclear.cn/zdjs/editor_file/20160708155313347.pdf；2017 年修订版，http://www.chinaclear.cn/zdjs/editor_file/20170407171435538.pdf。

券可以是上海证券交易所上市的所有公开发行与非公开发行债券,折算率、利率由交易方自行约定,回购期限在 1 天至 365 天间,由交易方协商决定,实行全额逐笔非担保交收。但目前协议回购规模较为有限,2018 年全年协议回购总交易额仅为 2.6 万亿元。

沪深交易所、中证登亦于 2018 年 4 月 24 日推出交易所质押式三方回购交易,以中证登作为交易所三方回购中的第三方,提供担保品管理等服务。目前,交易所质押式三方回购交易共设有 8 个篮子,其构成如表 7.3 所示。

表 7.3　交易所三方回购质押券篮子折扣率

质押券 篮子编号	质押券 篮子简称	篮子标准	质押券篮子 折扣率(%)
B001	利率	利率债(含金融债)	0.00
B002	AAA(公)	公开发行的、评级 AAA 信用债	3.00
B003	AA+(公)	公开发行的、评级 AA+信用债	8.00
B004	AA(公)	公开发行的、评级 AA 信用债	15.00
B005	AAA(私)	非公开发行的、评级 AAA 信用债及 ABS(不含次级档)	8.00
B006	AA+(私)	非公开发行的、评级 AA+信用债及 ABS(不含次级档)	15.00
B007	AA(私)	非公开发行的、评级 AA 信用债及 ABS(不含次级档)	25.00
B008	其他篮子	B001—B007 以外的上交所挂牌交易或转让债券及 ABS	40.00

注:截至 2019 年 9 月 30 日。
资料来源:中国证券登记结算有限责任公司,参见 http://www.chinaclear.cn/zdjs/zzqyw/201804/e3393be24f0347248eb1cbe70b458086.shtml。

7.1.2　美国债券回购交易

美国的债券回购交易发生于场外市场中,不透明度较高,因此相关市场数据较少,受到的关注较为有限。但这并不意味着债券回购交易无关紧要。事实上,债券回购市场的流动性枯竭问题是 2008 年金融危机的核心扩散机制。在 2008 年金融危机之后,业界与学界均意识到债券回购交易市场的重要性,开始反思债券回购交易机制与其机制设计上存在的问题(Gorton and Metrick,2012)。在此,我们将主要借鉴Copeland 等(2012),对于美国债券回购市场结构与运行机制进行介绍。按照回购交易类型,债券回购交易分为双边回购与三方回购,以下我们将分别展开讨论。

1. 美国双边回购市场

在债券回购交易发展之初,全部交易均以双边回购形式进行。在双边回购的情形下,逆回购方需管理并跟踪抵押品的价值变动,确保抵押品充足。这对于逆回购方的专业性有较高要求,对于与诸多机构进行回购交易的大型机构投资者尤其如此。为简化这一流程,正回购方可以将抵押品分离到单独的账户中,由正回购方代逆回购方持有抵押品,这种类型的质押式回购被称为"Hold-in-custody Repo"。但因为在这种形式下,一旦正回购方违约,逆回购方将很难获取抵押品,且存在欺诈的风险,所以目前极少用到 Hold-in-custody Repo。投资者多采用三方回购的形式来简化抵押品管理流程,我们将在下一小节进行详细介绍。

美国双边回购的制度安排,从实质上说与中国银行间市场中的买断式回购更为接近。但从实际是否发生证券登记过户等操作,以及抵押品的违约处置来看,美国的双边回购又与中国银行间市场的质押式回购更为接近。其具体原因为,在纽约州法律下,若正回购方破产无法履行回购,抵押品的所有权并不是确定划归逆回购方,逆回购方有可能无法顺利卖出抵押品以弥补回购合约损失。因为抵押品的所有权没有变更,从这一点上来说,美国的双边回购与中国银行间质押式回购合约安排相近。为减轻正回购方破产下的可能违约损失,双边回购合约中逆回购方对抵押品的权利可以包括两个部分:(1)抵押品控制权划归逆回购方所有。(2)经正回购方允许,逆回购方在回购合约存续期间可以有对抵押品的使用权(re-hypothe-cation)。若逆回购方有对抵押品的使用权,在正回购方进入破产程序时,其抵押品可免于进入自动终止程序(automatic stay),因此逆回购方可以不受阻碍地通过卖出抵押品避免回购合约违约损失。在抵押品控制权与回购存续期使用权均划转给逆回购方的情况下,尽管抵押品的所有权没有变更,但实质上逆回购方拥有了与变更抵押品所有权情形下的同等法律地位。所以,从实质上讲,美国的双边回购合约与买断式回购相近。类似地,美国双边回购合约期限也以 7 天期以下为主。

根据发起合约的不同目的,美国双边回购市场可分为两个部分:

(1)特殊证券双边回购。

通常,特殊证券双边回购是由逆回购方发起的,其目的为获取特定的债券。逆回购方可能急需获取某只特定债券用于另外合约的交收,因此愿意以更低利率乃至负利率提供资金作为抵押品,向正回购方获取该债券。在这种情形下,回购实质上起到的是债券借贷的功能(Adrian et al.,2013)。这种指定某只抵押券的双边回购被称为特殊证券双边回购,而这些特殊证券通常为近期发行的国债。特殊证券双边回购的逆回购方通常为私募基金或交易商。据 Copeland 等(2012)估算,截至 2012 年 5 月,此类回购规模约为 1 万亿美元。

(2)交易商融出资金的双边回购。

部分双边回购的发起是由于交易商的客户或者其他交易商需融入资金以购入金融资产。此种情形下,资金供给人,即逆回购方,一般是交易商。若正回购方为客户,而该交易商恰好也是客户资产的托管人,那么资产的处理会更为简单。交易商只需在被用作抵押品的代客户托管的资产上叠加一层留置权(lien)即可。经客户允许,交易商可使用抵押品,或是卖出,或是用作其他债券回购交易的抵押品重新抵押。据 Copeland 等(2012)估算,截至 2012 年 5 月此类回购规模约为 2 万亿美元。

2. 美国三方回购市场

双边回购的主要问题在于对逆回购方的风险管理与抵押品管理能力有较高要求,对大量开展回购业务的大型机构而言,抵押品估值与管理可能会成为沉重的负担。三方回购通过在两交易方中间引入第三方机构负责对抵押品进行管理,能够减轻逆回购方的管理负担,使得回购业务得到高效开展。美国有两大清算银行可以作为三方回购业务中的第三方机构:纽约梅隆银行(Bank of New York Mellon)与摩根大通银行。这两家清算银行在自身资产负债表内开展回购交易清算业务,为正、逆回购方管理资金与抵押品,对金融资产进行逐日盯市与重新估值。第三方机构还需确保在正回购方发生违约的情况下,逆回购方能够处置抵押品。同时,三方回购设定有每日"松绑"(unwind)机制,在上一交易日回购协议"松绑",而当日回购还未完成清算的期间,第三方机构还将为正回购方提供信贷资金以便过渡。因展开机制的存在,三方回购合约的实际期限为 1 天。三方回购市场也可细分成两部分：

（1）非交易商作为逆回购方的三方回购。

在这一部分中，逆回购方通常为货币市场基金、证券借贷商及其他类型的现金投资者。这类投资者寻求短期资金回报，其中货币市场基金与证券借贷商占到三方回购资金融出比重的 50％以上。三方回购市场采用通用质押券（general collateral，GC），投资者只关心质押品所属等级，不关心质押券具体情况，这是与特殊证券双边回购具有明显区别的。

表 7.4　三方回购交易抵押品构成

	资产类别	抵押品价值（十亿美元）	占比（％）	前三大交易商占比（％）	抵押品扣减率（haircut）		
					p10	p50	p90
联邦结算系统可结算证券	美国国债（除本息分离债）	1 142.56	48	25.4	1.8	2.0	2.1
	国债—本息分离债	61.27	2.6	43.6	0.0	2.0	3.0
	政府支持机构债券与本息分离债	31.61	1.3	31.6	1.9	2.0	3.9
	政府支持机构 MBS（Agency MBS）	760.36	31.9	35.2	2.0	2.0	3.0
	政府支持机构 CMO（Agency CMO）	63.96	2.7	39.1	2.0	3.0	15.0
其他	ABS 投资级	16.17	0.7	49.9	3.0	7.0	19.3
	ABS 投机级	26.22	1.1	50.3	5.0	10.0	20.3
	私营 CMO 投资级	10.69	0.4	60.2	3.0	7.0	11.1
	私营 CMO 投机级	17.71	0.7	52.7	3.0	8.0	18.8
	公司债投资级	85.63	2.7	28.7	3.0	5.0	8.0
	公司债投机级	30.11	1.4	39.6	3.0	8.0	15.0
	股权	97.72	4.9	38.1	5.0	8.0	15.0
	国际证券	7.99	0.3	65.2	2.0	5.0	10.0
	货币市场工具	17.04	0.5	65.4	3.0	5.0	5.0
	市政债	18.13	0.7	52.6	2.0	5.0	10.0

注：时间截至 2019 年 12 月 10 日。

资料来源：https://www.newyorkfed.org/data-and-statistics/data-visualization/tri-party-repo/index.html♯interactive/volume/share_of_total，本表取 2019 年最后一次公布数据。

而交易商通常作为三方回购中的正回购方,利用其持有的大量证券存货,以较低成本获取大额短期资金融通。对交易商而言,三方回购市场为其最大的融资来源。表7.4为纽约联储公布的这一三方回购市场中抵押品构成情况,由表可知,美国国债与政府支持机构 MBS 为主要抵押品,两类债券占比为82.5%,两类债券扣减率的90分位数分别为2.1与3,说明90%以上的三方回购交易中,国债折算率为97.9%,政府支持机构 MBS 折算率为97%。从市场集中度来看,以美联储可接受的证券作为抵押品的交易中,前三大交易商成交金额占比均为30%左右。除此之外的交易中,前三大交易商成交金额占比约50%。这一市场总规模约为2.13万亿美元,相比于2012年的1.6万亿美元有较大回升,但仍不及2008年金融危机前2.8万亿美元的水平。

(2) 通用回购(general collateral finance repo, GCF Repo)。

GCF 回购市场为交易商之间的匿名市场。GCF 回购由交易商、经纪商进行协助,同时交易商、经纪商保证交易的匿名性,交易双方无法获取对手方有关信息。仅联邦结算系统可结算的证券,如美国国债、政府支持机构 MBS 等,可用作 GCF 回购抵押品。由于 GCF 回购的清算交收也用到三方回购清算银行的三方回购清算机制,因此也属于三方回购市场的一部分。

表7.5 GCF 回购交易抵押品构成

抵押品类别	GCF 价值(美元)	GCF 占比(%)
国债	165.15	23.8
政府支持机构 MBS	523.88	75.5
其他政府支持机构债券	4.7	0.7

注:截至2019年12月10日。

资料来源:https://www.newyorkfed.org/data-and-statistics/data-visualization/tri-party-repo/index.html#interactive/volume/share_of_total,本表取2019年最后一次公布数据。

对于交易商而言,GCF 回购可实现多重功能,交易商可以长期依赖于 GCF 回购融资,也可以在日终有结余或不足时,暂时性通过 GCF 融出或融入资金,还可以通过 GCF 回购将抵押品升级,如以政府支持机构 MBS 为抵押品融入资金后,再投资于国债中。因为在 GCF 市场之外的其他市场,与政府支持机构 MBS 相比,国债是更好的抵押品。GCF 回购仅实现了交易商间抵押品与资金的重新分配。资金与抵押品均未流出交易商网络。表 7.5 为 GCF 回购交易抵押品构成情况,可知政府支持机构 MBS 为 GCF 回购市场的主要抵押品,其金额占比达 75.5%。

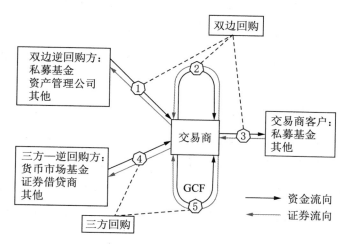

图 7.3　美国回购市场结构

资料来源:作者根据资料整理得到。

美国回购市场总体结构可总结为图 7.3。其中 1、2、3 为双边回购市场交易,包括交易商向客户(3)及其他交易商融出资金的双边交易(2),与交易商融入资金给出特殊证券的特殊证券回购交易(1)。4、5 为三方回购交易,其中 4 为交易商从非交易商获取资金,而 5 代表 GCF 回购。

7.1.3　中美债券回购交易比较

在中美债券市场中,回购交易均体量巨大,为重要的资金融通场所。但由于回购交易机制有所不同,两市场中的回购交易情况也相应有所区别。其不同之处可以总结为以下两点:

(1)美国双边回购中,正回购方可给予逆回购方使用抵押品的权限。在回购合约存续期间,逆回购方可以将抵押品卖出或用于其他回购交易中再次抵押。因此,在回购存续期间,抵押品依然可以在市场流通。但中国债券回购以质押式回购为主,进入回购期间,抵押品进入双边质押状态,正回购方与逆回购方均不能动用抵押品。这部分抵押品被锁定,不在市场中流通。允许抵押品在被抵押期间流通,有利于提高现券市场的流动性;但同时,允许抵押品的再抵押,也会造成金融机构之间累计的杠杆链条延长,其中某家机构出现问题,可能造成连锁反应,引发系统性风险。因此,是否允许抵押品的再次使用,需要在流动性与系统性风险之间做出审慎权衡。

(2)以前文数据估算,美国回购市场中三方回购交易占比约为三分之一至二分之一。中国三方回购交易才刚刚开始。① 三方回购交易可以有效地减少逆回购方进行抵押品管理、估值的负担,有助于简化回购交易流程,提高交易效率。但美国三方回购协议中的逐日展开机制也加剧了系统的脆弱性等问题。中国在大力发展三方回购交易时,可以吸取美国的经验和教训,改进交易机制的设计。

7.2 债券借贷业务

债券借贷的实质是债券转融通行为,根据中国人民银行公告〔2006〕第 15 号中给出的定义,债券借贷业务是指债券融入方以一定数量的债券为质押物,从债券融出方借入标的债券,同时约定在未来某一日期归还所借入标的债券,并由债券融出方返还相应质物的债券融通行为。若债券融入方所提供的质押物为现金,则债券借贷的券款转移与回购交易中的券款转移完全相同,债券融入方即为回购交易中的逆回购方,也是资金融出方。债券融出方即为回购交易中的正回购方,也是资金融入方。因此,从券款流向上看,债券借贷与回购交易有一定的相似性。中国的债券借贷与美国的债券借贷从机制设计上有所区别,以下我们将分别对两市场中的债券借贷展开介绍。

---

① 上海证券交易所于 2018 年引入三方回购,见 http://www.sse.com.cn/lawandrules/guide/zqznlc/c/c_20180424_4515028.shtml;银行间市场三方回购即将起航,http://www.pbc.gov.cn/tiaofasi/144941/3581332/3730147/index.html。

7.2.1 中国债券借贷市场

中国的债券借贷发生于银行间市场,银行间市场参与者均可参与债券借贷。银行间市场采用双边借贷机制,由交易者双方自行协商确定出借债券、担保债券、期限和费率等交易要素,通过全国银行间同业拆借中心交易系统达成交易。

对于债券借贷的出借方来说,参与债券借贷可以盘活持有的存量债券,提高持有期收益。而债券借贷的借入方可能有以下两种动机:(1)交易。投资者可能借入债券后直接做空,也可能借入后匹配其他不同期限的债券构建利差交易策略,还可能配合国债期货使用。(2)融资。投资者可以以低等级债(如信用债等)作为抵押品,借出高等级债(如利率债等),再将借入的利率债用于回购交易的抵押品,以实现融资目的。对于非银机构来说,其对手方风险较高,交易机构对于其提供的抵押品有更高要求,因此以债换债的动机可能更强。

银行间市场参与者均可参与债券借贷,但目前债券借贷的参与主体为银行和证券公司。表 7.6 为 2018 年 12 月中国债券借贷机构构成,从交易量上说,大型商业银行与证券公司占比达 46.96%,其他非银机构亦成交活跃,成交量占比达 21.68%。从存量上来看,情况类似,也以大型商业银行与非银机构为主。但应注意的是,外汇交易中心在分机构类型统计时,按照机构买卖双向统计,无法区分哪类机构为债券借入方、哪类为借出方。从成交费率上说,除证券公司外的非银机构加权平均费率仅 0.43%,为全部机构中最低,其次为大型商业银行,费率为 0.52%。在银行等存款类机构中,费率水平大致保持随着机构规模增大而减小的趋势。

表 7.6　中国债券借贷机构构成

机构类型	成交金额（亿元）	成交金额占比（%）	加权平均费率（%）	余额（亿元）	余额占比（%）
大型商业银行	3 599.85	30.84	0.521 3	3 114.92	26.60
股份制商业银行	1 649.90	14.13	0.699 5	2 354.58	20.11
城市商业银行	1 317.95	11.29	0.703 3	883.26	7.54

续表

机构类型	成交金额 （亿元）	成交金额 占比（%）	加权平均 费率（%）	余额 （亿元）	余额 占比（%）
农村商业银行和合 作银行	692.32	5.93	0.776 4	432.52	3.69
证券公司	1 881.58	16.12	0.699 2	1 568.59	13.39
其他	2 531.04	21.68	0.426 4	3 357.29	28.67
合计	11 672.64	100.00	0.590 3	11 711.17	100.00

注：截至 2019 年 12 月。
资料来源：中国货币网。

表 7.7　中国债券借贷债券构成（2019 年）

	成交金额（亿元）	成交金额占比（%）
国债	16 735.44	35.51
地方政府债	5 434.03	11.53
政策性金融债	24 408.09	51.79
中期票据	429.39	0.91
企业债	36.2	0.08
同业存单	12.4	0.03
其他	75.16	0.16
合计	47 130.7	100.00

资料来源：中国货币网。

表 7.8　中国债券借贷期限品种构成（2019 年 12 月）

品种	加权费率（%）	成交金额（亿元）	成交金额占比（%）
L001	0.615 0	299.88	5.14
L007	0.884 5	933.95	16.00
L014	0.736 2	745.28	12.77
L021	0.448 9	1 310.79	22.46
L1M	0.492 7	1 487.1	25.48
L2M	0.565 8	341.92	5.86
L3M	0.543 0	116.85	2.00
L4M	0.522 4	120.8	2.07
L6M	0.496 7	402.65	6.90
L9M	0.515 0	24.9	0.43
L1Y	0.615 4	52.2	0.89
合计	0.537 7	5 836.32	100.00

资料来源：中国货币网。

从债券构成来看(见表 7.7),债券借贷以利率债为主,利率债占比达 98.83％。债券借贷期限为 1—365 天。从表 7.8 来看,中国债券借贷期限以 7 天至 1 个月为主。从平均意义上说,债券借贷期限长于回购交易的期限。

从整体债券借贷市场规模来看,2018 年全年债券借贷总交易额为 3.1 万亿元,同年银行间市场现券交易总额为 148 万亿元,回购交易总额为 722 万亿元。相比之下,债券借贷规模十分有限。

债券借贷的规模受制于资产规模。中国人民银行公告〔2006〕第 15 号中规定,单个机构自债券借贷的融入余额超过其自有债券托管总量的 30％,或单只债券融入余额超过该只债券发行量的 15％起,每增加 5 个百分点,需向全国银行间同业拆借中心和中债登书面报告并说明原因。

若以做空债券为目的进行交易,那么买断式回购与债券借贷均可实现做空目标,且两者期限类似,最长期限均为一年。但是两者的交易机制有所不同。首先,在合约存续期间,债券利息归属不同。债券借贷中标的债券产生的利息归融出方所有,而买断式回购中因为发生了债券登记过户,债券利息归逆回购方所有。其次,债券借贷允许现金交割。交易到期时,债券借贷业务经双方协商同意后可以以现金交割,而买断式回购则必须要有足额的债券和资金。最后,债券借贷中,允许发生质押券的置换。债券借贷期间,经双方协商一致后,也可提前终止合同;而买断式回购期间不得换券和提前赎回。

7.2.2　美国债券借贷市场

债券借贷业务的本质是通过有抵押品的借贷合同将闲置资产进行短期出借,以收取出借费用。债券暂时性地由债券出借方账户转移至债券借入方账户,而为了保障债券出借方的利益,债券借入方会提供一定的抵押品,如现金、其他证券等。借入的债券可被用于其他交易,如现券买卖、回购交易中的抵押券等。而被用作抵押品的现金等,债券出借方也可进行再投资获取额外收益。由于美国回购协议中抵押券的可再使用、再质押属性,从业务实质上说,美国的债券回购交易与债券借贷均可实现资金或者债券的借贷,机构可以灵活使用两种业务以实现交易、投资目的。具体选择哪种形式的合约,则取决于客户自身的偏好,如养老基金等则偏向于通过债券借贷借出所持有债券。

与回购市场类似,由于数据披露受限,美国的证券借贷业务市场总规模难以精确统计,关于其中债券借贷的规模更是无法核算。据 Market Group 统计,2015 年6 月末,全球债券借贷业务市场总规模在 1 万亿美元左右。注意,此处统计的是全球市场包括股票在内的各类证券借贷总额,其中权益类资产的比重约占一半,在债券类借贷业务中,债券品种以美国国债与政府支持机构发行的相关债券为主。

美国债券借贷业务的证券出借方通常为大型机构投资者,这类投资者持有大量证券,且通常是以持有到期为目的持有债券。机构类型主要包括:养老基金、主权财务基金、公募基金、保险公司等。证券出借方进行债券借贷业务的主要目的是收取债券借贷费用,提高投资组合收益。但对于基金来说,由于有借出证券不得超过总资产的三分之一的监管限制,证券借贷并不是主流的投资策略。

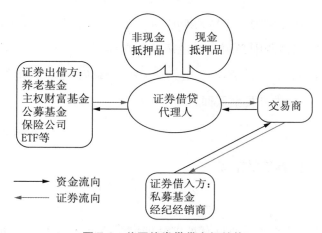

图 7.4　美国债券借贷市场结构

在美国债券借贷中充当第三方机构的通常为托管银行。托管银行为客户代为保管获取的抵押品资产,并为客户汇报抵押品的估值变动,以及提供其他提高客户收益的增值服务。托管银行本身也可参与债券借贷业务,起到超出代理人职能的作用。历史上,在债券借入方违约时,托管银行可能会自行补偿客户损失。除作为证券借贷代理人的第三方机构外,还有部分机构在其中起到的是自营中介机构的作用,即发挥信用转换的功能。证券出借方可能出于违约风险的考虑,不愿意出借证券给特定类型的机构,此时自营中介机构可利用自身较高的信用水平,与证券出借方展开交易,再将证券转借给借入方。自营中介机构承担对手方违约风险。如图 7.4 所示,交易商从证券出借方处获取证券后,再将证券重新借出给私募基金等,交易商则为自营中介机构。

债券借贷业务中的借入方通常为交易商。为满足其做市职能或客户需求,交易商需要开展债券借贷业务。

以上介绍的证券借贷业务主要以现金或其他证券作为抵押品,这类业务也被称为主动借贷,是市场成员出于卖空策略或发现套利机会等原因而开展的证券借贷活动。美国绝大多数证券借贷业务是以主动借贷的模式开展的。但美国市场中还存在另一个借贷模式,交易者以大交易商为主,以保证金账户为抵押品开展借贷业务,这种模式被称为被动证券借贷。DTCC 作为其中介机构,但并不提供交易担保。借入方保证金账户作为证券借贷的抵押品,如该账户余额不足或出现违约,DTCC 可强行平仓。这种模式采用公开市场化的操作方式,由 DTCC 作为中央托管机构,交易双方在交易过程中始终保持匿名。但由于这种类型的借贷业务非主流业务,在此不予详述。

美国债券借贷业务下,借贷期间会发生暂时性的债券所有权转移,但借贷期间标的债券所产生的利息收益仍归出借方所有。而借贷费用的高低与标的债券的特殊性有关。若标的债券为"特殊"债券,如新发国债等,则借贷费用较高。

7.2.3　中美债券借贷业务对比

由于美国市场在回购业务和债券借贷业务上数据可得性较差,我们很难精确比较中美市场相关业务的规模大小。在此,我们仅从业务机制上进行简要分析比较。美国债券借贷业务相比于中国债券借贷业务的一个突出特点是,专业化程度较高,大量交易通过第三方机构协助完成。而中国债券借贷业务目前依然是双边借贷模式。具体借贷模式的选取与两国债券市场发展的情况有关。在成熟市场中,对于债券借贷业务需求较高,若依然由出借方对抵押品进行估值管理可能会导致效率低下等问题,因此需要第三方机构提供专业化的抵押品管理服务。

7.3 债券远期/期货

债券远期交易,指交易双方约定在未来某一日期,按照事先约定的价格和数量进行债券交易。远期是场外市场中交易的非标准化产品,其标的券、数量、到期日等均由交易双方协商决定。而期货为远期的场内标准化品种。债券远期与期货使得机构可以有效实现对债券的风险管理。

7.3.1 中国债券远期/期货交易

中国有三种形式的债券远期、期货品种,银行间市场提供债券远期合约与标准债券远期合约,而中国金融期货交易所提供国债期货合约。

1. 债券远期合约

中国银行间债券市场于 2015 年 5 月推出了债券远期交易。债券远期交易与债券现货相结合,可以使得机构有效管理债券风险。债券远期交易标的债券券种为已在全国银行间债券市场进行现券交易的国债、央行票据、金融债券和经中国人民银行批准的其他债券券种。目前主要的标的券种为国债。根据全国银行间同业拆借中心网站介绍,全国银行间债券市场参与者(以下简称"市场参与者")中,具有做市商或结算代理业务资格的金融机构可与其他所有市场参与者进行债券远期交易,其他金融机构可以与所有金融机构进行债券远期交易,非金融机构只能与具有做市商或结算代理业务资格的金融机构进行以套期保值为目的的债券远期交易。

目前,中国银行间市场债券远期交易极度不活跃,全年仅少数月份有成交。①2018 年全年仅 1 月与 2 月有成交,共成交 5 笔,总成交金额为 3.96 亿元,标的券均为国债,且均为股份制商业银行与其他非银机构之间进行的远期交易。

2. 标准债券远期合约

为丰富银行间交易品种,上海清算所与外汇交易中心于 2015 年 4 月 7 日正式推出人民币标准债券远期业务。标准债券远期是指在银行间市场交易的,标的债券、交割日等产品要素标准化的债券远期合约,是标准化的远期产品。2015 年 11 月 30 日,上海清算所与交易中心开始通过 X-Swap 系统提供标准债券远期交易服务。从外汇交易中心成交统计来看,2018 年全年与 2019 年 1 月、2 月无标准债券远期业务成交数据汇报,2019 年 3 月至 8 月间,月成交金额约为 400 亿—600 亿元。目前标准债券远期业务可交易品种为 3 年、5 年、10 年期国开债远期合约。

3. 国债期货合约

远期的场内交易品种为期货,中国金融期货交易所提供 2 年、5 年、10 年期国债期货合约。国债期货合约与银行间标准债券远期合约相同,均为标准化的合约品种。除两市场中参与者结构不同外,其合约设定细节亦有多处区别。表 7.9 详细对比了标准债券远期合约与国债期货合约的异同。2018 年国债期货合约年成交额约 11 亿元,其中以 10 年期品种交易最为活跃。

表 7.9　标准债券远期合约与国债期货合约对比

	标准债券远期合约	国债期货合约
合约品种	3 年、5 年、10 年期国开债远期合约(CDB3、CDB5、CDB10)	2 年、5 年、10 年期国债期货合约
合约标的	面值 1 000 万元或 1 000 万元的整数倍 3 年:票面利率为 3%的 3 年期虚拟国开债 5 年:票面利率为 3%的 5 年期虚拟国开债 10 年:票面利率为 3%的 10 年期虚拟国开债	2 年:面值为 200 万元人民币、票面利率为 3%的名义中短期国债 5 年:面值为 100 万元人民币、票面利率为 3%的名义中期国债 10 年:面值为 100 万元人民币、票面利率为 3%的名义长期国债

	标准债券远期合约	国债期货合约
可交割债券	3年:合约交割日待偿期限在2年(含)—4年(不含)的固息、不含权的国开债 5年:合约交割日待偿期限在4年(含)—7年(不含)的固息 10年:合约交割日待偿期限在7年(含)—15年(不含)的固息、不含权的国开债	2年:发行期限不高于5年、合约到期月份首日剩余期限为1.5—2.25年的记账式附息国债 5年:发行期限不高于7年、合约到期月首日剩余期限为4—5.25年的记账式附息国债 7年:发行期限不高于10年、合约到期月首日剩余期限为6.5—10.25年的记账式附息国债
合约月份	最近的四个季月	最近的三个季月(3月、6月、9月、12月中的最近三个月循环)
报价方式与最小变动价位	百元净价报价,最小变动价位为0.001元	百元净价报价,最小变动价位为0.005元
交易时间	9:00—12:00,13:30—16:30	9:15—11:30,13:00—15:15
最后交易日交易时间	9:00—12:00	9:15—11:30
每日价格最大波动限制	目前尚未规定	5年期为上一交易日结算价的±0.5% 5年期为上一交易日结算价的±1.2% 10年期为上一交易日结算价的±2%
最低交易保证金	最低保证金由清算限额和保证金率共同确定。业务上线初期,3年、5年、10年期标准国开债远期合约保证金率暂定为1.17%、1.80%、3.74%。上海清算所可根据市场情况适时调整以上参数标准,并予以公告	2年:合约价值的0.5% 5年:合约价值的1% 10年:合约价值的2%
最后交易日	到期交割日前一营业日	合约到期月份的第二个星期五
最后交割日	合约月份的第三个星期三	最后交易日后的第三个交易日
交割方式	现金交割	实物交割
上市地点	银行间市场	中国金融期货交易所

资料来源:作者根据公开信息整理所得。

表7.10 国债期货合约成交情况(2019年)

合约品种	总成交额(亿元)
2年期国债期货合约	39 847.11
5年期国债期货合约	17 907.74
10年期国债期货合约	90 403.39
总 计	148 158.25

资料来源:中国金融期货交易所。

7.3.2 美国债券远期/期货交易

美国债券远期/期货交易以美国国债期货为主,关于债券远期的信息非常有限,因此,在此我们将主要介绍美国国债期货品种。美国国债期货在芝加哥期货交易所上市交易,共有六个期限品种合约可供选择。

表 7.11　美国国债期货合约品种

	2 年期 国债期货	5 年期 国债期货	10 年期 国债期货	超 10 年期 国债期货	30 年期 国债期货	超 30 年期 国债期货
合约面值 (美元)	20 万	10 万	10 万	10 万	10 万	10 万
可交割券 剩余期限	$1\frac{3}{4}$— 2 年	$4\frac{1}{6}$— $5\frac{1}{4}$ 年	$6\frac{1}{2}$— 10 年	$9\frac{5}{12}$— 10 年	15— 25 年	25— 30 年
合约月份	最近四个季月					
交易时间	星期日至星期五,下午 5:00—4:00,美国中部时间					
最后交易日	合约到期月份 最后一个营业日			合约到期月份 最后 7 个营业日的前一天		
交割日	合约到期月份包括最后营业日在内的任意一天					
最小变动 幅度	面值的 1% ×(1/32) ×(1/8)	面值的 1% ×(1/32) ×(1/4)	面值的 1% ×(1/32) ×(1/2)	面值的 1% ×(1/32) ×(1/2)	面值的 1% ×(1/32)	面值的 1% ×(1/32)
最小变动价 位(美元)	7.812 5	7.812 5	15.625	15.625	31.25	31.25

美国国债期货成交活跃。国债现货已经是美国现有券种中交易最为活跃的品种,不包含 1 年期以下品种,其日均成交额约 0.4 万亿美元。而据芝加哥商品交易所集团 2018 年的统计报道,2018 年美国国债期货日均成交额达 0.474 万亿美元,为美国国债现货成交量(不包含 1 年期以下品种)的 116%。除美国国债期货外,芝加哥期货交易所还提供同样期限品种的美国国债期权。2018 年美国国债期权日均交易合约数为 995 847 份,日均交易额约合 0.1 万亿美元。

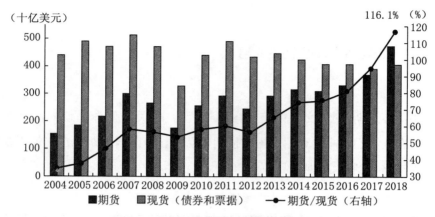

图 7.5　美国国债期货与现货日均交易量

资料来源：https://www.cmegroup.com/education/featured-reports/interest-rate-futures-liquidity-update.html。

7.3.3　中美债券远期/期货市场比较

中美债券远期/期货市场目前发展阶段相差较大，主要体现在以下两个方面：

（1）从市场规模上说，中国场外交易的债券远期与标准债券远期成交量较少，场内交易的国债期货相比于国债现券交易量也微不足道。中国债券远期/期货市场整体体量极小。而美国国债期货日均交易额已超过其国债现券日均交易额，期货市场活跃。交投活跃的期货市场能够帮助投资者高效实现风险管理，同时活跃的期货市场对于现货市场定价也能起到一定的指引作用。

（2）从品种上说，中国国债期货目前可交易品种比较有限。当然，这与中国国债现货的品种也有一定关系。此外，中国目前还没有提供国债期权等衍生品。

8 中国债券市场发展的政策建议

在本书中,我们比较分析了中美债券市场基础设施、市场结构、交易类型,并分券种对比了各类债券在中美市场上的不同。可以发现,自 1981 年启动国债发行至今的 40 余年中,中国债券市场在规模、种类和质量方面均取得了很大的进步。经过前文的研究,也不难发现中国的债券市场还存在许多值得改进之处。债券市场的成熟程度体现在以下四个方面:市场多样性、信息完善度、资金流动性和资源配置效率。这些与债券市场的微观机制和宏观环境都密切相关。接下来,我们将结合前面章节的分析,从投资者和产品多样性、监管效率、信息透明度、抵押品管理、市场流动性以及衍生品等角度入手,对中国债券市场未来的发展方向进行分析和展望。

8.1 丰富债券市场品种,提高投资者多样性

8.1.1 优化投资者结构

中国债券市场上的投资者结构相对单一,投资者类型较为集中,这一特征在利率债中更加明显。图 3.18 和图 3.19 展示了 2018 年中美两国国债投资者结构数据,中国国债市场中存款类金融机构持有比例高达 66%,而美国国债持有者中,存

款类金融机构仅占 5％。根据图 3.28 和图 3.29 中美地方政府债券投资者结构,我们发现中国地方政府债券投资者中,全国性商业银行持有份额就占了 73.3％,所有存款机构占比更是高达 95％,而美国市政债投资者中仅有约 16％为银行机构。由图 3.51 可知,在被称为"准国债"的政策性银行债中,存款类金融机构占比为约 64％。我们发现,无论是在国债、地方政府债券还是政策性银行债中,以商业银行为主的存款类金融机构持有比例均在 60％以上。被商业银行持有的国债,大部分都被持有至到期,不再在二级市场中流通,这是中国国债流动性低的原因之一。

另外,在监管层面,国内机构投资于高风险资产存在一定的限制,且现有债券特征和一些机构投资者的需求不够匹配,这些也是债券市场上机构投资者较为单一的原因。随着市场的不断发展,机构投资者的专业水平在不断提高,部分投资者已经具备了较好的风险管理能力,在这种情况下,具有较高专业水平的机构投资者应该被允许参与风险资产交易,由其自身把握投资风险。这要求政策的实施更有针对性,对不同的机构投资能力进行区分,有区别地对机构投资者的投资活动进行监管,释放机构投资者的活力。同时,应该培育更加专业化的、风险偏好不同的机构投资者,比如培养一批高风险偏好、高风险承受能力的机构,作为高收益债券的潜在投资者。另外,由于中国债券市场的收益率曲线不完善,债券的期限和收益率往往不能匹配机构的需求,一些机构可能会选择投资于非标准化债券。因此,债券产品的创新也非常重要,应该鼓励个性化产品的开发,以吸引更多的机构投资者参与债券市场。

8.1.2　促进债券市场对外开放

境外投资者和发行人的参与程度也是衡量债券市场多样化的重要因素之一。中国债券市场的对外开放不仅可以吸引更多的国际资本,而且对提升人民币国际货币地位、促进人民币国际化有重要意义。在成熟的债券市场中,境外投资者是重要的资金来源之一。根据图 3.19,在美国国债投资者中,国际投资者投资额占比超过 46％,说明美国国债中的一大部分由国外投资者承担。这一方面,是由于美国国债市场交易制度较为完善,国际投资者能够便捷地参与到美国国债的交易中;另一方面,是由于美国国债在世界范围内认可度较高。它有美国经济作为强力支撑,因而能够在世界范围内作为安全资产进行流通,成为国际金融市场的重要抵押资产。

近年来,中国债券市场对外开放持续推进。自 2005 年中国发布《国际开发机构人民币债券发行管理暂行办法》起,中国债券市场对外开放已走过了 17 年的历程。从 2016 年基本放开所有类型境外机构投资人的准入,简化入市流程,取消投资额度限制,到 2017 年"债券通"正式落地,再到 2018 年取消 QFII、RQFII 本金汇出限制和锁定期要求、允许 QFII、RQFII 开展外汇套期保值,并对境外投资者提供税收优惠,2020 年 5 月 7 日,中国人民银行、国家外汇管理局发布《境外机构投资者境内证券期货投资资金管理规定》,取消境外机构投资者额度限制,中国债券市场对外开放步伐不断加快,开放程度不断加深。从实际投资情况来看,根据图 3.18 和图 3.51,境外投资者在中国国债中的投资额占比为 8%,在政策性银行债中占比为约 3%,与美国相比,中国债券市场的境外投资者参与程度仍然比较低。

"债券通"上线以来,境外投资者的入市流程得以简化,在很大程度上提高了境外投资者的投资热情。"债券通"的全称为"内地与香港债券市场互联互通",通过上海清算所与香港金融管理局辖下的债务工具中央结算系统(Central Moneymarkets Unit Bond Price Bulletin,CMU)建立基础设施连接,实现托管、结算的互联互通。"债券通"包括"北向通"和"南向通"两部分。"北向通"是香港及其他国家与地区的境外投资者经由香港与内地基础设施机构之间在交易、托管、结算等方面互联互通的机制安排,投资于内地银行间债券市场;"南向通"境内投资者经由两地基础设施机构之间的互联互通机制安排,投资于香港及境外债券市场。目前,仅开通"北向通",未来将适时扩展至"南向通"。"债券通"为境外投资者提供了快捷便利的交易渠道,但是,在境外投资者参与中国债券市场的过程中,依然存在着一些障碍,未来应继续从基础设施和产品多样化角度进一步吸引国际投资者进入中国债券市场。除促进境外机构走进中国债券市场外,同时也要鼓励境内发行主体"走出去",为境内企业在境外市场发行债券提供便利。下面将从金融基础设施建设、衍生品和回购准入以及抵押品管理三个方面对中国债券市场的进一步开放提出具体建议。

1. 完善债券基础设施建设

在债券市场开放过程中,金融基础设施方面仍存在一些问题。首先,"护航式"的监管理念限制了市场的多元化发展。在债券市场发展初期,为管理市场风险,监管部门对债券市场实行了较为严格的管理制度,这有助于维护债券市场的稳定,但同时也制约了市场参与者的行为。

其次,中国债券市场托管机构之间的连通性不足。目前中国债券市场有三家托管机构,分别是负责银行间债券市场托管的中央国债登记结算有限责任公司(中债登)和银行间市场清算所股份有限公司(上海清算所),以及负责交易所债券市场托管的中国证券登记结算有限责任公司(中国结算公司)。三家机构在托管品种上相对独立,联通有限。

最后,目前银行间债券市场的一级托管模式和集中交易平台与投资者的多样化需求不够契合。在国际上,多级托管是目前的主流托管模式,国际投资者进入中国债券市场时,为适应中国债券市场的一级托管模式,需要在操作流程、合规管控等方面进行一系列的调整,增加了投资成本。

为了促进中国债券市场的对外开放,应尽快推进基础设施的建设:

(1)建立一级托管和二级托管并存的托管结构。在多级托管模式下,一级托管机构可以获得直接开户机构所持有的债券明细信息,也可以获得其他一级、二级托管机构在其所持有债券的总额信息。同时,根据相关信息报送规则,一级托管机构可以获得通过其他一级、二级托管机构的最终投资者交易明细和持有明细。在多级托管模式下,由于存在多个托管服务层,托管机构之间更容易形成竞争,可以考虑允许银行、证券公司等金融机构开展二级乃至多级托管业务,发挥承销、担保、做市、托管、结算代理等多重中介服务作用。

(2)形成多元的场外交易模式,充分发挥场外交易灵活性优势。这可以适应不同风险偏好投资者的需求,也更加符合国际投资者的投资习惯。

(3)实现托管机构的互联互通,针对不同的托管情况灵活结算。在结算过程中,可能会面临结算双方托管机构和交易债券托管机构不同的情况,因此应加强托管机构之间的连通性,完善托管机构之间的信息流通制度,明确涉及多个托管机构交易的结算方式,给投资者提供便利,吸引更多的国际投资者,提高市场资源的配置效率。

2. 推进衍生品与回购交易开放

为促进债券市场的对外开放,还应为境外投资者提供完善的流动性管理工具。债券衍生品与回购交易有助于合理控制风险、优化投资结构,但在这些工具的使用上,境外投资者还面临着准入和国际法律法规使用方面的限制。目前,"债券通"还未对境外投资者开放回购、衍生品交易服务,仅支持现券交易,给国际投资者的风险对冲和流动性管理带来不便。

因此,需要积极采取措施为境外投资者提供回购和衍生品交易便利。但是,《ISDA 主协议》中终止净额结算制度与中国现行法律的兼容性还存在一些争议,争论的焦点是净额终止结算制度与《中华人民共和国破产法》(以下简称《破产法》)是否存在冲突。净额终止结算制度是指,一旦发生违约,就可以根据终止净额结算制度,终止当前的全部交易,根据全部交易的净额进行单向支付。而在中国《破产法》框架下,当企业破产时,《破产法》中的强制规定优于合同约定,因此在交易一方进入破产程序时,终止净额结算安排与《破产法》的强制规定存在竞争。2017 年 8 月,中国银监会明确了《破产法》原则上和终止净额结算并不冲突,但是对终止净额结算条款目前在中国法律框架下的适用尚无具体规定。

境内外债券市场在适用标准上的不同阻碍了对外开放的进程。为方便境外投资者投资于境内债券市场,并为境内发行人在境外发行债券提供支持,我们提出以下建议:

(1)落实金融衍生品交易的终止净额结算制度在中国法律体系下的适用条款。在国际上,终止净额结算制度被多数国家重视,如美国为确立终止净额结算制度,多次修订《美国破产法》《联邦储蓄保险法》等法律;英国专门设立了《现代净额结算法案》来确定终止净额结算机制的优先地位。终止净额结算制度能够有效控制交易中的信用风险,是金融衍生品交易的基础制度,国内相关机构应尽快明确《NAFMII 主协议》下终止净额结算制度的具体适用机制。

(2)为境外投资者提供回购、衍生品交易渠道。可以考虑在"债券通"中引入中央对手方机制,使境内外机构在达成交易时直接适用中央对手方清算协议,降低境外投资者的交易对手方信用风险,有效解决境内外机构参与债券回购和衍生品交易时面临的主协议不一致、业务操作差异等问题。

（3）鼓励境内基础设施通过与境外基础设施的合作,服务境内发行人在离岸市场发行债券。扩大监管互认范围,加强与国际金融机构的互联互通,进而推动国内托管清算机构"走出去",使境内发行人在离岸市场也可以使用境内市场的发行标准,改变境外市场发行债券只能适用境外标准的局面,提高中国在境外市场的整体影响力。

3. 建立跨境抵押品管理体系

在目前的国际市场上,人民币债券越来越多地被国际投资者接受,但由于中国债券市场开放较晚,目前人民币债券尚未发挥跨境担保功能。2008 年金融危机之前,金融机构对抵押品的重视程度不够,很多交易没有足够的抵押品保障。金融危机之后,金融机构之间的信任程度降低,对抵押品的重视程度提升。《巴塞尔协议III》引入了流动性覆盖比例（liquidity cover ratio，LCR）指标,即优质流动性资产（high-quality liquid assets，HQLA）储备与未来 30 日的资金净流出之比,这导致了优质流动性资产的需求增加。而优质流动性资产是指那些低风险、容易变现的资产,这类资产常被用作抵押品。在这种背景下,抵押品逐渐成为全球稀缺资源。中国有着规模庞大的债券体系,其中不乏可以承担抵押品功能的优质债券,这些人民币债券如果能够在全球范围内作为抵押品流通,不仅能够提高中国债券在世界各地的流通性,提高人民币认可度,还能够对目前稀缺的抵押品进行补充,增强全球资金使用效率。

根据 Fostel 等（2017）,金融一体化是全球共享稀缺抵押品的渠道。当国际间资本自由流通时,抵押品被更乐观的国际投资者持有,资产的杠杆价值增加,抵押品的价格相应升高。Phelan 和 Toda（2019）构建了关于金融开放的理论模型,说明了金融一体化可以降低利率,增加全球安全资产的供给。但抵押资产供给的变化会导致资金流向抵押资产充足的国家,这可能会减少资金流出国内部的风险分担,这是金融一体化过程中需要应对的风险。面对不断变革的国际金融监管体系,中国的抵押品管理制度需要进一步和国际接轨,在进一步完善中国债券市场对外开放的基础上,积极推动人民币债券成为国际范围内认可的抵押品。

除此之外,还应提高国内清算托管机构的抵押品管理能力,在完善对外开放措施的基础上,推出面向全球的抵押品管理服务。在各国抵押品管理系统分割的情况下,用作抵押品的证券通常被"锁定"在特定的市场,从而降低了抵押品的使用效率。这一问题可以通过提供基础设施、实现抵押品在空间和时间上的转移来缓解。目前多个国家和地区已经推出了跨境抵押品管理服务,对中国建设全球抵押品管理服务系统具有重要的借鉴意义。

欧洲具有较为成熟的跨境抵押品管理经验。2012 年 7 月,欧洲清算银行(Euroclear)为建立一个完全开放的全球市场基础设施,实现抵押品的高效管理,开启了"全球抵押品高速公路"(Collateral Highway)。"全球抵押品高速公路"向全球所有中央对手方、中央证券存管机构、中央银行、全球和地方托管人、投资和商业银行开放。为实现抵押品的跨时空转移,欧洲清算银行开发了"开放式库存采购技术"(Open Inventory Sourcing Technology),以跟踪客户在各个位置存放的抵押品头寸,并通过"全球抵押品高速公路"使用自动方式将正确的抵押品移至正确的抵押品接受者。

为了改善亚洲区的债券结算交收安排,中国香港借鉴欧洲的经验,牵头打造亚洲债券结算平台。2013 年 3 月,香港金融管理局推出亚洲债券结算交收试行平台,并于 2013 年 6 月与欧洲清算银行及摩根大通进行合作,推出跨境抵押品管理服务。国际金融机构可通过该平台,利用美国国债甚至欧债等债券作为抵押品,向中国香港的银行借取港元或人民币资金。这一举措扩大了抵押品的应用范围,降低了对手方风险;同时也为国际金融机构提供了有效渠道,开拓了流动资金来源。

8.1.3　完善高收益债券市场

对于成熟的债券市场,高收益债券是其重要组成部分。由于其发行利率高,偿还优先级次序靠后,高收益债券带有更多股票的特性。因此,不同于投资级债券,高收益债券对信息更加敏感,价格波动性更强,其投资者承担着更高的风险。高收益债作为一种独特的债券品种,需要更专业化的信用分析方法,因此其面向的投资者也相对小众。美国公司债中包括大量的高收益债券,根据图 3.60 显示,2018 年美国高收益债券比重约为 13％,而中国目前高收益债券市场刚刚起步,体量极小,2010 年至 2018 年间最高发行占比仅为约 0.8％。中国债券市场有着独特的发展路径,由于存在政府的隐性担保,在相当长的一段时间内,中国债券市场都保持着"零违约"的状态。直到 2014 年 3 月,"11 超日债"发生违约,才打破了长期的刚兑保护。在成熟的债券市场中,企业债券违约并不罕见,违约的存在对市场发挥定价功能有着积极作用。刚性兑付扭曲了市场的定价机制,使债券利差不能正确反映其信用风险(王永钦等,2016;Pan and Geng,2019)。随着中国债券市场违约常态化,违约债券的处置问题开始被重视,高收益债券市场正在逐渐形成,但是目前中国高收益债券市场的发展还存在着以下问题:

(1)国内债券市场的主要机构投资者风险偏好趋同,难以形成高收益债券的规模性需求。银行在中国的债券投资市场占据着重要地位(Allen et al.,2013),而银行风险偏好较低,投资选择较为保守,在以银行为主导的投资者结构下,高收益债券很难有市场。而美国债券市场经过长期的发展,机构投资者种类丰富,风险偏好结构较为完善,且形成了一批专业性较强、风险偏好较高的投资者群体,擅长进行高收益债券的投资。因此,要想实现高收益债券市场的发展,首先要打破目前低风险偏好投资者主导的债券投资者格局。

(2)缺乏有效的违约债券处理机制,高收益债券流动性不足。在中国债券市场上,很多高收益债券持有人都是被动持有,即当投资级债券遭遇评级下调或出现违约后,其流动性严重受损,原持有人往往很难找到合适的转卖渠道,只能继续持有。2019 年 12 月,中国人民银行发布了《关于开展到期违约债券转让业务有关事宜的公告》,明确了开展到期违约债券转让业务的制度安排,对到期违约债券的托管和结算、信息披露、业务流程等进行统一规定。

但是,如果违约企业的经营状况不能得到改善,即使通过政策手段将折价出售的违约债券重新引入市场,也很难对债券兑付发挥实质性的作用。在美国,存在大量专业的违约企业投资机构,它们通过对违约企业进行资产重组等,帮助企业恢复运营,然后出售企业以获得高额回报,这种机构的存在解决了违约债券的兑付问题,这与中国违约债券的处理方式完全不同。Hotchkiss 和 Mooradian(1997)研究了"秃鹫投资者"(Vulture Investor)——即专门处理问题企业的投资机构——在违约公司治理和重组中的作用,发现"秃鹫投资者"的接管能够给目标公司的股票和债券带来异常收益率,并能通过提高违约公司的管理水平提高公司价值。由此可见,高收益债券市场离不开更加专业化的投资者队伍。

(3)信用风险分担机制不够完善,难以实现风险对冲。中国的信用衍生品市场起步较晚,2010年10月,银行间市场交易商协会发布《银行间市场信用风险缓释工具试点业务指引》,推出CRM,CRM相当于中国版的CDS。在美国债券市场上,CDS几乎是机构投资高收益债券必不可少的风险对冲工具。在违约债券处理机制不完善、缺乏有效对冲工具的情况下,投资人面临的风险过大,只有少数投资人才会选择持有高收益债券,难以支撑高收益债券市场的正常运行。因此,高收益债券市场的发展离不开信用衍生品的支持。从具体品种来看,中国目前的信用风险缓释工具包括银行间市场的CRMA、CDS、CRMW、CLN和交易所市场的信用保护合约、信用保护凭证,但由于中国违约样本数据较少导致的信用风险衡量困难、创设机构参与积极性不高等原因,信用对冲工具尚未被大规模使用。

在成熟的债券市场中,高收益债券能够满足资质较差发行人的融资需求,同时也为高风险偏好的投资者提供了投资渠道。在中国的金融体系下,中小企业融资渠道不畅通,高收益债券或许能够成为缓解中小企业融资难问题的一条途径。针对高收益债券市场目前存在的问题,我们提出以下建议:

(1)培育一批风险偏好较高、风险承受能力较强的专业投资者。高收益债券的投资模式与普通债券完全不同,与普通债券投资者风险偏好并不匹配,因此高收益债券市场的发展离不开一批专门化的投资者。投资高收益债券对投资者的风险分析能力要求较高。美国高收益债券投资机构一般对长期资产需求较高,且风险管理能力较强,如养老基金、保险公司、对冲基金等,这类公司能够准确把握公司内部情况及未来发展趋势,中国亟须培养这样一批专业投资者来支撑高收益债券市场的发展。

(2)加快高收益债券市场基础设施,为高收益债券流通提供良好的环境。目前中国市场对违约债券或低评级债券的接受程度较低,高收益债券流动性较差,而美国高收益债券市场具有高活跃性。在长期的刚兑保护下,中国债券市场的投资者过度依赖于政府的"兜底",没有树立"风险自担"的投资理念。在这种背景下,大部分投资者对高收益债券认识不足,一旦债券违约,即使大幅折价也难有市场,导致违约债券或高收益债券流动性较低。由于缺乏有效的市场规模和流转渠道,对高收益债券有需求的投资者也逐渐远离这一市场。随着债券违约的常态化,高收益债券交易市场的建设变得愈发重要。为了促进违约债券的交易,外汇交易中心开展了违约债券匿名拍卖业务,收到显著成效。但未来仍需更多恰当的交易机制支持高收益债券市场稳定运行。

(3)尽快完善对应高收益债券的监管体系。目前债券市场中的监管标准主要是针对投资级别债券而存在的,现存的一些高收益债券相关的监管制度主要是针对违约债券的规范性政策。除了先前提到的《关于开展到期违约债券转让业务的公告(征求意见稿)》,还有 2019 年 12 月 27 日由中国人民银行、国家发改委、证监会共同发布的《关于公司信用类债券违约处置有关事宜的通知(征求意见稿)》,银行间市场交易商协会发布的《银行间债券市场非金融企业债务融资工具违约及风险处置指南》等,尚未形成较为系统的规则体系。目前高收益债券市场正处于萌芽阶段,应当尽快出台针对高收益债券的统领性文件,建立较为完善的事前预防、事中控制、事后治理机制。在违约发生前,注重信息披露和评级质量,完善抵押担保体系,可以借鉴境外经验,建立合同保护性条款(covenant)制度,在债务合同中增加有助于防止违约的特别条款;提高发行人、承销商等参与机构的责任意识,尤其应该更加细致化主承销商的担责规定,使投资者在面临违约时能够依法追偿;同时要完善违约后的协商解决和破产重组、清算制度,做好违约债券后续处理。

8.2　提高监管效率,适当提高市场透明度

8.2.1　建立统一协调的债券市场监管体系

长期以来,中国债券市场不同券种分别由中国人民银行、国家发改委、证监会、

财政部等多个部门进行监管,这种竞争性的局面促进了产品创新和利好政策的颁布,对债券市场的规模扩张有着积极作用。但是,不同市场和券种之间的市场准入、信息披露、评级标准等方面要求不一,提供了监管套利空间。

近年来,中国债券市场监管机构在规则的统一方面做出了很多努力。2018年9月11日,中国人民银行、中国证监会第14号公告设立绿色通道,实现了银行间市场和交易所市场评级互认。2018年12月3日,中国人民银行、中国证监会、国家发改委联合发布《关于进一步加强债券市场执法工作有关问题的意见》公告,明确了由证监会依法对银行间债券市场、交易所债券市场违法行为开展统一的执法工作,并确立了中国人民银行、证监会、国家发改委协同配合做好债券市场统一执法的协作机制。2019年12月20日,中国人民银行、国家发改委、证监会联合就《公司信用类债券信息披露管理办法(征求意见稿)》及配套文件公开征求意见。

为提高金融体系应对风险的反应能力,减少风险管理隐患,债券市场在监管设计上应更注重统一性,具体措施包括:

(1)统一债券市场的监管规则。良好的金融市场基础设施对于风险管控至关重要,在市场规则不统一的情况下,难以保证金融市场的稳定性。2008年金融危机后,国际清算银行支付结算体系委员会和国际证监会组织技术委员会联合发布《金融市场基础设施原则》(PFMI),对准入条件、信息披露、风险控制等进行了统一规定。中国可以参考PFMI这类国际标准,建立更加统一的基础设施监管体系。

(2)建立覆盖面更广、更规范的数据上报机制,为市场管理提供支持。这需要各类机构在数据上报中提供更加准确全面的数据,包括交易记录、登记托管结算资料、信息披露文件、个人征信文件等数据,集中的数据管理能够提高金融市场对风险的识别和反应能力。

8.2.2　完善信息披露制度

债券信息的披露主要包括两部分,即发行信息的披露和交易信息的披露。在发行过程中,信息披露要求主要针对的是发行人情况,对此,银行间市场和交易所市场分别对在其市场上发行债券的首次披露、定期披露、重大事件披露、第三方披露等进行了规范。尤其是为配合新《证券法》，企业债券实行注册制后，对信息披露环节的要求也相应增加，2020年4月16日，中国银行间市场交易商协会发布《非金融企业债务融资工具公开发行注册工作规程（2020版）》和《非金融企业债务融资工具公开发行注册文件表格体系（2020版）》等文件，对企业债券发行过程中的信息披露规则进行了优化。在这次改革中，关于信息披露的制度主要有三方面的改进：一是增加了企业个性化信息披露，对于不同的产品和情况，提出不同的信息披露要求；二是增加了关于受托管理机制、风险及违约处置等相关信息的披露要求；三是根据企业市场认可度、信息披露成熟度等对企业划分四个层次，分类别有针对性地对企业信息披露进行规范，实现信息披露的差异化。

除了监管机构要求的信息披露指标外，债券的发行方式也是债券一级市场透明度的一部分。中国现阶段的债券发行方式主要有公开招标和簿记建档两种方式。公开招标发行是在固定的时间内，通过投资者竞价或竞量申购完成发行，招标对象为所有合格投资者，透明度更高；但采用这种方式发行债券可能会出现流标等状况。而簿记建档发行一般需要进行预路演，由承销商根据市场情绪设定投标区间，然后再进行路演，承销商和投资者逐一进行沟通，发行人和承销商根据投资者的申购价格和数量确定发行利率。采用簿记建档方式一般可以实现足额发行，但招标过程和结果不公开，存在一定的寻租空间。在实际中，中国的信用债大部分采用簿记建档方式发行，这一方式能够保证债券的顺利发行，在信用债市场流动性还不够大的情况下，簿记建档方式或许利大于弊。随着信用债市场的不断发展壮大，其需求量稳步提升，更透明的招标方式在未来会有更广阔的应用空间。

簿记建档方式在美国债券市场中也占据重要地位，根据 Nikolova 等（2020），采用簿记建档方式发行的公司债，在一、二级市场上的利差达到 31 个基点，承销商会根据投资机构的信息生产能力和与自身交易关系的密切程度进行利益分配。因此，在保证债券发行效率的同时也应该注意避免发行过程中的不透明所带来的隐患。

此外，交易数据的披露也很重要。市场透明度与市场交易成本高度相关，透明度的提升在一定程度上有助于降低市场交易成本（Schultz and Song，2019）。与交易相关的数据包括事前行情信息与历史成交记录。事前行情信息有助于投资者更好地判断当前市场走势,做出合理的投资安排。债券的主要交易场所为银行间市场,是场外市场,自带高度不透明的特征。目前,中国银行间债券市场的报价信息等主要来自森浦资讯的 Qeubee 平台中整合的五大货币经纪商报价,场外市场可以通过更好地整合当前做市商报价情况等,实现更透明的行情信息披露。除此之外,随着电子化交易平台等的引入,中央限价订单簿下的交易系统中行情信息高度透明化,也有助于实现事前透明度的提升,对于活跃券种将有重大意义。银行间债券市场的 X-Bond、X-Repo 等,是向这一方向迈进的重要努力。未来,中国应进一步完善债券电子化交易平台,并深化 X-Bond 与 X-Repo 等交易机制的使用。

在历史成交记录方面,根据第 6 章的介绍,目前中国现券市场历史行情披露仅包括通过货币经纪公司或者 X-Bond 系统达成的交易。森浦资讯的 Qeubee 平台中提供了中国五大货币经纪商的逐笔成交价格,但没有交易量信息。通过货币经纪公司和 X-Bond 系统交易金额占比为中国债市现券交易总量的 33% 左右,剩余 70% 左右的现券交易历史行情信息并不公开。而美国的 TRACE 系统披露了全部公司债、政府支持机构债券、证券化产品与国债的交易信息,从发行量和存量来看,TRACE 披露的券种金额占比均在 80% 左右。另外需要注意的是,中国现券市场交易信息的披露多来自系统自动记录的成交信息。而美国 TRACE 系统为交易方主动上报的交易信息。

以上分析说明了信息披露的重要性,但这不意味着信息越透明,越有利于债券市场的发展,应注意把握适度的原则。债和股存在本质的不同,债天生具有信息不敏感的性质,因此完善信息披露制度并不意味着要求债券像股市一样,向公众实时披露信息。市场中信息的过度透明并不一定有利。2014 年,美国证券交易委员会将优质货币市场基金(prime money market funds)的估值方法由成本摊余法改为市值法,引起了投资机构的大批撤离,转而投向未受政策影响的政府货币市场基金(government money market funds)(Cipriani and La Spada,2019)。另外,债务的信息不敏感性也为银行的资产管理带来便利,经济学理论表明,债务资产对信息相对不敏感,其价值较为稳定,也因此可以作为抵押品进行流通。债务的不透明性保证了其流动性,而当出现坏消息冲击时,债务由原来的信息不敏感变得对信息敏感,为了避免逆向选择,人们会减少对债的交易,因此债的流动性降低,失去其原有的功能,由此可见,不能盲目提升债券合约的透明度(Dang et al.,2017)。

综合以上分析,对于信息披露制度的完善提出以下建议:

(1)保持债券市场的透明度有利于消除市场上的信息不对称,在债券市场信息披露的要求上,应更加注重防范人为因素带来的风险,在充分维护投资者利益的同时留有一些缓冲空间。但是值得注意的是,在制定债信息披露规则时,应当充分考虑到债和股的不同,不能将股票的透明度准则照搬到债市。

(2)统一信息披露规则,减少政策套利现象。中国目前的债券市场上,根据不同的债券品种和发行场所,对债券的信息披露要求各有不同,这给了一些机构在不同市场之间实现政策套利的机会。统一债券信息披露要求,能够避免打政策擦边球的现象发生,提高风险管理效率。

另一方面,就市场交易数据而言,目前中国交易数据仍然依靠商业化的数据平台来获取,应该形成更加专业化的交易数据库,由更权威的机构统一管理。

(3)提高第三方信息质量。评级公司作为第三方机构往往发挥着债券市场信息披露的作用,评级通过对债券和发行主体相关信息进行分析处理,以分级的方式向公众揭示债券的收益情况和违约概率等信息。相对于股票来说,债务对信息更加不敏感,且债务涉及的关系更复杂,通过评级机构进行信息传递更加有效。这对于评级机构的服务质量提出了较高要求,下面我们将对此进行详细讨论。

8.2.3　推动评级体系与国际接轨

中国债券市场的评级体系仍处于起步阶段,缺乏高质量的评级机构,债券评级虚高(Anderson,2019),很难准确反映债券的风险和价值。根据图 2.6,近年来中国债券市场中 AA 级及以上的债券金额占比始终在 90% 以上,2018 年仅 AAA 级债券的发行金额占比就高达 83%。按照国际标准,中国市场上几乎全部债券都是投资级债券;而美国债券市场的评级分布则比较均匀,2018 年第一季度,美国中等评级债券比重为 56%,高等级债与高收益债比重相近。造成这一现象的原因可能有如下几点:其一,与中国的监管要求有关,AA 级以下的债券在发行时就可能遇到阻碍,因此需要保证债券等级在此等级及以上,才有机会在市场上流通;其二,与信用评级机构内部治理和恶性竞争环境有关,发行人付费模式下,发行人追求高评级,而内部治理不完善的信用评级机构可能利用发行人的这一诉求,变相买卖评级,最终导致市场上评级普遍虚高。Becker 和 Milbourn(2011)研究了评级行业竞争性程度对评级质量的影响,发现当惠誉进入美国评级市场后,原有评级机构标普和穆迪发布的债券评级等级更高,评级对债券收益的解释力度和对违约的预测能力下降,市场竞争强度的提高对评级质量造成了负面影响。

近年来,中国债券市场的评级体系也在不断完善,从市场竞争和政策规范的角度实施了一系列的措施:一方面,引入了一批境外评级机构,促进评级市场的良性竞争。2017 年中国人民银行第 7 号公告明确了境内外评级机构进入银行间债券市场开展业务的要求,如穆迪、标普、惠誉等国际评级机构也能以独资形式进入中国评级市场。2019 年 1 月,中国人民银行发布公告称,美国标普全球公司在北京设立的全资子公司——标普信用评级(中国)有限公司予以备案。标普为首家获准进入中国市场的外资评级机构。随着信用评级行业对外开放,国际评级机构进入市场,评级虚高的问题或能有所改善。另一方面,加强了监管和法规对评级行业的约束。2019 年 11 月,中国人民银行、国家发改委、证监会和财政部四部委联合发布《信用评级业管理暂行办法》,明确中国人民银行为信用评级行业主管部门,国家发改委、财政部、证监会为业务管理部门,依法实施具体监管,建立了统一的监管制度框架;同时明确了对相关违法违规行为的处罚方式和罚款金额,提高了评级机构及其从业人员的违法违规成本。

随着中国债券市场对外开放程度的日益加深,评级标准的统一和债券市场的互联互通变得更加重要。中国目前在推动评级业规范发展方面取得了一定进展,但距离实现国内评级行业高质量发展、与国际评级标准对接还需要更多的努力。

首先,应进一步落实中国债券市场上评级监管和评级机构准入规则的统一,提高评级机构信息处理和加工的水平,加速国内评级机构与国际评级体系接轨。提高国内评级机构对风险的评估和预测能力,培养国际认可的国内评级机构,对中国债券市场走向成熟有着重要意义。

其次，除了从政策层面施加约束外，良好的市场竞争环境也是推动评级质量提高的有效手段。目前，国内评级行业的准入规则混杂，缺乏整个债券市场统一的准入评价标准，不利于行业良性竞争格局的形成。目前来看，中国的评级机构更多的是作为认证机构而存在，其目的主要是为了满足发行人的合规要求。随着中国债券市场功能的不断完善，债券评级将真正发挥其提供信息的作用，为债券提供客观公正的评价，减少市场上的信息不对称，提高债券市场的运行效率。

8.3　完善抵押品管理体系

8.3.1　适当放宽合格抵押品范围

在以往的货币政策框架中，中国的基础货币投放主要依赖于外汇占款，这种方式严重影响了中国货币政策的独立性。随着近年来外汇占款比例缩小，依靠外汇占款发行基础货币、调节市场流动性的机制难以继续发挥作用，新型货币政策工具应运而生。在全球低利率的大趋势下，基于基准利率调整的传统货币政策的作用受到限制，基于抵押品的创新型货币政策工具在全球范围内被广泛应用。中国人民银行借鉴国外货币政策工具，陆续推出了公开市场短期流动性调节工具（short-term liquidity operations，SLO）、常备借贷便利（standing lending facility，SLF）、中期借贷便利（medium-term lending facility，MLF）、抵押补充贷款（pledged supplemental lending，PSL）、定向中期借贷便利（targeted medium-term lending facility，TMLF）、信贷资产质押再贷款等货币政策工具。其中，SLO、SLF、MLF、PSL、TMLF 以债券作为质押物，信贷资产质押再贷款则是以银行信贷资产作为质押物，向中国人民银行申请质押贷款。SLO 的本质为超短期逆回购，截至目前，SLO 的合格抵押品范围包括国债、央行票据、政策性银行债、政府支持机构债券及商业银行债；SLF 和 PSL 的合格质押物范围为高信用评级债券和优质信贷资产；MLF 的合格质押物包括国债、央行票据、政策性银行债、同业存单、AAA 级公司信用类债券等,后经扩容又将不低于 AA 级的小微企业、绿色和"三农"金融债券,AA＋、AA 级公司信用类债券(优先接受涉及小微企业、绿色经济的债券),优质的小微企业贷款和绿色贷款纳入抵押品框架。根据 Fang 等(2020)的研究,扩大 MLF 合格抵押品范围能够降低合格质押券在二级市场上的利差,并降低合格质押券发行机构在一级市场的融资成本,可见创新型货币政策效果显著。

基于抵押品的新型货币政策工具除了能够向市场投放流动性之外,还可以有针对性地支持某类债券。MLF 合格抵押品的不断扩充,一方面能够建立市场信心,比如允许以 AA＋、AA 级公司信用类债券作为抵押品申请流动性支持,有利于提高市场对这类信用债的认可度;另一方面,定向扶持某类债券,如优先接受涉及小微企业、绿色经济债券等措施,可以提升投资者对此类债券的投资意愿,辅助发行企业融资;最重要的是,抵押品具有杠杆价值,当一类资产能够作为抵押品后,其价格会升高,增值部分就是杠杆价值(Geanakoplos,2010),债券价格升高意味着利差降低,二级市场价格最终会反映在一级市场,因此能够发行合格质押券的企业融资成本降低。从更深层次的角度来看,抵押品范围的扩大变相增加了市场上抵押品的数量,流通中的抵押品数量增多,缓解了抵押品稀缺的问题,有助于解决企业融资难问题,降低市场整体融资成本。

经过以上的分析,基于抵押品的货币政策能够促进债券市场发挥资源配置的作用,有利于实体经济的高质量发展,一举多得,因此建议进一步扩大创新型货币政策的应用范围,使其在更多的领域发挥作用。具体来说,建议如下:

(1)扩大创新型货币政策中合格抵押品的范围,可以考虑将普通金融债券纳入抵押品框架。在美国市场上,定期标售工具(term auction facility,TAF)作为货币政策工具,其合格抵押品包括美国国债、投资级企业债、市政债券、MBS 和 ABS,中国的央行合格抵押品框架还有一定的扩充空间。需要注意的是,抵押品范围的扩张不等同于量化宽松,更加丰富的抵押品种类将有助于提高货币政策传导机制的效率。

(2)丰富市场交易主体,允许更多金融机构与央行开展融资业务。在中国金融市场中,资金流向是具有层次性的,总体来说,资金流向为:大型银行向中央银行申请流动性支持,中小银行向大型银行融资,资金再由中小银行流向非银机构。金融机构间的融资方式主要是回购和同业业务，在包商银行事件后，同业刚兑被打破，金融机构间信用分层明显，由于回购和同业业务多受到交易对手白名单制度的限制，很多资质较差的机构难以获得资金。在这种情况下，资金流通渠道受阻，不利于货币政策向实体企业的传导。为支持中小银行，2019 年 6 月 14 日，中国人民银行允许中小银行使用合格债券、同业存单、票据等作为质押品，向其申请流动性支持，而非银机构同样受到较大的信用冲击，未来可以考虑进一步扩大央行交易对手范围，允许非银机构直接向央行融资。

（3）提高抵押品风险管理水平，形成高效的央行抵押品管理体系。央行作为最后贷款人，应积极采取措施对抵押品进行管理，防范信用风险和市场风险。首先应建立专业团队，提高对抵押品估值的能力，可以采用内部和外部评价相结合的机制，对债券资产价值进行评估；其次应根据抵押品估值建立完善的折扣率体系。折扣率决定着债券杠杆价值的大小，有效的折扣率设计能够降低违约损失；同时可参考美联储、欧洲中央银行等的做法，尽快建立有效的逐日盯市模型，对抵押品估值实施动态调整，对抵押品风险进行充分管理。

8.3.2　促进利率债发挥安全资产功能

1. 增加国债有效流通量

国债依托于一国的经济情况，具有较高的信用水平，在资本市场上扮演着安全资产的角色。它除了最基本的储蓄投资功能，还可以作为抵押品获得融资，具有较高的杠杆价值。充足的国债能够降低整个市场的融资成本，Krishnamurthy 和 Vissing-Jorgensen(2012)发现，随着美国政府债券占 GDP 比例的上升，Aaa 级公司债的利差随之下降。另外，国债收益率作为一国的无风险收益率，相当于整个债券市场的定价锚，在金融体系中发挥着重要作用。因此，国债市场功能的完善对整体金融市场的稳定至关重要。

目前，中国的国债市场尚不成熟，在规模和流动性方面都有待提升。根据图 3.1 和图 3.2 中美国债发行量和存量数据，可以发现近八年来中国国债占总发行债券的比重总体呈下降趋势。2010 年中国国债发行金额占其债券总发行金额的 70%,随着债券市场的发展,债券种类不断丰富,融资途径增多,所有债券发行总额上升;相比之下,中国国债发行金额的增速缓于债券市场总量增速,国债占比也随之下降,至 2018 年,中国国债仅占总债券发行金额的 15% 左右;在美国债券市场中,国债发行量占比稳定维持在 30% 左右。美国国债不仅能满足本国个人和机构的投资需求,还被国外投资者广泛持有。随着中国债券市场的对外开放和人民币国际化的推进,中国国债市场的投资者结构不断完善,中国政府债券在境外投资者中的认可度也将不断提升。另外,随着资管新规的实施,保本银行理财逐渐消失,低风险偏好的投资者将逐渐转向其他安全资产,国债的需求量或许会随之增加,中国的国债规模还有较大的扩展空间。

目前,中国国债的发行缺乏独立性,其发行量多受到财政赤字的影响,还有相当一部分国债的发行是为了吸收外汇。另外,当前流通中的国债规模较小,可流通的记账式国债发行后,绝大部分额度均被承销商等机构投资者配置到"持有至到期账户",很少在二级市场买卖。在这种情况下,国债难以真正成为货币政策的调节工具。基于中国国债市场流通量不足的现状,应适当提高国债发行量。一方面,从长远来看,国债的发行机制应进行调整,给予国债发行更多的独立性,让国债发行和市场情况更加匹配,打开国债发行规模的枷锁;另一方面,在短期内,可以考虑扩大财政赤字或发行特别国债的方式增加国债的发行量。

在增加国债发行规模的基础上,增加国债的有效流通量或许更加重要。为提高国债流通比例,其中一个重要思路便是提高银行的交易积极性,对此,接下来会进一步探讨。国债在金融市场上的作用是其他资产不可替代的,增加国债发行量,提高国债流通效率,发挥国债在债券市场上的重要作用,是债券市场走向成熟的必经之路。

2. 完善利率债期限结构

在中国的国债、政策性银行债、地方政府债券等利率债市场中,一个明显特征是发行期限结构失衡。根据图 3.3,中国国债的发行期限主要集中在 2—20 年这个区间,处于此区间的国债占到所有期限类型国债总量的约 63%。若将政策性银行债包括在内,这一特征则更为明显,在图 3.49 中,政策性银行债的平均发行期限为

5 年左右;在美国各类期限的国债中,发行最多的是一年以内的短期国债,占美国所有国债的 74%,其次是 2—10 年的中期国债,占比为 24%,10 年以上的长期国债占 2%。在地方政府债券发行期限方面,由图 3.26、图 3.27 可知,目前中国的地方政府债券以 3 年、5 年期为主;美国市政债券中既有一年以内的短期票据,也有期限在 1—30 年的长期债券。与美国相比,中国地方政府债券平均期限相对较短,2018 年美国地方政府债券的平均期限为 18.1 年,中国地方政府债券的平均期限仅为 4.6 年。

期限结构的不合理制约了债券市场的发展。国债收益率曲线作为债券市场的基础数据,对整个债券市场的定价有着特殊意义。目前,中国国债期限长度多集中在中间部分,1 年以内和 10 年以上品种发行量较低,大量持有至到期账户的存在进一步削减了市场上流通的两端期限债券数量,这削弱了国债利率作为无风险利率的定价功能。目前,中国两端期限债券发行频率较低,发行次数少。相比之下,国开债发行的频率较高,其流动性也高于国债,在一定程度上反而承担了"国债"的功能。为了完善国债期限结构,应当提高 1 年以内和 10 年以上债券的发行规模和频率,并采取一定的激励措施提高承销商的积极性。提高关键期限国债的发行频率和发行规模,有助于保持债券在市场上的活跃程度,为市场提供稳定的价格信号,发挥国债利率的标杆作用。

对于地方政府债券和政策性银行债,期限结构的完善有助于进一步适应不同投资者的需求。政策性银行债在境外市场接受程度较高,其期限结构的完善有助于离岸人民币债券市场的发展壮大。

8.3.3　建立抵押品主导的同业授信体系

在中国的金融业同业市场中,存在大量以授信为主导的融资交易,如同业拆借、同业存款、同业存单等。这种信用管理方式的主要依据是交易对手方的资质,金融机构对交易对手方的信用情况进行评估,选择符合要求的机构建立交易对手方白名单,拥有授信资质的机构才被允许进行交易。同业授信业务一般不要求提供抵押品,依靠资质互认机构之间的信任维系。这种模式存在一些弊端,随着交易结构的复杂化,资金融出方需要花费更多的成本分析交易对手方的违约风险,并需要对不同交易品种设定不同的授信额度,给信用管理带来障碍;同时,对交易对手风险的过度重视还可能会造成中小机构融资困难。在包商银行事件之后,同业业务刚性兑付机制被打破,金融机构的违约风险防范意识加强,对交易对手方的资质要求更加严格,同业市场信用分层变得更加明显,在基于交易对手方的授信体系下,资质较差的中小银行更难获得资金支持。固化的交易对手准入机制阻碍了融资渠道的畅通运行,在这种模式下,融资过程缺少抵押品作为交易保障,中小银行也可能因资质较弱而面临资金短缺的困境,造成市场资源配置的低效率。

基于抵押品的融资关系能够帮助资金融出方更有针对性地识别每一笔债务的风险,给融出方提供了更多的保障,同时也为中小银行提供了更多的融资便利。2019 年 8 月,交通银行和汉口银行完成了首单同业授信质押业务交易,在依赖对手方信用的传统授信管理模式的基础上引入优质债券作为抵押品,由中央结算公司进行抵押品管理,对抵押资产进行估值、盯市、评估等监控工作。此次同业授信质押业务为建立抵押品主导的同业授信体系提供了先例。引入抵押品有助于减轻银行风险识别的压力,同时为中小银行提供了走出融资困境的渠道。不过,需要注意的是,中小银行持有的合格抵押品不足是当初同业存单发展起来的原因之一。因此,在同业业务的抵押品设计上,不仅要实现资金融出方控制风险的目的,还要兼顾资金融入方的杠杆能力。

在同业市场中,回购也是机构间融资的重要方式,在回购业务中质押物的质量发挥了重要作用。即便如此,回购业务仍然非常关注交易对手方风险。以银行间质押式回购业务为例,逆回购方面临着正回购方不能及时提供资金购回质押物的风险,因此,机构会设定允许进行质押式回购交易的机构白名单,一般情况下只与名单内的机构进行交易。可见,在中国金融机构间的融资过程中,对手方资质对交易是否达成仍起着决定性作用,抵押品的作用没有被充分发挥,抵押机制在同业融资市场上的效力还有待提高。

8.3.4　推进三方回购业务开展

回购是当前金融机构进行流动性管理的重要工具。根据图 7.1,目前中国债券回购月度总交易金额在 70 万亿—90 万亿元。作为比较,中国股票市场总市值约为 55 万亿元,中国债券市场 2019 年末总存量约为 103 万亿元,中国债券现券市场平均月度交易金额在 17 万亿—18 万亿元,同样作为资金融通渠道之一的同业拆借,月均成交额约在 12—13 万亿元,相比之下,债券回购市场体量巨大,远远超过现券交易和同业拆借规模。

中国债券回购交易在银行间市场与交易所市场均可进行,但其制度安排有所不同。银行间回购市场的交易品种包括质押式回购、买断式回购两种传统的双边回购,并在此基础上发展了质押式回购匿名点击,统一安排质押券的券种、折算率与估值。上海清算所在 2015 年将债券回购交易纳入净额清算范围,并于 2016 年发布了一系列净额清算质押券业务相关规定。2018 年 10 月 16 日,中国人民银行发布银行间市场推出三方回购交易的公告,中国外汇交易中心与上海清算所于 2019 年 7 月 31 日共同发布《关于开展通用质押式回购交易清算业务的通知》,明确由上海清算所作为中央对手方和第三方抵押品管理机构,银行间市场的通用质押式回购业务即将起航。

交易所回购市场主要的传统交易品种包括标准质押式回购和质押式协议回购,其中协议式回购由交易双方自主协商进行,标准质押式回购由交易所进行竞价撮合成交,中证登在交易所质押式回购协议中充当中央对手方,提供集中清算服务,并对质押券进行逐日盯市。沪深交易所、中证登于 2018 年 4 月 24 日推出交易所质押式三方回购交易,以中证登作为交易所三方回购中的第三方,提供担保品管理等服务。交易所的三方回购更类似于标准质押式回购和质押式协议回购的中间品种,在双边回购的基础上引入了中证登进行抵押品管理,但中证登不作为中央对手方参与交易。

相比于双边回购,第三方机构的存在可以提高回购交易的效率。在三方回购中,保持担保品价值足额的前提下可以进行质押券的替换,能够提高债券的使用效率。对于银行间债券市场来说,三方回购作为更加标准化的工具,不仅提供了新的回购品种,丰富了市场层次,还引入了更加专业的抵押品管理机构,由独立的第三方对质押券进行风险评估与估值。专业化的抵押品管理有助于保证抵押品的充足性,有利于风险防控,同时也能够降低交易成本。

更进一步地,中央对手方的引入能够缓解信用分层,提高信用债流动性。正、逆回购双方均与中央对手方进行交易,交易对手方风险大大降低;当所有机构都与中央对手方进行交易时,授信白名单的存在也就不再有意义,这意味着之前不具有准入资质的一些机构也可以参与交易,能够缓解信用分层带来的融资压力。另外,如果按照目前上海清算所公布的合格质押券折扣率标准,AA 级债券能够质押入库,那么投资者对 AA 级债券的接受程度会有所提高,能够有效提升信用债的流动性。

中央对手方的引入对债券市场的发展有积极作用,但同时也要注意风险的防范。通用质押券业务模式将交易对手方风险集中在中央对手方,这对中央对手方的风险承担能力是一个很大的挑战。另外,在质押券入库等级要求方面上海清算所(最低为 AA)对债券质量的要求要低于中证登(最低为 AAA);如果实际业务开展后接受大量的低等级债券入库,当正回购方出现违约时,中央对手方还将面临低质量抵押品处置的问题。

目前,中国的三方回购还处于起步阶段,在回购市场未来的发展中,可以考虑从以下几个方面进行完善:

(1)提高存续期间抵押物的利用率,赋予逆回购方质押券的处置权利。在质押式回购中,质押债券在整个质押过程中都处于冻结状态,逆回购方没有使用权,无法在二级市场买卖,也没办法再次用作质押,杠杆价值不能被充分利用。而成熟债券市场上的回购模式更接近国内的买断式回购,在质押过程中,逆回购方拥有质押债券的使用权。

(2)弱化对手方授信机制,充分发挥抵押品的作用。在美国通用质押模式下,投资者只关心质押品所属等级,不关心质押券具体情况,抵押品的价值能得到充分利用。而中国的回购市场上,基于交易对手方的授信白名单仍然是回购交易能否达成的决定性因素,在很大程度上限制了抵押品价值的实现。

(3)目前,美国有两大清算银行可以作为三方回购业务中的第三方机构:纽约梅隆银行与摩根大通银行。这两家清算银行在自身资产负债表内开展回购交易清算业务,为正、逆回购方管理资金与抵押品,对金融资产进行逐日盯市与重新估值。根据国内市场目前的情况,登记托管机构作为三方回购服务的提供主体,更能发挥集中登记托管抵押券的效率优势。随着对三方回购业务的需求增加,未来具备相应能力的大型银行或许也可以作为三方回购服务的提供主体。

8.3.5　违约债券和抵押品处置

2018年开始,信用债违约事件频发,债券市场低违约的刚兑状态被打破,债券违约逐渐常态化,违约债券的处置机制亟待完善。中国信用债市场起步较晚,在2005年信用债市场兴起之初,企业债的发行往往带有一定的政治色彩,其市场价格不能真正反映企业内部风险;且一部分信用债是具有实际抵押物或第三方担保的,不是真正意义上的基于未来现金流的信用债,因此其定价也并不完全基于信用。中国债券市场尤其是信用债市场投资主体比较集中,风险偏好相对偏低,缺少风险承担能力较强的专业化机构投资者。

在这种市场环境下,违约债券的处置机制也比较独特,主要有以下四种处理方式:(1)多数情况下,债权人和债务人会采取协商的措施进行处理,债务人通常会自己筹集资金进行偿还,或者通过展期、债务重组、核心资产抵质押等方式进行偿付;(2)在有担保人的情况下,债权人可以要求担保人代偿;(3)采取诉讼、仲裁等法律手段,以市场化方式处置违约债券;(4)通过拍卖等市场交易的方式直接出售违约债券。2018年以前,在政府部门的影响下,违约债券债务人往往采用非市场化的方式化解债务,强化了市场刚性兑付预期。为引导债券违约市场化处置,2018年12月3日,中国人民银行、证监会和发改委联合发布《关于进一步加强债券市场执法工作有关问题的意见》,建立了债券市场的统一执法机制,并推出了违约债券转让试点;2020年7月1日,中国人民银行、发改委与证监会联合发布《关于公司信用类债券违约处置有关事宜的通知》，正式建立债券违约的统一处置机制，违约债券处置的政策环境正在不断完善。

在违约交易处置过程中，抵押品的处置方式也十分重要，尤其是针对回购过程中的标的债券。通畅的抵押品流通渠道，才能尽可能保证抵押品处置金额覆盖回购交易额，为资金融出方提供足够保障，发挥抵押品对融资关系的促进作用。目前，中国债券市场中抵押品的处置机制正在不断完善，2019年6月17日，为提升违约交易抵押品处置效率，中央结算公司制定了《中央结算公司担保品违约处置业务指引（试行）》，明确了协议折价、变卖和拍卖三种处理方式，为市场化处理担保品提供支持。2019年6月17日，上海清算所发布了《银行间市场清算所股份有限公司债券回购违约处置业务实施细则（试行）》《银行间市场清算所股份有限公司回购债券拍卖处置业务实施细则（试行）》，对银行间市场违约交易抵押品处置进行规范。从2019年8月中央结算公司首次拍卖违约担保品的情况来看，拍卖所得资金能够覆盖债权金额，有效保护了债权方的利益。违约交易中抵押品处置规范化刚刚起步，实际操作业务还比较少，还需要相关部门进一步推进抵押品处置平台的建设，同时完善抵押品公允价值评价机制，提高抵押品的变现能力和处置效率。

为进一步完善违约后续处理机制，首先要为违约债券提供畅通的转让途径。目前主要的转让方式有三种：沪深交易所特定债券转让机制、北京金融资产交易所动态报价机制、外汇交易中心协议转让或匿名拍卖机制，其中匿名拍卖机制市场接受程度较高，其优势在于不向市场公布违约债券的购买主体，避免持有违约债券对购买方带来的不利影响。由此可见，为推进违约债券市场化处置，应该进一步完善拍卖机制的激励体系，吸引更多高风险偏好的机构投资者。

其次，要强化市场对违约债券的接受程度，当前违约债券处理的主要问题是需求不足。在当前违约常态化的大环境下，高收益债券供给日渐提升，应鼓励高收益债券需求方发展，平衡高收益债券二级市场供需，增强高收益债券流动性。要从根本上解决违约债券处置问题，应注重培养风险承担能力较强的专业投资者，提高市场对高收益债券的需求。

最后，应进一步完善与违约债券处置相配套的司法体系，拓宽违约债券的市场化退出渠道，支持破产重整方式成为债券违约处置途径。因此，需进一步完善破产机制,加快《破产法》《担保法》等相关法律的修订,简化公司破产程序,提高破产进程效率;同时还应加强对违约的法律约束,控制道德风险,避免策略性违约行为出现。

8.4 提高债券市场流动性

8.4.1 完善做市商制度

在国际债券市场上,现券交易多采用做市商制度。做市商一般为具有一定实力或信誉的金融机构,通过不断提供买卖报价、并按其报价与投资者成交向市场提供流动性,具有活跃市场的作用。而中国目前做市商参与成交的现券交易规模较小,对市场流动性的影响有限。银行间市场自 2001 年起实施做市商制度,但早期做市商权利与义务并不能很好的匹配,导致其做市积极性较低。以国债为例,2011 年,中国建立了新发关键期限国债做市制度,但由于国债大部分被商业银行作为持有至到期资产,市场流通性较差;且当时银行不能参与国债期货交易,不能进行风险对冲。因此,做市商承担了较大的风险,做市意愿较低,为了达到报价数量考核要求,甚至进行虚假做市。直到 2016 年 11 月 25 日,财政部和中国人民银行发布通知,建立国债做市支持制度,以随买随卖的方式对做市商进行支持,才一定程度上缓解了做市商的风险。2020 年 2 月,银行被允许参与国债期货交易,为银行风险对冲提供了新工具,进一步提高了做市商报价的积极性。

在银行间交易市场,还存在与做市商报价模式互补的货币经纪业务,与做市商不同,经纪商不参与交易,因此也不承担相应的风险。经纪商所发挥的作用更类似于信息中介,能够促成交易需求相匹配的对手方达成交易。在中国债券市场的监管环境下,做市商能够规范地提高债券活跃程度;相比于经纪商,由于做市商自身持有债券头寸,报价后有成交义务,其提供的报价是真实的交易承诺,能够更准确地反映市场情况。

在美国债券市场中,交易商和交易商经纪商在其中起到了关键的支撑作用,其中交易商负责提供报价,满足客户流动性需求,而交易商经纪商的作用则是辅助交易商之间交易的达成。在做市商机制下,美国债券市场形成了鲜明的层级结构,可划分为交易商间市场和交易商对客户市场两个层次。交易商向客户零售债券,满足客户小规模交易需求,并在交易商间批发市场调整头寸。做市商制度保证了市场的流动性水平,发达的交易商间市场又为交易商更好地服务于客户提供了稳固支撑。而中国债券市场中结构扁平,做市商并没有发挥应有的作用,大量的中小金融在银行间市场直接进行交易,而非通过做市商交易。

在中国债券市场中,发展做市商制度的主要障碍是做市商做市积极性不高,因此还需完善做市商激励制度,提高做市商报价意愿。为此,首先应该解决做市商机制运行的障碍,为做市商报价提供良好的环境。在中国,由于国债承销团成员在包销后往往将国债持有至到期,导致二级市场上流通的国债严重不足,这已经成为制约做市商机制发挥作用的一大因素。

针对该问题,可以从两方面采取措施:其一,应扩大可流通国债发行量、提高二级市场国债流通数量。只有国债数量足够大,流动性足够强,做市商才能从市场上获取足量的债券,因此国债发行频率和数量还需进一步提高。

其二,完善承销团考核制度,提高做市业务指标在评审中的占比。根据《国债承销团组建工作管理办法》,在承销团评审指标体系中,"国债做市或尝试做市双边有效报价量"占比 2%,"国债做市或尝试做市请求报价有效回复率"占比 2%,"国债做市或尝试做市有效成交量"占比 8%,而日均持有量占比 15%。在这种激励体系下,承销团成员显然会更重视国债持有量。

此外,还需要为做市商提供一些具有实际意义的便利,如尽快推出依托于托管结算机构的自动债券借贷业务。在成熟市场中,托管结算机构可以给做市商提供自动融资融券,但目前这一业务在中国未能开展。较为完善的融券业务对做市商有着重要意义,债券借贷可以降低做市商为保证交割而持有的债券量,降低做市商的存货风险。而中国的融券业务中介机构并不发达,交易双方一对一进行融券的交易成本较高,因此,需要建立依托于清算机构的自动债券借贷业务,激励做市场提供质量更高的报价,提升做市效率。

8.4.2　提升老券活跃度

"活跃券"现象在债券市场中广泛存在着,这一现象是指由于新发行的债券比老券有着更高的流动性,由于流动性溢价,有着相似久期的新老债券存在一定利差,新券的利率往往低于老券。"活跃券"现象不是中国债券市场特有的,美国新老债券的利差也比较严重,但是由于市场有较为成熟的对冲机制,很难利用新老债券的利差进行套利。Krishnamurthy(2002)采用活跃性最强的 30 年期美国国债数据,构建了卖空新债、买入老债的投资组合,观察到新老债券利差逐渐收窄,预期这一组合可以实现套利。但从实际数据看,超额回报幅度极为有限。

"活跃券"现象在利率债中更加明显,该现象或由市场上某一类投资者对于新发券的集中购入所致。在利率债市场上,存在两类投资者(或投资账户),一类以持有至到期为目的,赚取票息或利差,另一类是在不断交易中赚取债券买卖价差的交易投资者。交易投资者要想通过买卖某只债券赚取价差,必须保证市场上流通余额足够,否则,当市场剩余量较少时,买入该债券需要付出额外的成本。一只债券发行后,由于持有至到期投资者的存在,随着时间的积累,越来越多的债券被作为持有至到期资产;而另一只新的债券开始发行后,该债券就会停止续发,二级市场中流通的该债券数量会越来越少。为满足自身流动性需求,投资者需要更具有流动性的资产(Boudoukh and Whitelaw, 1993; Holmstrom and Tirole, 2001),投资者对流动性的需求使其更偏好新发券(Krishnamurthy, 2002),因此在新券流通额积累到一定程度后,交易投资者会集中在一段时期转而投资新发行的债券,短期内的需求增加导致新发债券的价格升高,形成新券和老券之间有规律的利差,即"活跃券"现象。

由于两种投资者的投资特征,不再续发的老券会逐渐丧失流动性,而市场上的老券占很大比重,因此,可以通过提高老券的流动性,带动整个市场流动性的提升。具体来看,有以下几个方面的建议:

(1)扩大做市商做市范围,促成老券交易。为提高债券市场流动性,做市商应进一步扩大做市券种覆盖范围,将老券、非活跃券纳入报价体系,促进低流动性产品成交。2019 年以来,中国外汇交易中心为满足对各类新老债券的不同需求,在新一代本币交易平台上推出"做市机构旗舰店",为做市机构提供支持。在促进老券的活跃性方面,中国农业银行积极对老券进行做市双边报价,中信证券通过"中信证券旗舰店"为客户推荐老利率债、信用债等产品,这些措施对促进非活跃券成交有明显成效,根据外汇交易中心数据,2019 年国债非活跃券交易量为 17 万亿元,同比增长 72%。

(2)坚持国债续发机制,增加单只国债的续发次数。续发机制能够较好地保证单只债券的市场流通余量,满足投资者的流动性需求,因此也就能使债券长期保持活跃,避免其过早沦为老券;另外,增加续发次数还能够保证单只债券的规模,避免国债单只发行规模较小、碎片化严重的问题。

(3)坚持利率市场化进程,提高商业银行流动性管理能力。由于中国利率市场化尚未完成,利率波动性较小,即使将大量利率债用于资产负债管理,利率风险也非常有限,因此银行将大量国债作为持有至到期资产,加速了国债成为老券、失去流动性的进程。2020 年之后,银行可以参与国债期货交易,这为银行流动性管理提供了新工具,使其在不变更头寸的情况下就可以完成资产配置,或许对释放国债流动性有较大帮助。

8.4.3 健全公允价值机制

债券的公允价值计量法一般包括收盘价和第三方估值两种。收盘价是指上个交易日成交的收盘价,在交易所竞价交易的债券可以采用收盘价作为公允价值,但是收盘价法只适用于那些流动性好、交易频率较高的债券。由于大部分债券的活跃程度都比较低,收盘价法存在较大的局限性,因此需要由第三方机构提供债券估值。在中国债券市场上,尽管存在交易所市场竞价交易机制,但从交易量来看,债券交易仍然以询价为主。询价交易面向的投资者范围较小,且交易双方预期存在差异,在商定价格的过程中,第三方估值发挥着价格锚点的作用。

为了给债券交易提供价值参考,托管机构根据各自的模型和数据,参考市场成交、舆情等因素,给每个债券提供估值。目前比较主流的估值包括由上海清算所编制的"上清所估值"、由中央国债登记结算有限责任公司编制的"中债估值"、由中证指数有限公司发布的"中证估值"。中债估值建立较早,且数据较为全面,投资者对中债估值的认可度相对更高。在实际操作中,中债估值和中证估值的应用比较广泛。由于两个估值之间存在差异,在价格协商过程中,交易双方往往会根据对自己更为有利的估值进行讨价还价。在债券交易过程中,第三方估值作为债券询价交易的锚点,成为整个债券市场价格的基石。另外,中债估值和中证估值还是监管机构控制市场波动性的标杆,通过对偏离估值较大的交易进行监控,可以识别出异常交易。如在 2017 年证监会发布的《关于进一步加强证券基金经营机构债券交易监管的通知》中,规定债券现券交易价格偏离比较基准超过 1% 的,应当向风险管理部门备案并作出合理说明。实际交易中,债券成交价格偏离估值范围一般在 30 个基点以内。

估值作为价格的标杆,对债券市场有着深刻影响,不合理的估值可能会降低债券流动性。如果债券的估值收益率与真实收益率存在较大偏差,那么在交易中至少有一方存在浮亏,这会限制交易双方的成交意愿,降低债券流动性。同时,估值的准确性和债券的流动性是相辅相成的,良好的估值有利于提高债券市场的流动性和稳定性,估值对实际价值的反映程度也依赖于债券的流动性与活跃程度。流动性较差的债券存在估值偏差的可能性往往更大。当市场大幅波动时,活跃程度较高、交易数据较多的券种由于具有较多的成交数据作为参考,其估值更贴近于真实价值;而流动性较弱的不活跃券种,由于成交量较少,估值参考数据较少,估值可能会滞后于市场,导致一段时间内估值与真实价值存在偏差。

第三方估值机构应尽量保证估值的准确性和时效性。当债券价值被低估时,投资者可以通过在估值价附近买入、在真实值附近卖出债券的策略进行套利;当债券被高估时,对于持有该债券的基金来说,一方面难以在估值附近卖出债券,另一方面还面临着投资者的赎回,可能会出现流动性问题。为了避免估值偏差造成的影响,第三方估值机构应提高估值调整的及时性,对于流动性较弱的债券,可以参考相似期限和类别的债券对估值进行及时调整。

8.5 完善债券衍生品市场

8.5.1 利率衍生品

目前中国的利率衍生品主要有场内交易的国债期货和场外交易的债券远期、标准债券远期、远期利率协议、利率互换、标准利率互换，以及 2020 年推出的挂钩 LPR 的利率期权。其中，标准债券远期对合约标的、交易和交割都做出了明确规定，相比于普通远期，具有更多期货的性质。

中国的场内利率衍生品品种较为单一，以国债期货为主，经过多年的发展，目前中国的国债期货市场已有 2 年、5 年、10 年三个关键期限产品，能够发挥期货的套期保值和价值发现功能。2020 年 2 月，国债期货交易机构范围进一步扩容，商业银行和保险机构被允许参与国债交易，进一步增加了国债期货市场的广度和深度。对银行本身来说，随着利率市场化的不断推进，银行作为最大的国债持有机构，面临较大的利率风险，银行参与国债期货交易能够帮助其进行套期保值，同时也能更好地对冲国债承销和做市过程中的存货风险。对整个市场来说，对银行开放国债期货交易还有助于改变目前商业银行以持有至到期为主的国债投资方式，期货的引入能够提高银行的流动性管理能力，鼓励银行释放部分持有至到期国债，增加国债的流动性。

根据境外成熟金融市场的经验，随着利率市场化的推进，利率波动性会更加显著，金融机构进行风险对冲的需求日益增加，因此进一步充实避险工具，提供高效率的利率衍生品变得尤为重要。为此，未来应该采取更多的措施促进利率衍生品市场的发展。

8.5.2　信用衍生品

一般情况下,信用衍生品的作用是分担信用风险,其功能相当于违约保险,信用衍生品卖方收取保费,一旦发生违约事件,则由卖方向买方支付赔偿。信用衍生品在债券市场上发挥着重要作用,当信用衍生品市场比较完善时,它可以将债券的违约风险和其他风险分离开来,为债券持有人提供违约保护,有效降低债券的融资成本,有利于融资渠道的高效运行。这样,信用衍生品一方面给债券投资者提供了保护,分担了违约风险,另一方面为债券发行人融资提供支持,增强融资效率,降低融资成本。

从发达债券市场中信用衍生品的发展历程来看,信用衍生品市场的成熟周期较长,中国的信用衍生品仍处于起步阶段。目前,中国银行间市场信用衍生品包括四种,分别是 CRMA、CDS、CRMW、CLN,其中 CRMA 和 CDS 为不可转让的合约类产品,CRMW 和 CLN 可以转让。相比之下,凭证类产品更加标准化,合约类产品一般为一对一签订。从发挥作用的机制来看,CRMA、CRMW、CDS 都是在信用衍生品买入的同时转移信用风险,违约事件发生时赔付,而 CLN 为预付机制,若未发生违约,CLN 卖方可收回预付赔款。

中国信用衍生工具的发展面临着三大障碍。第一是违约历史数据缺失,难以准确估算市场违约概率。信用衍生品作为一种风险对冲工具,其定价正是建立在对违约概率的正确估算的基础之上的,而估算违约概率需要基于大量的样本支持。中国债券市场上刚兑现象存在已久,近年来违约现象才逐渐浮现,因此有效样本较少,反映信息不足,对违约率的估算与实际风险状况存在偏差,因此信用衍生品的定价成为一大难点。目前在实际操作中,信用衍生品主要的成交方式是通过簿记建档,让市场投出最终价格。

第二是信用衍生品发行机构积极性不高。发行信用衍生品意味着将债券违约风险转移到自身,这对发行机构的风险承担能力要求非常高。美国 CDS 的发行机构种类多样,如商业银行、投资银行、基金、保险公司等,而目前国内符合信用衍生品创设要求的机构大多数为商业银行和证券公司,这类公司的风险偏好趋同,风险转移困难较大,自身也没有比较完善的风险分担机制,难以承担为整个市场分担信用风险的重任。

第三是目前中国的信用衍生品市场流动性比较差,无法发挥其信息功能。除了风险分担外,信用衍生品的另一个重要功能是信息发现,在流通性较好的市场,信用衍生品的价格能够反映债券的内在价值,揭示其信用风险。而由于中国的信用衍生品刚刚起步,交易量非常低,难以起到反映债券信息的作用。

为促进信用衍生品市场发挥其应有的作用,应从以下几个方面进行规范:

(1) 完善信用衍生品定价机制,采用更专业的定价方法。在当前信用衍生品交易中,为了提高投资者的积极性,往往采用簿记建档的方式定价。以 CRMW 为例,创设方先通过前期询价和成本考量确定价格区间,在预配售阶段让投资者报价并确定最终定价,这一定价机制不仅包含了信用风险,还考虑了交易双方的发行成本和流动性溢价,因此这种定价方式不能达到剥离信用风险的目的。在境外市场上,信用衍生品定价主要有违约率模型和信用利差模型两类,而中国由于关键数据样本缺失,在定价模型的应用上存在一定局限性。衍生品作为高风险产品,其定价应该尽可能地遵守无套利定价理论,使定价更好地反映债券的信用风险,目前采用的簿记建档定价方式存在一定的误差,不过采取这种定价方式或许与当前衍生品市场的数据基础较为薄弱有关。不恰当的定价可能扰乱市场价格,造成严重后果。因此,尽快建立更加有效的定价体系,是国内信用衍生品发展过程中所要解决的首要问题。

(2) 丰富发行主体种类,引入保险、基金等风险承受能力强、风险偏好程度高的机构参与主体。中国目前信用衍生品发行主体由商业银行、大型证券公司和增信机构三类构成,这些机构投机和承担风险的意愿较低,发行信用衍生品的积极性不高,这导致信用衍生品市场供给不足,总体规模较小且流动性低。多样化信用衍生品参与主体,是分散风险的有效手段,也是扩大衍生品市场规模、提高流动性的前提条件。

(3) 推进资本缓释功能落地,为衍生品交易提供良好的激励制度。国际成熟市场已经认定合格信用衍生工具的资本缓释作用,并且明确了内部评级法下合格信用衍生工具实现资本缓释的操作要求。根据中国《商业银行资本管理办法（试行)》规定,采用内部评级法的商业银行,可以利用合格信用衍生工具缓释资本,采用权重法的商业银行只能通过合格保证和合格质押物实现资本缓释。但由于合格信用衍生工具界定不清,且没有具体的扣减规定,实际操作中暂未实现真正的资本缓释。若资本缓释功能可得到充分发挥,能够大幅减少银行在债券投资中的风险资本计提,提高市场参与积极性。

9 金融产品创新建议

9.1 通用质押券业务

通用质押券业务是在银行间市场开展的采用集中清算的三方回购交易业务。在这一过程中,上海清算所作为清算机构,既是回购交易的中央对手方,又是进行质押券管理的第三方。银行间债券市场投资者将符合清算机构要求的债券提交质押专户,清算机构对质押专户的债券按照规定的折扣率进行计算,投资者在额度范围内与交易对手开展回购交易。

在正式推出通用质押券业务之前,银行间债券市场在提升回购交易效率方面进行了一系列的探索。2015 年 2 月 10 日,上海清算所发布《银行间债券市场债券交易净额清算业务规则(试行)》,在净额清算业务中纳入回购交易。同年 8 月,银行间市场推出的 X-Repo(质押式回购匿名点击业务)吸收了三方回购的思想,引入了撮合交易机制,由外汇交易中心统一安排质押券的券种、折算率与估值,在一定程度上提高了市场效率。但 X-Repo 的本质仍然是双边回购,在质押期间无法由第三方根据质押券价值的波动进行担保品管理。2016 年 8 月 29 日,上海清算所发布了《银行间市场清算所股份有限公司中央对手清算业务保证券管理规程》和修订《债券交易净额清算业务质押式回购质押券管理规程》的通知,进一步明确了抵押品业务规则,加强质押券与保证券管理。同年 12 月 20 日,上海清算所对《银行间市场清算所股份有限公司中央对手清算业务保证券管理规程》进行了修订。在2019年7月31日上海清算所与外汇交易中心发布的《关于开展通用质押式回购交易清算业务的通知》中,明确由上海清算所担任中央对手方。通用质押式回购中,业务参与者与上海清算所开展回购交易,并由上海清算所提供担保品管理与集中清算。

通用质押券业务具有重要意义。首先,对于资金融出方,与中央对手方进行交易能够降低交易对手风险,第三方提供的抵押品管理服务也节约了交易成本。对于资金融入方,通用质押券回购提供了更加灵活的融资渠道,促进了资金融通效率。在目前的回购交易中,逆回购方较为重视交易对手方的资质,资质较弱的机构面临更高的交易成本。2019年5月24日包商银行被中国人民银行、银保监会接管之后,金融机构对交易对手风险的担忧程度上升,纷纷提高风控标准,不仅提高了交易对手的准入门槛、调整授信"白名单",还设立了更加严格的质押券接受标准,使资质较弱的金融机构的融资环境更加艰难。根据规定,在开展通用质押式回购交易时,业务参与者仅需确定回购金额、期限和利率,对应的质押券由上海清算所自动选取、质押。在这种模式下,正逆回购双方的对手方均是中央对手方,且质押券折扣率由上海清算所统一规定,因此逆回购方不需要再根据交易资质和债券等级选取对手方和质押券,有助于提升交易效率,改善融资环境。

其次,在合理的交易机制下,相比于双边模式,中央对手方清算模式或能提高抵押品使用效率。经济学理论和实证表明,相比于可以自行选择交易对手和抵押品的双边交易模式,中央对手方的交易对手种类更多,所接受的抵押品范围也相对更广,为了覆盖当前的交易对手风险敞口和因抵押品估值变化而产生的潜在的风险敞口,中央对手方可能会要求更多的抵押品。但是,中央对手交易模式的净额结算功能能够使一些交易合并,市场中总的交易对手敞口会因此减少;并且中央对手清算模式设置了统一的折扣率,市场参与者不需要再储备额外的流动性以应对不同交易对手多变的抵押品要求。

最后,通用质押券模式的引入或可盘活信用债现券市场,提高信用债抵押品价值与定价效率,提升信用债现券市场交易活跃度。Bernstein 等(2019)以纽约证券交易所中央对手方业务的引入作为自然实验,通过对比同时在纽约证券交易所与纽约合并证券交易所上市的股票价格与波动性,发现中央对手方业务可以显著降低股票价格的波动性,提升资产价值。而 Vuillemey(2020)则指出中央对手方业务可解决交易中的市场缺失与因信息不对称导致的逆向选择问题,从而提高市场整体交易量。当前市场中,中小机构持有的利率债有限,而通常作为资金流出方的大银行等,对信用债的接受度较低,这造成了中小机构的融资困难,同时也影响到了信用债的流通。通用质押券业务的引入一定程度上提高了信用债的抵押品价值。而回购市场体量增大,也会传导至现券市场,提高信用债的流动性与交易活跃度。这对于整体债券市场的健康发展具有重大意义。

从整体上看,在合适的机制下,中央对手方模式能够较好地解决中小银行和非银金融机构融资难的问题,提升抵押品的利用效率,也有助于提升债券的流动性。

9.1.1　提升市场积极性,扩大清算规模

根据 2019 年 7 月 31 日颁布的《银行间债券市场通用质押式回购交易清算业务规则(试行)》,所有已成为债券净额清算会员的参与者,可申请直接参与通用质押券业务。非净额清算会员可向债券净额综合清算会员申请参与通用质押券业务,并由综合清算会员向上海清算所报备开通业务权限。截至 2020 年 4 月,可以直接参与交易的综合清算会员有 7 家,普通清算会员 57 家,综合清算机构数量仍然较少。另外,引入中央对手方后,投资者需要适应新的交易模式,因此各机构参与通用质押券业务的积极性也有待观察。目前,在现券和回购交易中,净额清算的比例仍然较低。由表 4.1 可知,2019 年 3—9 月间,上海清算所净额业务(包括现券与回购)平均月度清算面额约为 1.7 万亿元,2019 年现券和回购平均月度清算量约为 21 万亿元。平均来看,2019 年月度净额清算规模占总清算规模的比例约为 8%。

清算机构应进一步扩大净额清算业务覆盖面,引导交易对象积极参与通用质押券回购业务,只有当交易者足够多时,才能充分发挥规模效应,并保证中央对手方的收支平衡。为此,建议设计出更加合理的激励手段,提高清算会员参与净额清

算和综合清算会员代理清算的积极性。清算会员的选择也可能会影响中央对手方清算的效率。当清算会员相互之间交易频繁时,中央对手方清算模式可以最大化资金与抵押品的使用效率。而若清算会员间多为单方向、单一链条模式的交易,则中央对手方可发挥的空间较为有限。当前中国银行间市场总体资金流向为单向的从政策性银行、大型国有商业银行、股份制银行等,流向城商行、农商行,继而流向非银机构等。为最大化中央对手方的作用,在清算会员的选择上,也可进行适当考虑。

9.1.2 注重风险管理,把控入库质押券质量

在通用质押券业务中,清算机构作为中央对手方,将市场上原本分散的交易对手风险集中到自身,因此要更加注重风险管理。尤其是对质押券质量的把控上,不宜接受大量等级较低的信用债入库。

美国的 GCF 回购与中国的通用质押券业务模式类似。GCF 回购由美国固定收益结算公司(FICC)作为中央对手方担保交收,FICC 可以接受的合格质押券包括国库券,TIPS,由房利美、房地美、吉利美发行的固定利率和可调整利率的 MBS、政府支持机构发行的信用债、本息分离债券(separate trading registered interest and principal securities,STRIPS)五大类,均为风险较低的债券或债券衍生品。可见,CGF 回购对质押券的入库要求较高。

中国交易所内的质押式回购与银行间的通用质押券业务模式类似,由中证登担任中央对手方。在 2014 年债券市场刚性兑付局面被打破之后,中证登屡次提高质押券的门槛。目前中证登基本上只接受 AAA 级别及以上的债券作为质押券。而根据《银行间市场集中清算业务指南》,银行间市场的通用质押券回购对质押券等级的要求为发行人主体评级不低于 AA(含)。根据目前的公开信息,相对来说,银行间市场通用质押券业务对质押券的要求更低,从长期来看,这一差异可能会导致低评级的债券逐渐转移到银行间市场进行回购融资,信用风险也会逐渐聚集在作为中央对手方的清算机构身上。不过,在实际业务实施过程中,上海清算所可能

还会对合格质押券标准进行调整。建议清算机构在质押券入库标准的实施上,应该首先保证自身的风险控制需求,不宜过分强调低等级债券的质押能力。

9.1.3 提高抵押品管理能力,完善风险揭示体系

在通用质押券业务中,由上海清算所作为第三方提供担保品管理服务,进行逐日盯市质押券管理服务。逐日盯市是指清算机构根据清算参与者头寸的成交价与质押券账户公允价值,每日计算其清算业务的浮动盈亏的过程。在回购业务中,当质押品余额低于(或高于)要求时,及时通知正回购方(逆回购方)补充质押券(释放质押券),使抵押品余额维持在一定水平上。在通用质押券回购业务中,中央对手方承担了大量的风险,应该更加注重对抵押品的风险监控。为此,在实际操作中,应严格落实逐日盯市机制,运用及时、准确的风险计量方法,提高风险预警和防范能力。另外,还应该进一步细化质押券调整机制,制定相应的应急措施,以应对信用评级下调等突发事件。对于突然发生信用问题的合格质押券,可以考虑将其从合格列表中剔除,并积极采取措施替换目前在质押的问题债券。

9.2 衍生品清算业务

信用风险和利率风险是债券投资的主要风险,如果没有相应的衍生品来进行风险对冲,债券持有机构将面临净利润的大幅波动。利率衍生品和信用衍生品对债券市场的发展是必不可少的。

2008年金融危机后,各国对危机的爆发成因进行了深刻反思,采用双边交易机制的场外衍生品受到广泛关注。为了降低交易对手风险,在2009年的G20匹兹堡峰会上,G20领导人就场外衍生品市场改革达成一致共识,呼吁在场外衍生品市场全面引入中央对手方清算机制,并将实现标准化衍生品的中央对手清算作为总体目标,共同推进场外衍生品改革。中央对手方清算机制能够有效管控系统行风

险,在 2008 年金融危机中,有很多实际例子说明了这一点。金融危机前,除利率互换之外,大部分场外衍生品都采用双边清算模式。金融危机爆发后,雷曼兄弟破产,其纳入伦敦清算所清算的利率互换合约头寸超过 9 万亿美元,最终处置仅使用了其缴纳初始保证金的 35%,未给伦敦清算所和其他清算会员带来任何损失。与之形成鲜明对比的是,其未纳入中央对手清算的 720 亿美元信用违约互换,给其他市场主体带来了大约 52 亿美元的损失。金融危机之后,各国纷纷在衍生品交易中引入中央对手方清算机制,2009 年 3 月,洲际商品交易所(ICE)开始为信用违约互换提供集中清算服务。

9.2.1 利率衍生品

中国银行间市场利率衍生品包括利率互换、标准债券远期、债券远期和远期利率协议。其中,标准债券远期和绝大部分利率互换产品已被纳入中央对手方清算。为促进利率衍生品市场的发展,可以从丰富衍生品种类、扩大衍生品交易参与者范围、扩充衍生品合格保证金资产几个方面采取措施。

1. 丰富利率衍生品种类

首先,完善现有利率衍生品的期限结构。利率互换在银行间市场占据绝对的主导地位。2017 年以前,利率互换产品的最长期限为 5 年。2017 年 7 月 24 日,为构建完整的利率衍生品曲线,外汇交易中心在原来的基础上新增了 6 年、7 年、8 年、9 年、10 年期的人民币利率互换合约,目前利率互换的最长期限为 10 年。市场上中长期限现券交易越来越活跃,且保险机构等机构投资者具有长期产品需求,未来可以考虑进一步丰富利率衍生品的期限,进一步延伸利率互换期限到 20 年、30 年直至 50 年。

其次,可以借鉴发达债券市场较为成熟的利率衍生品体系,引入更多标准化的利率衍生品。中国的利率衍生品品种在不断丰富,2020 年 3 月 23 日,银行间市场利率期权业务正式上市,该期权挂钩 1 年期和 5 年期 LPR 利率,包括利率互换期权和利率上下限期权,利率期权的出现丰富了场内利率衍生品种类。在利率期权的基础上，未来应进一步引入基于国债期货合约买卖权的期货期权，为投资者的对冲策略提供更多的灵活性；同时继续扩展衍生品的细分品种，使其适用范围更广。以利率互换为例，人民币利率互换有三种类型，分别是息票互换（coupon swap）、基差互换（basis swap）和交叉货币利率互换（cross currency interest rate swap）。而美元利率互换除了这三种互换类型外，还有一些创新型品种，如隔夜指数互换（overnight index swap）和市场一致息票合约（market agreed coupon）等。隔夜指数互换是将联邦基金有效利率与隔夜利率指数进行交换的合约。由于对手方风险有限，隔夜指数互换的固定利率端通常相比于隔夜拆借利率略低，其差额反映了银行间市场的对手方风险大小。也正因此，隔夜指数互换与隔夜拆借利率之间的差额可以作为银行系统整体风险的有效度量。引入隔夜指数互换可以为监控整体银行间市场风险提供重要参考（Gorton and Metrick，2012）。市场一致息票合约则为场外交易市场的利率互换交易提供了一个通用的合约范本，能够增进其标准化程度。

2. 扩大参与者范围

目前，上海清算所作为中央对手方清算的衍生品中，商业银行是主要的参与者，其他类型机构的参与积极性不高。这一方面，是由于金融机构参与利率衍生品交易的准入门槛较高；另一方面，是由于中央对手方清算业务覆盖面不够广，市场参与者种类较为单一，衍生品市场流动性不足，影响了投资者参与的积极性。

为此，首先，可以考虑进一步放开对机构投资者的准入限制。未来可以进一步将证券公司、保险和财务公司、非法人产品、境外机构等更多机构纳入利率衍生品市场，避免"一刀切"式的准入管理，提高衍生品市场的活跃程度，同时要做好资格审查，严禁不合格投资者参与衍生品交易。其次，建议进一步完善综合清算会员的激励体系，联合综合清算会员共同提高客户参与积极性。最后，还需要进一步加强对外开放，为境外投资者参与衍生品市场提供便捷的渠道。可以通过在"债券通"中引入中央对手方的方式，使境内外机构在达成交易时直接适用中央对手方清算协议，降低境外投资者的交易对手方信用风险，同时有效解决境内外机构参与债券回购和衍生品交易时面临的主协议不一致、业务操作差异等问题。

3. 扩充合格保证金资产范围

目前国内衍生品保证金仍以现金为主,未来可以考虑允许风险较低的债券资产作为衍生品交易保证金。在境外衍生品交易中,多采用安全性较高的资产作为保证金,如芝加哥商品交易所交易的衍生品可以接受债券、货币基金、黄金等资产作为保证金。在保证金制度不完善的模式下,整体资金利用率较低,未来建议扩大衍生品保证金资产范围,接受一些低风险债券资产作为补充,如政策性银行债、地方政府债券,甚至是普通金融债。在扩大保证金范围的同时,也要加强对保证金资产价值的动态监控,防止保证金资产价格下跌导致的抵押品不足。

9.2.2 信用衍生品

目前中国的信用衍生品市场尚未发展成熟,总体成交量较小。随着债券市场违约现象的增多,信用衍生品的重要性日益凸显。为促进信用衍生品市场的发展,还需要进一步提高市场机构参与的积极性,丰富信用衍生品品种,完善信用衍生品定价机制。

1. 提高市场机构参与的积极性

国内信用衍生品发行机构的积极性不高,符合信用衍生品创设要求的机构主要是银行、证券公司和增信机构,这些公司的风险偏好趋同,风险转移困难较大,自身也没有比较完善的风险分担机制,难以承担为整个市场分担信用风险的重任。而美国 CDS 的发行机构种类多样,如商业银行、投资银行、基金、保险公司等。目前中国信用衍生品设立机构门槛较高,且受到监管的严格限制,比如银保监会明确规定保险机构不得作为信用衍生品的风险承担方。上海清算所可以联合相关监管机构,改进对信用衍生品创设机构的准入要求,扩展信用衍生品创设机构的范围,帮助市场形成更完善的风险分担体系;同时可以通过专项培训、产品推介会、市场机构座谈会等多种形式进行业务科普和宣传推广,加深市场机构对信用衍生品的深层次理解,激发市场参与热情。

另外,为提高信用衍生品需求,激励金融机构参与信用衍生品交易,建议尽快明确信用衍生工具的资本缓释作用。大部分国际成熟市场已经认定合格信用衍生工具的资本缓释作用,并且明确了内部评级法下合格信用衍生工具实现资本缓释的操作要求。根据2013年1月1日起实施的《商业银行资本管理办法(试行)》,采用内部评级法的商业银行,可以利用合格信用衍生工具缓释资本,采用权重法的商业银行只能通过合格保证和合格质物实现资本缓释。但由于合格信用衍生工具界定不清,且没有具体的扣减规定,实际操作中暂未实现真正的资本缓释。目前银行参与信用衍生品投资进行双重资本计提,既要计提衍生品的风险资本,也要计提所投债券的风险资本,这无疑加了银行的投资成本,影响其参与信用衍生品投资的积极性。若能够落实信用衍生品的资本缓释功能,银行投资于信用债的收益会更大。这不仅能够提高信用衍生品市场的发展,还能带动金融机构投资信用债积极性。在这一环节,上海清算所和政府机构应充分发挥各自的作用,推动信用衍生品的资本缓释功能落地。

2. 丰富信用衍生品品种

中国标准化程度较高的信用衍生工具主要包括银行间市场的四种信用风险缓释工具,即CRMA、CDS、CRMW、CLN。目前,信用衍生品市场的标的资产较为单一,且参考资产一般只有一个。未来可以考虑扩展标的资产范围,并积极发展指数型信用衍生品等多个参考资产的产品类型。

(1)扩展标的资产范围。

中国信用衍生品仍处于起步阶段,目前主要采用扶持企业的模式,基础资产的种类比较单一。中国信用风险缓释工具标的债券主要是企业债,而美国CDS的基础资产包括公司债、市政债券、银行贷款、资产证券化产品以及国家主权债等。在未来的发展中,建议扩大信用缓释风险工具的保障范围,将地方政府债券、资产证券化产品包括进来,全面发挥信用风险缓释工具的保障功能。

除扩大标的债券范围外,可以考虑将信用衍生品的保护范围扩展到银行贷款。在美国信用衍生品市场发展之初,银行因持有大量贷款,成为信用衍生品的主要投资者。银行贷款除了面临信用风险,还面临着利率风险和提前还款风险,对风险分担的需求更加迫切。在未来的产品设计中,建议进一步扩张信用衍生品的标的资产范围,不仅要为债券资产提供比较全面的信用保障,也可以将银行贷款等非标准化债权类资产纳入保护范围。

（2）丰富信用违约互换指数产品。

中国的信用衍生品多是单一参考实体的类型，未来可以向多个参考实体、多个标的资产的综合性信用违约衍生品种类发展，比如 CDS 指数类产品（王永钦，2017）。在美国，CDS 是场外交易产品，而 CDS 指数在交易所内交易，CDS 指数是更加标准化的信用保护产品。它由一篮子单一信用实体的 CDS 通过加权组合而成。CDS 指数交易时，一般由信用保护买卖双方事先约定好一篮子债券，如果债券篮子中的债券在合约存续期限内发生违约，信用保护卖方向买方支付违约损失。

美国 CDS 指数类产品种类丰富，根据参考债务的不同，CDS 指数可以分为三大类，分别是债券贷款指数、商业贷款指数和结构化债务指数。以债券为参考资产的 CDS 指数包括 CDX、iTraxx、MCDX 指数等，其中 CDX 和 iTraxx 均以公司债为参考债务，CDX 主要针对北美和新兴市场的参考实体，iTraxx 面向欧洲、亚洲、澳大利亚市场上的参考实体，MCDX 则以市政债券的发行人作为参考实体。以商业贷款为参考资产的 CDS 指数包括 LCDX、LevX 等，其中 LCDX 指数由 100 个北美贷款 CDS 组成，其参考债务是有担保的第一留置权银团贷款（syndicated secured 1st lien loans）。LevX 指数由欧洲高等级公司债 CDS 组成，其参考资产包括 40 个第一留置权贷款。结构化债务指数以结构化债务为参考资产，如以次级抵押贷款为参考债务的 ABX 和以商业住房抵押贷款为参考债务的 CMBX。CDS 指数具有标准化、可交易的特点，具有较高的透明度和流动性。相比于购买一篮子债券对应的单一实体 CDS，CDS 指数也能够达到类似的效果，并且交易成本更低。

目前，中国的 CDS 指数产品刚刚起步。2019 年 12 月 26 日，上海清算所、中国外汇交易中心、国泰君安证券公司联合发布"CFETS-SHCH-GTJA 高等级 CDS 指数"，该指数的参考实体集合由 40 个具有高信用等级、较好流动性的企业组成。CDS 指数的标的资产较为分散，便于投资者进行风险管理，使其可以更轻松地投资于复杂的资产组合。根据美国债券市场发展经验，CDS 指数的出现对 CDS 市场的发展具有较大的推动作用。随着中国信用衍生品参考实体种类的不断丰富，CDS 指数也应该进一步推广，开发出更多的 CDS 指数产品种类，为投资者进行信用风险管理提供便利。

9.2.3 完善信用衍生品的定价机制

信用衍生品定价的核心是违约率和违约回收率的计算。但是由于中国债券市场存在长期的刚兑保护,2014 年之后才开始出现债券违约现象,违约债券样本较少,难以较为准确地估算违约概率,因此基于违约概率的信用衍生品定价方法并不适用。目前信用风险缓释工具的成交价格多以簿记建档的方式确定,交易双方在报价过程中虽参考了定价模型,但同时也考虑了信用风险之外的诸多因素。这种定价方式并不能有效分离信用风险,价格中的干扰因素较多,不利于信用衍生品发挥"保险"的功能。

为使信用衍生品的价格更贴近于无套利价格,应进一步开发更适合中国市场的信用衍生品定价模型,尽可能地实现信用风险的分离定价。当然,从根本上来说,信用衍生品的定价模型离不开市场数据的支持,因此还需要正确应对违约现象,完善违约债券的处置机制,提高市场的风险分担能力,逐步丰富信用风险数据的积累。

9.3 对外开放措施

9.3.1 在"债券通"中引入中央对手方

"债券通"是跨境托管结算基础设施互联互通的成功尝试。目前"债券通"还未对境外投资者开放回购、衍生品交易服务,仅支持现券交易。国际上通用的回购和衍生品交易规则分别为《全球回购主协议》(《GMRA 主协议》)和《国际掉期与衍生工具协会主协议》(《ISDA 主协议》)。境外投资者如通过银行间渠道参与国内债券回购交易,需要签署中国银行间市场交易商协会制订的《中国银行间市场债券回购交易主协议》;如参与国内债券远期、人民币利率互换和远期利率协议等银行间场外金融衍生产品交易,需要与其对手方签署《中国银行间市场金融衍生产品交易主协议》(《NAFMII 主协议》)。协议签署流程较为复杂,给国际投资者的风险对冲和流动性管理带来不便。

为吸引更多的境外资源进入中国市场,应该进一步强化"债券通"的"一点接入"功能。建议尽快在"债券通"中引入中央对手方机制,使境内外机构在达成交易时直接适用中央对手方清算协议,有效解决境内外机构参与债券回购和衍生品交易时面临的主协议不一致、业务操作差异等问题。

9.3.2 建立跨境抵押品管理体系

中国债券的国际影响力日益扩大,2019 年 1 月,中国债券被纳入彭博巴克莱债券指数,这是中国债券市场对外开放过程中的重大进展,充分反映了国际投资者对于中国经济的信心。在回购、债券借贷、衍生品交易保证金等业务中,优质抵押品都是不可或缺的一部分,开展跨境抵押品管理业务是中国债券市场走向成熟的必经之路。2008 年金融危机之后,金融机构之间的信任程度降低,对抵押品的重视程度加强,全球优质抵押品需求上升,而规模庞大的人民币债券却尚未成为全球主流担保品。如果人民币债券能够在全球范围内作为抵押品流通,不仅能够提高中国债券在世界各地的流通性,提高人民币认可度,还能够对目前稀缺的抵押品进行补充,增强全球资金使用效率,同时能够提高人民币债券的价值。

为实现中国债券成为全球抵押品的目标,中国的抵押品管理制度需要和国际接轨,在完善中国债券市场对外开放的基础上,进一步加强境内外基础设施的互联互通。为此,要加深与国际金融组织的合作,以国际金融组织较高的信用地位,带动全球发行人和投资者的积极性。在这方面,中国已经取得了一系列的成功:2005 年,世界银行集团旗下的国际金融公司和亚洲开发银行首先获准在中国发行熊猫债,有力推动了中国债券(SDR)市场对外开放;2016 年,世界银行在中国银行间债券市场成功发行了 5 亿特别提款权计价债券("木兰债"),约合人民币 46.6 亿元。这是自 1981 年以来全球发行的首单 SDR 计价债券,对中国的对外开放具有里程碑意义。

同时也要注重提高人民币债券的流动性。流动性是抵押品质量的重要影响因素,人民币债券在国际市场上的活跃程度是其能否成为抵押品的关键。在国际市场上,并不是评级越高的主权债务抵押价值就越大。只有流动性足够好的债券,才能够在担保交易中被广泛接受。因此,还要继续提高国债、国开债等债券品种的流动性,建议从期限结构、投资者层次、做市商激励制度、风险对冲机制等方面入手,提升人民币债券的流动性。

另外,在目前的国际市场上,美元债依然在抵押品体系中占据主导地位。例如,场外衍生品交易担保品只能用美元债券。为了更好地利用国际资源,应该鼓励国内企业发行美元债。中资美元债一直受到境外投资者的广泛欢迎。相比于境内同类债券,发行美元债券的中资机构资质整体较好,它们拥有国际评级,违约风险相对较低。同时由于境内外评级存在差异,同一发行主体在境外的评级通常比在境内低。因此,中资美元债往往被低估,具有较高的投资价值。扩大美元债市场,能够使更多基于中国企业信用的债券在国际市场作为抵押品流通,提高国际投资者对中国债券发行主体的信任程度,为人民币债券成为全球抵押品打下市场基础。

9.3.3　打造面向国际市场的清算托管机构

现阶段,国内的清算托管机构主要面向国内市场,服务于国内投资者以及投资于国内市场的境外投资者。随着人民币国际化的推进,离岸人民币市场将逐渐繁荣。为了更便于国内发行人在离岸市场发债,同时也为扩大国际影响力,国内机构应积极在离岸市场上开展清算托管业务,打造国际化的金融基础设施。

完成跨境监管互认是国内金融基础设施走向国际的第一步。目前,上海清算所已获得美国商品期货交易委员会授予的不行动函,可以面向美国机构直接提供自营清算服务。同时上海清算所也在积极申请永久性的衍生品清算机构经营资质,并积极推进欧盟的第三国中央对手方认证申请工作。跨境监管互认不仅能够扩大国内机构的影响力,对于节约合规成本也有重大意义,未来应与更多的司法辖区建立跨境监管互认工作。

更进一步地,还需要加强与国际金融基础设施的联系与合作,实现与境内外主要金融基础设施的互联互通。如与香港 CMU 加深合作,拓展交易工具品种及券种,加强中国债券在岸市场与离岸市场的连接;与卢森堡交易所互联,便利境内外投资者投资债券市场;与其他国际金融中心城市的金融基础设施(如欧清、明讯等)建立合作关系,加强在离岸债券市场登记托管结算方面的合作。

同时,应按照国际标准完善国内风险管理框架,根据《金融市场基础设施原则》(PFMI)进行严格的风险评估和管理。完善清算参与者准入与评估制度,优化风险准备资源管理体系,提高应对市场异常能力,加深市场参与者对风险管理制度的理解,建立完备的恢复与处置计划等。

9.4 抵押品管理和违约债券处置

9.4.1 提高质押式回购质押券利用率

在中国银行间市场上,债券回购是金融机构之间重要的融资方式,发挥着调节流动性、传导货币政策等多方面的作用。中国银行间债券回购主要分为质押式回购与买断式回购两种。质押式回购由正回购方以债券为质押物向逆回购方以一定的折扣率融入资金,到期日再将资金返还对方并付出回购利息。买断式回购相当于正回购方将债券卖给逆回购方以融入资金,在回购期间逆回购方拥有质押券的所有权,到期日再各自返还券款。银行间市场的回购以质押式回购交易为主,买断式回购占比较小。质押式回购采取质押担保的形式,回购期间逆回购方既没有质押券的所有权,也没有质押券的使用权,质押券被冻结,回购存续期间不能进行交易和再质押。买断式回购转移了债券的所有权,逆回购方相当于临时拥有了质押券,因此可以将质押券用做质押进行融资,也可以通过买卖质押券赚取差价。

　　质押式回购的模式存在一定的缺陷，质押式回购期间逆回购方没有质押券的使用权，大量的质押券被冻结。这种模式降低了债券的流动性，不利于货币政策的传导。与中国质押式回购为主的情况不同，欧美的回购在本质上更类似于中国的买断式回购。在美国的回购交易中，虽不发生抵押品所有权的转移，但回购期间逆回购方具有取得利息收入、卖出抵押品、再次抵押的权利，且在违约时逆回购方能够自由处置抵押品，因此美国回购的实质更像是"买断式"。欧洲的回购则是彻底的买断式，回购期间抵押品所有权转移到逆回购方，逆回购方具有获得利息收入、买卖、再质押的权利。

　　从理论上来说，买断式回购的逆回购方可以处置质押券，拥有更多的灵活性，质押券利用效率更高。且买断式回购转移了所有权，在面临违约时，逆回购方有更多的保障。与质押式回购相比，买断式回购看似应该比质押式回购更受欢迎。但事实上，中国买断式回购市场体量远远小于质押式回购，根据外汇交易中心数据，2019 年银行间质押式回购交易金额为 8 100 886.78 亿元，买断式回购交易金额为 95 411.44 亿元，前者交易金额为后者的 80 多倍，且买断式回购市场的平均利率高于质押式回购利率。造成这一现象或许来源于买断式回购与质押式回购的操作机制之间的差异。

　　在中国银行间市场上，质押式回购和买断式回购同为双边回购，投资者在进行操作时会有所选择。质押式回购更加标准化，操作更为方便，但存在质押折扣率要求，信用等级越高的债券融资效率越高。举例来说，如果正回购方以国债作为质押券，那么他能够以几乎接近于 1 的折扣率融入资金；如果正回购方采用等级较低的信用债作为质押券，且本身议价能力较差的话，可能只能以较低的折扣进行融资。与质押式回购不同的是，买断式回购采取全价交易，即以买卖债券的价格进行交割，从融资的角度来看，这相当于不存在折扣率要求。标准化的质押式回购更符合交易习惯，且操作更加便利，持有优质质押券的机构更倾向于优先选择质押式回购。同时，由于买断式回购中发生了债券所有权的转移，正、逆回购方的资产负债表也将发生相应变动，根据债券种类的不同，逆回购方或需相应计提风险准备金。拥有优质质押券的机构，出于可能失去优质质押券的考虑，参与买断式回购的积极性有限。而非优质质押券对逆回购方的资产负债表将带来一定影响，因此逆回购方的接受意愿较低。两相结合下,买断式回购对资产负债表的影响也一定程度上降低了机构参与买断式回购的积极性。而缺乏优质质押券的机构为了获得更多的资金,会选择在买断式回购市场进行融资。这种分化使得低质量的质押券逐渐流入买断式回购市场,在买断式回购市场交易的机构也多是议价能力较低的金融机构。

由于买断式回购市场上的质押券质量较差,逆回购方只能获得低质量的质押,这种质押券一般流动性较低,抵押价值也较低。当逆回购方需要抵押品时,与其在买断式回购市场上采用全价取得低质量质押券,不如直接去购买高质量质押券。为了吸引逆回购方提供资金,正回购方会给予更高的回购利率,这也是买断式回购利率高于质押式的原因之一。当买断式回购市场成为高利率、低质量的市场后,注定只会吸引一小部分投资者,这部分机构大概有以下三类:一是议价能力较低的非银金融机构,通过该市场获得融资;二是跨市场套利的中小银行,从低利率的质押式回购市场融入资金后,在该市场以高利率融出资金;三是具有灵活性需求的交易者,选择在该市场与交易对手方自行商定回购期限等交易要素。

为了优化回购市场功能,建议适时推进回购机制改革,提高质押式回购的债券使用效率,优化买断式回购的交易流程。具体可以参考国际上的经典式回购和购入/售回式回购,分别对质押式回购和买断式回购进行改进。经典式回购以回购利率报价,回购期间正回购方的债券相关权利转移至逆回购方。购入/售回式回购体现为两笔现券买卖的形式,回购期间涉及债券所有权的转移,报价时以债券的首期价格和到期价格进行报价,两者价差隐含了回购利率。在国际市场上,经典式回购应用范围更广。国内的质押式回购与经典式回购存在相似之处,可以在现有质押式回购的基础上,实现质押券所有权或使用权的转移,使债券始终保持可用状态,提高债券的流动性和抵押效率。而针对买断式回购,则可以参考国际上的购入/售回式回购,对交易和结算流程进行优化,使其更符合市场交易习惯,并发挥其灵活性的特点,为有特殊需求的机构提供更多的便利,作为质押式回购的补充。

9.4.2　推出债券借贷质押品管理服务

债券借贷业务是指债券融入方以一定数量的债券作为质押,从债券融出方借入标的债券,同时约定在未来某一日期归还所借标的债券,并由债券融出方返还相应质押券的债券融通行为。目前中国债券借贷业务采用双边借贷形式,一对一协商出借债券、质押债券、期限、费率等要素。

债券借贷主要有三方面的功能:第一,做空套利功能。当预期债券价格将会下跌时,债券借入方可以通过债券借贷借入并高价卖出债券,未来再以低价购回并归还债券。在实际操作中,投资者可以通过匹配不同期限、种类的债券获得利差。虽然买断式回购也有做空功能,但债券借贷在期限、融资单位、结算方式等方面更为灵活;且对于借入方来说,债券借贷以债券作为抵押获得目标债券,而买断式回购以现金换得目标债券,买债券借贷付出的流动性成本更低。第二,升级抵押品、降低融资成本的功能。债券借入方通过债券借贷获得利率债等高质量的抵押品,并使用这些抵押品进行融资。举例来看,如果资金需求方以信用债进行质押式回购,可能面临较低的折扣率和较高的回购利率;而如果以信用债作为质押券进行债券借贷,将信用债转换为国债,那么可以以较高的质押率、较低的利率水平进行融资,节约融资成本。第三,提高做市商做市效率。当债券借贷市场足够发达时,做市商可以随时通过债券借贷借入债券,满足头寸需求,就不需要储备过多的债券。综合以上功能,债券借贷可以提高债券的周转速度,并且能够降低融资成本,有利于提高债券市场的流动性和运行效率。

但是,在实际的操作之中,债券借贷仍然存在一定的局限性。一方面,目前中国的债券借贷仍采用交易对手方授信的机制进行管理,在交易费率和借券转换比例上,也主要取决于对手方的信用资质,而不是基于质押券的质量。实际操作中,借出方会根据交易对手方的资质确定融入比例。目前,只有大型国有银行才能做到以1:1的比例进行信用债置换利率债。其他金融机构以信用债进行借券时,一般需要提供价值是借券所得利率债的3倍的信用债作为质押券,且需要承担较高的交易费率。

另一方面,中国的债券借贷市场仍以双边交易模式为主,暂时没有第三方机构提供抵押品管理服务。在国际债券市场上,债券借贷主要有三种模式:第一,双边借贷,即市场参与者通过一对一询价的方式进行债券借贷。这种方式侧重于满足融入方主动借贷的需求,但需要寻找交易对手方,交易达成的及时性相对较低。第二,依托中央托管结算机构的自动借贷,主要用于满足结算需要,也称为被动借贷。在这种模式下,融出方和融入方事先与托管结算机构签署双边协议,在结算过程中如有需要则自动启动,无需逐笔确认。这种借贷方式易于达成交易,但灵活性相对较低。第三,通过代理进行债券借贷,即市场参与者委托代理人融入或融出债券。除了少量融出方直接与融入方交易外,大部分交易均由融出方委托并授权债券借贷代理中介机构管理。代理中介机构将代理证券持有者审核融入方信用,与融入方就证券品种、费率、担保品范围及担保比例等借贷条款进行谈判,并提供担保品管理的服务。

近年来,随着中国债券市场的完善,参与债券借贷的机构种类日益丰富,债券借贷的需求不断增加。为了更好地发挥债券借贷市场的功能,建议在抵押品管理和交易机制方面进一步进行完善。

第一,完善质押券的转移机制,提高质押券的利用率。类似于前文讨论到的质押式回购,中国目前的债券借贷中,借出方无法处置质押券。国际市场上债券借贷的主要品种是转让式债券借贷,即在交易存续期间,出借方取得担保品的所有权,可以使用该担保品。目前中国的买断式回购虽有类似功能,但根据前面的分析,买断式回购存在诸多局限,债券借贷的方式更加直接和灵活,因此建议适时推进转让式债券借贷模式。

第二,推出债券借贷质押券管理服务。目前的债券借贷由交易双方自行进行质押品管理,给借出方带来了较大的管理成本。如果未来推行转让式债券借贷,那么对质押品管理者的管理水平也会有更高的要求。在这种情况下,专业的第三方质押品管理服务必不可少,建议尽快推出针对债券借贷的质押品管理业务,由托管清算机构集中提供盯市、违约处置等服务,为债券借贷市场的发展提供良好的基础设施支持,降低交易成本。

第三,推出中央自动债券借贷机制。中央自动债券借贷机制是依托中央托管结算机构进行的自动债券借贷,采用自动启动的模式,无需融出方逐笔确认。目前的债券借贷主要是双边借贷机制,未来可依托于托管机构推行自动借贷机制。自动债券借贷能够提高交易效率,避免交易失败,较好地满足做市商的头寸需求,降低存货成本,提高债券流动性,为做市商制度提供有力支撑。

9.4.3　完善违约债券流转和处置机制

近年来,中国债券市场信用债违约事件频发,债券违约逐渐成为常态。自2017年以来,一系列的去杠杆宏观政策给企业融资带来压力,再加上2018年资管新规发布,银行投资企业的渠道受阻,杠杆水平快速下降,造成部分企业资金链断裂。金融去杠杆和资管新规对市场流动性造成影响,使近年来的违约债券快速增加。在这种背景下,违约债券的处置问题备受关注。

处置违约债券首先应从提高违约债券流转效率、建立违约债券二级市场入手。在这一方面,相关机构已经采取了一系列措施。2019年2月,中国外汇交易中心组织首次到期违约债券的匿名拍卖,虽然仅限于银行间产品,但随着债券匿名拍卖的常态化,其交易活跃度有望逐步提升。6月28日,为健全债券违约处置机制,保护投资人合法权益,中国人民银行起草了《关于开展到期违约债券转让业务的公告(征求意见稿)》,向社会公开征求意见,到期违约债券的交易机制开始运行,为市场化处置违约债券开辟了新的渠道。7月,全国银行间同业拆借中心举办了首次质押式回购违约债券匿名拍卖,回购业务的关注重点正在由同业授信向质押券质量转变。12月27日,中国人民银行、国家发改委和证监会联合起草了《关于公司信用类债券违约处置有关事宜的通知(征求意见稿)》,对债券违约处置的重点领域进行规划。同时,银行间市场交易商协会发布了多个配套文件,其中,《银行间债券市场非金融企业债务融资工具违约及风险处置指南》提出了违约债券的多元处置路径;《银行间债券市场非金融企业债务融资工具持有人会议规程》(修订稿)规范了参与主体的权责和义务;《银行间债券市场非金融企业债务融资工具受托管理人业务指引(试行)》在银行间首次引入受托管理人制度安排,强化了投资者保护机制。

目前,违约债券和抵押品的流转机制已经在逐渐形成,随着违约案例的不断增多,违约债券的流通市场会逐渐活跃起来。在此基础上,未来可以从以下几个思路提高违约债券的处置效率:

(1)加强市场培育,提高违约债券的回收率。积极引导不良资产处置机构参与违约债券处置,提高债券处置效率。我国的一些资产管理公司具有一定的不良资产处置经验,可以积极引导具有相关经验的机构参与违约债券处置,并且推出配套的处置交易法规文件,以提高违约债券的回收效率。同时,应注重培养风险承担能力较强的专业投资者,提高市场对高收益债券的需求。

(2)规范"花式兑付",保护投资者利益。近几年,一些发行人为了规避违约公告带来的负面影响,会选择采取强制展期、场外兑付、撤销回售等花式兑付方式。一个典型的例子是,2020年4月,"13海航债"发行人在到期前一天临时召开债券持有人会议,导致多数机构投资者无法投票,强制进行展期。对于投资者来说,为了防止由于发行人偿债压力过大影响后续偿债能力,往往会选择接受花式兑付方式。目前对于花式兑付的性质界定不清,一方面,企业出现了流动性问题,无法按时还本付息,已经违反了原合同约定;另一方面,这种处理方式是经过双方商议的,难以落实投资者保护措施。从实际情况来看,花式兑付的债券后续兑付情况并不乐观。长期下去,市场信心逐渐会崩塌,不利于债券市场的发展。因此,监管部门需要采取措施对花式兑付方式进行约束,加强审计监督,甄别恶意逃债等行为,同时加强投资者保护措施,避免花式兑付给市场带来的负面影响。

(3)完善法治建设,引入"预重整"制度,合理运用破产程序。陷入债务危机的企业有三种选择,一是破产清算,二是破产重整,三是庭外重组。破产重组是指当企业资不抵债时,管理层可以向法院申请破产重组。一旦申请获得批准,债权人就不能向破产企业催逼债务。破产清算是指宣告股份有限公司破产以后,由股东、有关机关及有关专业人士组成的清算组接管公司,对破产财产进行清算、评估、处理和分配。庭外重组属于庭外和解,即债务人可以事先游说债权人同意其重组方案,包括延期偿还和债务调整。破产清算使债务人遭到彻底清场,而债券持有人也得不到全面赔付。破产重组可以在较大程度上实现投融资双方的共赢,但程序耗时耗力,仅适用于尚有较大发展期望的发行人,对涉众性强的违约事件难以通过平等协商达成一致方案。庭外重组是一种企业自救的方式,陷入困境的企业通过与债权人、投资者等各方面进行协商,对企业的经营方式、债权债务关系等事项进行调整,使企业起死回生,可以理解为一种自发的重整行为。但由于重组方案不会经过法院批准确认,因此缺乏强制力,实施起来完全依靠协商各方的自觉。因此,在庭外重组和庭内重整程序之间,需要建立恰当的衔接机制。

这一衔接机制即"预重整"衔接制度。预重整制度起源于美国,其一般流程为企业在进入法院重整程序前先与债权人、重整投资人等利害关系人就债务清理、营业调整、管理层变更等共同拟定重整方案,然后将形成的重整方案带入由法院主导的重整程序进行审查。预重整制度结合了庭外重组与破产重整的优势,能够降低破产重整的时间和经济成本,提升破产重整的质量,有利于实现公平和效率的有机结合。然而,由于中国尚未就预重整制定专门的规范,预重整制度在中国尚处于探索阶段,立法的缺失导致预重整在实践操作中仍然存在较大难度。因此,应当根据中国经济体制的特点,借鉴英美和其他国家预重整制度的同时,通过司法实践的不断探索,尽快完善相关立法,将预重整制度引入中国破产法体系,构建出一套满足中国自身发展需要的预重整制度。

9.5 指数化产品

9.5.1 指数化债券

指数化债券是指面额和利息随着某一指标变化而变化的债券。通胀指数债券(TIPS)是目前应用比较广泛的一种指数化债券,主要用于降低通货膨胀对实际价值带来的影响。

第二次世界大战之后,世界各国普遍处于高通胀的经济状态,当时很多国家和地区都进行过指数债券的尝试。20 世纪 60 年代至 70 年代,巴西、阿根廷、以色列等发展中国家为应对通货膨胀,在采取紧缩货币政策的同时,发行了大量的指数化债券。这是二战后债券指数化的第一次尝试。TIPS 在一定程度上节约了国家的债务成本,但同时也受到指责,反对者认为大量的 TIPS 减弱了人们反通胀的决心,与政府控制通胀的目标不符合。这次尝试以失败告终。20 世纪 80 年代,许多国家仍处于高通胀状态,通过发行指数化债券减轻债务负担的做法再次被提上日程。英国于 1983 年开始发行指数化债券,随后,澳大利亚、新西兰、意大利等国纷纷效仿。90 年代后,以英国为首的工业化国家不断扩大指数化债券的发行规模,美国也于 1977 年开始发行 TIPS。这一时期的指数化债券大多得到各中央银行的支持,各国央行在发行 TIPS 的同时,均制定了与之相匹配的通胀目标。这次指数化债券的尝试取得了较大的成功,TIPS 也被多个国家沿用至今。

与普通名义债券相比,与通货膨胀挂钩的指数化债券为投资者提供了规避风险的途径,能够有效避免通货膨胀导致的资产缩水等问题。TIPS 还能够降低政府的负债成本。20 世纪 90 年代,全球通货膨胀迅速下降,这种情况下,名义债券的实际利率不断升高,给高负债的政府带来较大的负担,这也是 TIPS 在 90 年代繁荣发展的根本原因。与此同时,由于通胀补偿债券不受通胀影响,在市场普遍存在通胀预期的情况下,TIPS 的发行成本要低于普通名义债券。另外,TIPS 具有积极的"信号效应"(signaling effect)。一方面,发行通胀补偿债券可以表明政府控制通胀的决心,增强政策的可信度;另一方面,TIPS 和普通名义债券之间的利差可以准确反映市场对通胀的预期,为经济政策的执行提供参考。

TIPS 对投资者的风险管理和国家宏观经济政策的执行都有重要意义,然而,目前中国尚未推出和通胀挂钩的指数化债券。为完善中国债券市场体系,满足投资者需求,建议适时推出 TIPS。在 TIPS 的设计上,国外的发展的经验对我们有以下启示:

(1) 构建合适的通胀衡量指标。各国 TIPS 关联的指数类型有所不同,如美国采用的是居民消费物价指数(CPI),英国是零售物价指数(RPI),还有一些国家以批发物价指数(WPI)、GDP 平减指数等作为关联指数。合理的通胀衡量指标不仅要足够权威,公正透明,有效反映真实的通胀程度,还要具有明确的发布频率和发布渠道,保证连续、稳定的发行机制。目前来看,中国的 CPI 数据因其核算方法的原因,若直接使用尚存在一定的问题,还需考虑构建其他指数。

(2) 合理设计债券的结构特征。在期限结构上,建议重点发展中长期品种。在特别短的时间内,通货膨胀水平变动的幅度较小,TIPS难以发挥通胀保护的作用。美国TIPS的期限有5年、10年、20年三种,英国TIPS的期限较为多样化,但也以中长期为主。在税收结构上,为激励投资者积极参与,建议给予税收优惠。美国TIPS的利息收入和本金增长免征州及地方所得税,但需缴纳联邦所得税。英国的TIPS本金随通胀的调整部分免税。在指数化形式上,建议顺应大多数国家采用的本金指数化方式,即债券面额(本金)根据偿还期限内物价指数变化进行调整,利息则根据付息周期内调整后债券本金与息票利率相乘得出。

(3) 重视通胀补偿债券的局限性。TIPS未能在全球大规模推广的一个重要原因是,它可能会弱化全社会共同反抗通胀的决心。宏观经济的实施需要社会各阶层的配合,购买了TIPS的投资者相当于拥有了通胀保护,对通胀程度不再敏感。在这种情况下,政府在短期利益的驱使下,可能会向央行施加压力制造通货膨胀。因此,TIPS在许多国家受到央行的抵制。而TIPS在一些发展中国家推行失败的原因,或许是这些国家的央行独立性相对较差。另外,当政府受到某种冲击不得不采取通货膨胀措施时,大量通胀补偿债券的存在会使政府债务突然增加,并且会破坏公众对政府反通胀的信心,带来负面影响。因此,TIPS的发行计划还需与国家的政治体制、宏观政策相配合。

9.5.2 房地产价格指数及衍生品

房地产价格水平不仅影响着房地产交易参与者,还能够反映一国经济的运行情况,对人们的投资选择造成影响。房地产市场波动性较强且投资金额较大,投资者需要更灵活、快捷的投资方式,房地产持有者也希望有更好的套期保值方式。房地产价格指数能够避免直接交易房地产带来的不便,并且在房地产价格指数市场较为完善的情况下,还可以推出相应的期货、期权等衍生工具,投资者投资于房地产市场也更加有保障。

Case-Shiller 指数(S&P/Case-Shiller Home Price Index，CSI)是美国房地产领域的重要指数。它以销售两次或以上的房屋作为数据来源,采用重复销售定价技术(Repeat Sales Pricing)追踪房地产价格的变化,当一间房屋再一次被出售后,将其新价格与旧价格作比较,从而得出房价变化的幅度。这种定价方式能够较为准确地反映房地产市场的成交价格变化。Case-Shiller 指数最早由经济学家卡尔·凯斯(Karl Case)和罗伯特·席勒(Robert Shiller)于 20 世纪 80 年代开发,后与艾伦·韦斯(Allan Weiss)组建了 Case-Shiller Weiss 公司,出售其追踪住房价格的研究报告。2002 年该公司被费哲金融服务公司(Fiserv，Inc.)收购,并在原有基础上推出 Case-Shiller 指数。2006 年标普成为费哲金融服务公司的伙伴,两者共同统计发布 Case-Shiller 指数。在此基础上,芝加哥商品交易所于 2006 年开始交易 Case-Shiller 指数期货,以波士顿、芝加哥、丹佛、拉斯维加斯、洛杉矶、迈阿密、纽约、圣地亚哥、旧金山和华盛顿这十个城市的加权综合指数作为合约标的,并推出了以 Case-Shiller 指数期货合约为标的的期权产品。投资者可以运用 Case-Shiller 指数衍生品进行投机,房地产持有者也可以通过卖空指数的方式补偿房地产价格下跌带来的损失。

可靠的房地产价格指数能够揭示房地产市场的真实情况,起到国民经济晴雨表的作用。中国目前的房地产价格指数多为新房或租赁价格指数,还没有能够做到追踪同一套房地产价格变动的房地产指数,也不存在房地产指数的交易市场。为更好地发挥房地产价格指数的功能,建议从指数构建和衍生品市场两个方面采取入手,建立起房地产价格指数体系,并适时推出房地产价格指数相关衍生品。

(1) 房地产价格指数体系。

在编制方法上,可以参考 Case-Shiller 指数的构建方法。根据覆盖范围,Case-Shiller 指数可分为以下几种:全国房价指数、10 城市综合房价指数、20 城市综合房价指数、单个城市房价指数。列入 Case-Shiller 指数统计范围的房屋,主要是单户住宅,其余的公寓及合租房,均不被列入统计范围,标普会另行公布有关公寓价格变化的指数。另外,列入统计范围的住宅至少有两次交易记录,新建楼房不列入计算范围。中国可以参考美国的做法,对成交比较活跃的住宅采取重复销售定价法,追踪住宅层面的价格变动幅度,并根据不同的城市计算出地区综合房价指数及全国综合房价指数。

在数据来源方面,还需要进一步完善成交信息的发布机制。构建房地产价格变动指数需要非常详细的交易数据,而中国目前还没有较为统一的逐笔房地产交易信息的数据库,所以房地产市场价格的指数体系的建设还需要银行、房地产中介、税务等相关机构提供数据支持。在未来,可以建立起统一的成交信息发布平台,或由统计部门统一采集并发布相关交易数据,以单个房地产为单位,进行成交价格信息披露,便于市场参与者判断市场走势。

(2)房地产价格指数衍生品。

在形成较为完善的房地产价格指数的基础上,想要建立完善的房地产价格指数的交易市场,还需要进一步推出相应的衍生工具。但房地产与股票、债券等标准化产品差异较大,在房地产价格指数衍生品开发中,有以下两点需要注意:

第一,房地产不同于股票、债券等标准化资产,其异质性可能会限制房地产价格指数衍生品的对冲功能。对于房屋持有人来说,每一间房屋都是独一无二的,因此房地产价值很大程度上依赖于投资人的主观意愿,难以通过统一的标准进行量化,也就很难设计出一个能够完全对冲其风险的衍生品。从国外相关产品发展情况来看,美国的房地产价格指数衍生品市场不如英国的活跃,这或许与两国的地产分布状况有关:英国国土面积相对较小,房地产市场较为集中,比较容易产生认可度较高的房地产价格衡量标准;而美国地产较为分散,且地区间差异较大,2006年芝加哥商品交易所推出的Case-Shiller指数期货以10个主要城市的综合指数为标的,难以契合美国各地房地产持有人的对冲需求。因此中国在设计房地产价格指数衍生品时,还需要充分考虑地区、环境的异质性。

第二,房地产价格具有较大的黏性。在短期内房价的可预测性较强,房地产价格指数衍生品交易者的观点可能出现趋同现象。1993年席勒推动房地产价格指数期货时,人们普遍持卖出意向,交易所担心缺乏多头对手方而拒绝推出产品。而在20世纪90年代的英国,房地产市场处于震荡时期,这一时期很多房地产价格指数衍生品得以发展。为保证指数衍生品交易的活跃性,房地产价格指数衍生品的推出,还需结合房地产市场现状,选择合适的推出时机。

参考文献

王永钦:《中国地方政府融资平台的经济学——效率、风险与政策选择》,格致出版社 2014 年版。

王永钦:《中国信用违约互换指数构造与定价研究》,上海清算所 2017 年委托课题。

王永钦、陈映辉、杜巨澜:《软预算约束与中国地方政府债务违约风险:来自金融市场的证据》,《经济研究》2016 年第 11 期。

王永钦、戴芸、包特:《财政分权下的地方政府债券设计:不同发行方式与最优信息准确度》,《经济研究》2015 年第 11 期。

王永钦、刘红劭:《国债:现代金融体系的基石》,《债券》2021 年第 9 期。

王永钦、薛笑阳:《法治建设与金融高质量发展——来自中国债券市场的证据》,《经济研究》2022 年第 10 期。

Adrian, T., B. Begalle, A. Copeland and A. Martin, 2013, *Repo and Securities Lending*, *In Risk Topography: Systemic Risk and Macro Modeling*, University of Chicago Press:131—148.

Adrian, T., P. Colla and H. S. Shin, 2012, "Which Financial Frictions? Parsing the Evidence from the Financial Crisis of 2007 to 2009", *NBER Macroeconomics Annual*, 27(1):159—214.

Allen, F. J., C. Zhang Qian and Zhao M., 2013, "China's Financial System: Opportunities and Challenges", *National Bureau of Economic Research*, 2, 63—143.

Anderson, R. W., 2019, "Understanding China's Evolving Credit Risk Maze", http://dx.doi.org/10.2139/ssrn.3332411.

Becker, B. and Milbourn T., 2011, "How did Increased Competition affect Credit Ratings?", *Journal of Financial Economics*, 101.

Benos, E., R. Payne and M. Vasios, 2020, "Centralized Trading, Transparency, and Interest Rate Swap Market Liquidity: Evidence from the Implementation of the Dodd-Frank Act", *Journal of Financial and Quantitative Analysis*, 55(1):159—192.

Benmelech E., N. Kumar and R. Rajan, 2020, "The Decline of Secured Debt", NBER Working Paper No.26637.

Bernstein, A., E. Hughson, and M. Weidenmier, 2019, "Counterparty Risk and the Establishment of the New York Stock Exchange Clearinghouse", *Journal of Political Economy*, 127(2):689—729.

Bessembinder, H., W. Maxwell and K. Venkataraman, 2006, "Market Transparency, Liquidity Externalities, and Institutional Trading Costs in Corporate Bonds", *Journal of Financial Economics*, 82(2), 251—288.

Boudoukh, J. and R. Whitelaw, 1993, "Liquidity as a Choice Variable: A Lesson from the Japanese Government Bond Market", *Review of Financial Studies*, 6:265—292.

Cipriani, M. and G. La Spada, 2020, "Investors' Appetite for Money-Like Assets: The MMF Industry after the 2014 Regulatory Reform", CEPR Discussion Paper No.DP14375.

Copeland, A., D. Duffie, A. Martin and S. McLaughlin, 2012, "Key Mechanics of the US Tri-party Repo Market", *Federal Reserve Bank of New York Economic Policy Review*, 18(3):17—28.

Dang, T. V., G. Gorton and B. Holmström, 2012, "Ignorance, Debt and Financial Crises", Yale University and Massachusetts Institute of Technology,

Working Paper 17.

De Soto, H., 2003, *The Mystery of Capital: Why Capitalism Triumphs in the West and Fails Everywhere Else*, Basic Books.

Duffie, D., M. Scheicher and G. Vuillemey, 2015, "Central Clearing and Collateral Demand", *Journal of Financial Economics*, 116(2):237—256.

Duffie, D. and H. Zhu, 2011, "Does a Central Clearing Counterparty Reduce Counterparty Risk?", *The Review of Asset Pricing Studies*, 1(1):74—95.

Di Maggio, M., A. Kermani and Z. Song, 2017, "The Value of Trading Relations in Turbulent Times", *Journal of Financial Economics*, 124(2):266—284.

Edwards, A. K., L. E. Harris and M. S. Piwowar, 2007, "Corporate Bond Market Transaction Costs and Transparency", *The Journal of Finance*, 62(3): 1421—1451.

Fang, H., Y.Wang and X. Wu, 2020, "The Collateral Channel of Monetary Policy: Evidence from China", NBER Working Paper No.26792.

Fostel, A., J. D. Geanakoplos and G. Phelan, 2017, "Global Collateral: How Fin ancial Innovation Drives Capital Flows and Increases Financial Instability", Cowles Foundation Discussion Paper No.2076.

Geng, Z. and J. Pan, 2019, "Price Discovery and Market Segmentation in China's Credit Market", NBER Working Paper No.26575.

Goldstein, M. A., E. S. Hotchkiss and E. R. Sirri, 2007, "Transparency and Liquidity: A Controlled Experiment on Corporate Bonds", *The Review of Financial Studies*, 20(2):235—273.

Gorton, G. and A. Metrick, 2012, "Securitized Banking and the Run on Repo", *Journal of Financial Economics*, 104(3):425—451.

Gourinchas, P. O., Rey H., 2007, "From World Banker to World Venture Capitalist: US External Adjustment and the Exorbitant Privilege", Clarida, R. H. (eds.), *G7 Current Account Imbalances: Sustainability and Adjustment*, University of Chicago Press:11—66.

Heller, D. and N. Vause, 2012, "Collateral Requirements for Mandatory Central Clearing of Over-the-Counter Derivatives", Bis Working Papers No.373.

Holmstrom, B. and J. Tirole, 2001, "LAPM: A Liquidity Based Asset Pricing Model", *Journal of Finance*, 56:1837—1867.

Hotchkiss, E. S., and R. M. Mooradian, 1997, "Vulture Investors and the Market for Control of Distressed Firms", *Journal of Financial Economics*, 43(3):401—432.

Krishnamurthy, A., 2002, "The Bond/Old-Bond Spread", *Journal of Financial Economics*, 66(2—3):463—506.

Krishnamurthy, A. and A. Vissing-Jorgensen, 2012, "The Aggregate Demand for Treasury Debt", *Journal of Political Economy*, 120(2):233—267.

Levine, R., 1997, "Financial Development and Economic Growth: Views and Agenda", *Journal of Economic Literature*, 35:688—726.

Li, D. and N. Schürhoff, 2019, "Dealer Networks", *The Journal of Finance*, 74(1):91—144.

Nikolova, S., L. Wang and J. Wu, 2020, "Institutional Allocations in the Primary Market for Corporate Bonds", *Journal of Financial Economics*, Forthcoming.

O'Hara, M., Y. Wang and X. A. Zhou, 2018, "The Execution Quality of Corporate Bonds", *Journal of Financial Economics*, 130(2):308—326.

Phelan, G. and A. A. Toda, 2019, "Securitized Markets, International Capital Flows, and Global Welfare", *Journal of Financial Economics*, 131(3):571—592.

Schultz, P. and Z. Song, 2019, "Transparency and Dealer networks: Evidence from the Initiation of Post-trade Reporting in the Mortgage Backed Security Market", *Journal of Financial Economics*, 133(1):113—133.

Vuillemey, G., 2020, "The Value of Central Clearing", *The Journal of Finance*, Forthcoming.

图书在版编目(CIP)数据

大国债市:中美比较的视角/王永钦,李蔚,薛笑
阳著.—上海:格致出版社:上海人民出版社,
2023.3
ISBN 978 - 7 - 5432 - 3414 - 7

Ⅰ.①大… Ⅱ.①王… ②李… ③薛… Ⅲ.①债券市
场-对比研究-中国、美国 Ⅳ.①F832.51 ②F837.125

中国版本图书馆 CIP 数据核字(2022)第 228037 号

责任编辑　郑竹青　程筠函
封面设计　仙境设计
美术编辑　路　静

大国债市:中美比较的视角

王永钦　李蔚　薛笑阳　著

出　　版　格致出版社
　　　　　上海人民出版社
　　　　　(201101　上海市闵行区号景路 159 弄 C 座)
发　　行　上海人民出版社发行中心
印　　刷　上海商务联西印刷有限公司
开　　本　720×1000　1/16
印　　张　22.25
插　　页　2
字　　数　345,000
版　　次　2023 年 3 月第 1 版
印　　次　2023 年 3 月第 1 次印刷
ISBN 978 - 7 - 5432 - 3414 - 7/F · 1479
定　　价　89.00 元